나는 당신이
주식 공부를
시작했으면
좋겠습니다

나는 당신이 주식 공부를 시작했으면 좋겠습니다

보이지 않는
세상에서
투자하는 법

이효석 지음

page2

• 추천사 •

미래 세상에 나아갈 힘은 따뜻한 지혜에서 나온다

증권시장엔 참 재주 있는 분들이 많습니다. 그 어려운 경제와 투자를 참 흥미롭게 풀어서 글을 쓰고 말을 하는 분들이 「삼프로TV」를 통해 많이 알려지기도 했습니다. SK증권의 이효석 팀장도 그중 한 사람입니다. 그런데 이효석 팀장에게는 특별한 한 가지가 더 있습니다. 바로 투자자들을 위한 뜨거운 열정입니다.

「삼프로TV」 저녁 라이브 방송에서 어려움을 겪는 투자자들 얘기를 하다가 왈칵 쏟아내던 그의 눈물을 보면서 저는 그에게 특별한 애정을 가질 수밖에 없게 되었습니다. 펀드매니저와 애널리스트를 넘나들며 보여준 탁월한 분석력과 타인에 대한 배려와 사랑을 깊이 느낄 수 있었고요. 이 책 『나는 당신이 주식 공부를 시작했으면 좋겠습니다』는 바로 그런 그의 탁월함과 진실함을 선명하게 읽을 수 있는 책입니다.

세상은 조금씩 더 복잡계로 나아갑니다. 그 복잡계를 다루는 기술은 쾌도난마가 아니고 사랑의 힘에 기반한 따뜻한 지혜입니다. 또한 경제적 생활과 수준을 높이는 데 가장 어려운 과목이 주식이지만, 잘 배우면 기업을 아는 것은 물론 금리, 환율 등 거시적 안목으로 경제 전반을 이해할 수 있게 됩니다. 이효석 팀장과 함께 따뜻한 지혜를 나누고 배우며 꼭 부자되시기를 기원합니다.

―「삼프로TV」 김동환

투자 너머
'경제'가 보이는 책

2020년 4월에 책 『디플레 전쟁』을 펴낸 후 많은 질문을 받았습니다.

"박사님, 최근에 소비자물가 상승률이 2%를 넘어섰는데, 아직도 디플레를 걱정하세요?"

이런 질문을 받을 때마다 저는 늘 아마존을 보라고 이야기했습니다. 세계적인 유통 체인을 가진 아마존은 유통업계에 일대 지진을 가져온 존재입니다. 아마존을 연구한 학자들은 "아마존이 점유율을 높이면서 ①유통업체의 가격 변경 주기가 짧아졌고 ②로컬 가격이 소멸했으며 ③유가나 환율 등 외부 변화에 따른 가격 조정이 빈번해졌다"고 지적합니다.*

예전에는 메뉴 비용Menu Cost(제품가격이 바뀔 때 가격표를 바꾸고, 인상된 가격을 광고하는 등 가격 조정에 들어가는 돈의 총합)이 꽤 컸습니다. 가격을 바꾸고 전산에 이를 반영하는 데도 시간이 걸렸기 때문에 가격을 조정하는 것이 어려웠습니다. 그러나 아마존이 대세가 된 다음부터 가격 조정은 일상적인 일이 되었습니다. 쿠팡이나 위메프는 온라인으로 '특가' 상품을 신속하게 알려주고, 주문하면 몇 시간 만에 배달까지 해줍니다.

이런 변화는 결국 '저렴한 비용으로 자본을 조달'하는 일이 가능하다는 것입니다. 이효석 애널리스트가 이 책에서 지적한 것처럼, 아마존이나 쿠팡 같은 기업들은 기존 사업자들과는 여러 가지 측면에서 상당한 차이점이 보입니다. 기존 사업자들은 번 돈의 일부만 투자하고 남는 돈은 미래를 대비해서 유보하는 전략을 택했지만, 아마존이나 쿠팡 같은 기업들은 순이익의 일부 정도가 아니라 적자를 내면서까지 투자합니다.

쿠팡이 미국 주식시장에서 수십조 원의 시장가치를 인정받을 수 있었던 이유는 아마존이라는 선례가 있기 때문입니다. 투자자

---

* Alberto F. Cavallo, "More Amazon effects: online competition and pricing Behaviors", 2019.

들은 쿠팡에 '나중에 아마존처럼 유통업의 지배적인 위치까지 올라가서 돈 많이 벌 것'이라고 기대하기에 어마어마한 돈을 투자했던 것입니다. 쿠팡이 이 돈을 가지고 청주에 새로운 물류센터(3번째)를 설립하겠다고 밝힌 걸 보면, 새벽배송 품목 및 지역은 더 늘어날 게 확실해 보입니다.

이런 연유로 저는 코로나19 이후의 세상에도 인플레가 일상화되기는 어렵다 봅니다. 백신을 맞고 집단면역이 이뤄지면 오프라인 중심의 생활로 복귀할 것이라고 기대하고 있습니다만, 사회적 거리두기 기간 동안 익숙해진 넷플릭스와 배달의 민족 그리고 새벽 배송 서비스를 끊는 게 쉽지 않을 것 같습니다. 여기에 더 강력한 할인, 그리고 신속한 배송으로 무장한 신생기업의 서비스는 계속해서 탄생할 것이고요.

물론 보복소비가 시작되면서 일시적으로 수급문제가 발생하고, 이게 인플레 압력을 높일 수 있다는 지적은 일리가 있습니다. 그러나 사상 초유의 저금리 환경 속에서 투자자들이 '제2의 아마존'을 찾기 위해 눈이 벌겋다는 점을 고려하면 경쟁이 더욱 심화될 수 있다는 것도 잊지 않았으면 좋겠습니다.

결국 저는 이효석 애널리스트가 주장하듯, 인플레가 약한 세상을 예상합니다. 이런 환경에서는 시장의 주도주도 과거와 다를 것이고, 더 나아가 정부의 정책도 궤를 달리하지 않을까 생각합니다.

물론 이런 예상은 전제가 바뀔 때 틀릴 수 있습니다. 예상치 못한 전쟁이나 혁명, 그리고 새로운 전염병이 세상을 뒤흔들지 누가 알겠습니까?

따라서 이 책에서 하는 이야기는 일종의 가설로 받아들이는 것을 추천합니다. 대신, 아주 설득력 있는 가설이 아닐까 싶습니다. 다양한 사례를 들어 설득력 있게 전개하는 과정이 매력적인, 투자자뿐만 아니라 경제에 관심 많은 분에게도 추천하고 싶은 좋은 책이라 생각합니다. 즐거운 독서, 행복한 인생되세요!

— 홍춘욱 EAR Research 대표

모든 투자전략가에게는 자신만의 견해가 있다. 그러나 그중 도움이 되는 것은 일부뿐이다. 자본시장에 대한 애정과 노력, 시간이 녹여진 이효석 팀장의 책은 그 일부 중에서도 가장 주목해야 할 견해를 보여준다. 꼭 한번 읽어보길 권한다. — 최석원 SK증권 리서치센터장

세상의 변화를 이해하지 못해서 숙제처럼 쌓아놨던 많은 질문이 이 책을 읽으면서 하나씩 해소되는 경험을 했다. 이효석 팀장만의 새로운 시각이 재미있고 유익했다. 이효석 팀장이 기업은행 자금운용부에 있을 때 '글을 쓰는 일'을 하도록 했던 결정이 이렇게 멋진 책으로 돌아온 것 같아 기쁘게 생각한다. — 김형일 중소기업은행 부행장

함께 헤지펀드 매니저로 일하는 동안 이효석 팀장은 누구보다 치열했고, 열정적이었다. 이 책은 헤지펀드 매니저의 경험에 애널리스트로서 탁월한 분석력까지 더해졌다는 것만으로도 구매하기에 필요충분 조건을 갖추었다. 거기에 투자의 세계에 입문하는 모든 이를 위한 진정성은 덤이라고 할 수 있다. — 김 탁 유진자산운용 헤지펀드 실장

"투자投資란 무엇인가? 한마디로 정의하기엔 너무나 많은 세상이 그 안에 내포되어 있다. 거대한 세상이기에 하나의 투자 의사 결정을 할 때 참고로 하는 수많은 지표들조차 코끼리 다리 만지기와 같다.

저자 이효석은 이처럼 어려운 투자의 세계에서 많은 투자자들이 고민하는 이슈들에 대해 탁월한 식견을 제공해주는 뛰어난 애널리스트

다. 쉽게 접할 수 없는 귀한 데이터들을 기반으로 변화하는 투자의 세계에 대해 진지하게 서술하고 있는데 책을 읽는 게 아니고 유명한 강의를 듣고 있는 것처럼 편안하다. 저자는 주린이들을 위해 책을 썼다고 했지만 오히려 전문 투자자들에게 추천하고 싶은 책이다.

— 민수아 삼성액티브자산운용 CIO

가정이 많아지면 발생 확률이 낮아진다. 이 책은 그 낮은 확률을 뚫고 나왔다. 만약 이효석 팀장에게 현업에서의 다양한 경험이 없었다면, 만약 경제 구조와 근원에 대한 지식과 고민이 없었다면, 만약 투자라는 험한 세계에 들어와야 하는 사람들에게 인간적 애정을 느끼지 못했다면, 이런 책은 나올 수 없었다. 새로움에 대한 궁금증과 본질적 원리에 대한 탐구로 삶을 채워가는 이효석 팀장이 풀어가는 이 책을 통해 많은 분이 투자라는 항해에서 든든한 밧줄을 얻게 되리라 확신한다.

— 오종태 타이거자산운용 이사

묵직함, 단단함, 꾸준함. 이효석 팀장을 생각하면 바로 떠오르는 단어다. 흔들리는 시장에서도 그는 묵직함, 단단함으로 자신만의 뷰를 보여주었다. 또한 진정성을 가지고 투자자들을 대한 덕분에 대중들은 애널리스트 이효석은 물론, 인간 이효석도 좋아하게 되었다. 성실성과 진정성으로 무장한 그가 첫 단독 저서를 내놓았다. 펀드매니저, 애널리스트 경험을 모두 가진 덕분에 첫 책이지만 단단하고 깊이가 있다. 그리고 친절하다. 주린이들을 배려한 그의 마음이 느껴진다.

2020년 코로나19 이후 시장 환경은 많이 변했다. 지금은 강세장이 진행 중이지만 '미스터 마켓'이 또 어떤 변덕을 일으킬지 알 수 없다. 보이지 않는 세상에서 늘 불안하고 답답했다면 이제 더는 걱정하지 말고 이 책을 선택하라. 이효석 팀장이 보이지 않는 세상에서 여러분의 길을 밝혀줄 것이다. 이 책과 함께 보이지 않는 세상으로 첫걸음을 내디뎌보자.

— 염승환 이베스트투자증권 부장

보이지 않는 세상에서 살아남을 수 있는 최소한의 '생존 도구'와 보이지 않는 길을 헤쳐나가는 데 필요한 새로운 도구를 알려준다. 어려운 내용을 간단하게 표현하고, 이해하기 쉽고 친절하게 설명해주는 이효석 팀장만의 기교가 유감없이 발휘되었다.

— 이한영 DS자산운용 주식운용본부장

객관적이고, 냉정하고, 때로는 까칠한 태도가 투자에 유리할 때가 있다. 치우침이 없기 때문이다. 이 책은 냉정하다. 투자해야 하는 이유, 달라진 투자 환경, 생소하게 들릴지 모르는 '리얼 옵션' 개념까지 다양한 요소를 다루는 데 치우침이 없다. 하지만 이 책의 백미는 냉정보다는 따듯한 마음에 있다. 곳곳에 정성스레 적어넣은 '이효석 아카데미' 코너에서 모든 분이 성공적인 투자를 했으면 좋겠다는 이효석 팀장의 간절한 바람이 느껴졌다.

— 김효진 KB증권 리서치센터 매크로 팀장

이효석 팀장의 숫자는 정확하다. 분석은 날카롭다. 그러나 투자자를 대하는 그의 태도는 늘 따뜻하다. 그의 특징을 꼭 닮은 이 책은 투자자를 위한 좋은 길잡이가 될 것이다. — 이다솔 메리츠증권 차장

갈수록 더 중요한 이슈가 될 '무형 자산' 문제를 쉽고 입체적으로 풀어낸 책이다. '주식'이라는 자산을 어떻게 대할 것인지, 그 근본부터 다시 생각해볼 기회를 준다. 많은 사람이 편하게 접근할 수 있도록 친절하게 설명하고 있지만, 저자 특유의 통찰력은 그대로 살아 있다. 전문가들이 경험해보기에도 전혀 부족하지 않을 깊이다.

— 안근모 글로벌뉴스앤리서치 편집장

코로나19 이후 투자 환경은 더욱 급속하게 변화하고 있다. 투자의 세계에서 변화는 곧 기회다. 저자는 달라진 환경 속에서 투자자로서 생존하기 위해 꼭 알아야 할 개념들을 알기 쉽게 풀어냈다. 투자에 앞서 변화의 구조에 대한 이해를 높인다면, 분위기에 휩쓸리지 않고 자신만의 중심을 지킬 수 있는 유연함을 갖게 될 것이다.

— 정인승 바바리안 리서치 대표

영상을 한 번이라도 봤다면 이효석 팀장이 개인투자자에게 남다른 관심이 있다는 걸 알 수 있을 것이다. 이 책은 주린이도 투자와 경제에 대해 차근차근 알아갈 수 있게끔 체계적으로 정리되었다. 경제의 불확실성이 극에 달하는 이 시기에 좋은 길잡이가 될 것이다.

— 김동주(김단테) 이루다투자일임 대표이사

"지금이라도 투자를 시작하고, 함께 공부합시다!"

코로나19 이후 투자와 관련된 다양한 유튜브 채널들이 만들어지면서 이제 투자도 '오픈북 테스트'가 된 것 같습니다. 물론 많은 분들이 정보를 쉽게 얻을 수 있다는 점은 다행스러운 일입니다. 하지만 달리 보면 다른 경쟁자들도 그 정보를 똑같이 얻을 수 있다는 이야기라서 돈 벌기가 더 어려워졌다고 할 수 있습니다. 이럴 때일 수록 오히려 '기초'가 중요하다는 생각으로 저는 올해부터 「이효석 아카데미」라는 유튜브 채널을 운영하기 시작했습니다. 그리고 그동안 열심히 배운 것을 잘 정리해서 말씀드리겠다는 내용의 첫 영상을 올렸죠. 그런데 그 영상에 구독자 분 중 한 분이 이런 댓글을 남기셨습니다. "나도 이효석씨 만큼이나 열심히 살았습니다. 그런데 하필 코로나19 때문에 회사가 어려워지면서 회사를 그만두게 되었어요. 올해부터 주식을 해보려고 하니 좀 도와주세요." 그 댓글을 혼자 방에서 읽으면서 안타까운 마음에 눈물이 났습니다. 그리고 어떻게 하면 그분이 투자하기로 결심한 소중한 돈을 지키면서 투자하도록 도울 수 있을지를 고민했습니다. 제가 도움을 드릴 수 있는 부분은 항상 바뀌는 시장에 대한 전망보다 변하지 않는 투자의 본질에 대한 것이라고 생각했습니다.

저는 현재 투자 환경을 '보이지 않는 세상'으로 정의합니다. 왜냐하면 눈에 보이는 유형자산도 중요하지만 보이지 않는 '무형자산'의 중요성이 점점 더 커지고 있기 때문입니다. 무형자산은 평가가 안 되기 때문에 기업의 재무제표에 제대로 반영되기 어렵습니다. 그래서 투자자들은 기존의 전통적인 밸류에이션 방법론이 갖는 한계에 대한 고민을 하기 시작했습니다. 게다가 기후위기에 대응하는 과정에서 생길 수 있는 좌초자산(시장환경 변화로 가치가 하락하거나 부채가 되어버리는 자산, 석탄화력발전소가 대표적인 예)을 어떻게 평가해야 하는 지는 아직 명확하게 제시된 방법론조차 없는 상황입니다. 결국 기업의 현재 상황을 가장 잘 설명해줘야 하는 재무제표의 한계가 점점 커지면서 투자자들은 혼란스러울 수밖에 없지요. 뿐만 아니라 금융위기 이후 연준의 부양책들은 대부분 교과서에는 없던 새로운 시도들입니다. 이전보다 낮은 금리는 투자자들에게 더 먼 미래를 예측하도록 강요하고 있습니다. 이처럼 새로운 투자 세계를 바라보는 저만의 관점을 독자 여러분들과 함께 나누기 위해 이 책을 썼습니다. 보이지 않는 세상에서 성공적인 투자를 하기 위해서는 바뀐 세상을 인정하는 것에서부터 시작해야 합니다.

제1장은 딜링룸Dealing room(금융 기관에서 주식·채권·외환 딜러가 주문을 넣고 업무를 진행하는 전용 공간)에서 시작해 헤지펀드 매니저를 거쳐 지금의 애널리스트가 되기까지 제 경험을 따라가며 투자의 세계로 여러분을 초대하는 내용입니다. 특이하게도 딜링룸에서 주식투자를 시작했기 때문에 '생존투자'의 의미를 깊이 고민해볼 수 있었습니다. 헤지펀드를 운용했던 경험을 통해 투자 자체가 가치 있는 일이라는 것을 알게 되었고, 중장기 트렌드에 투자하는 일이 얼마나 중요한지를 배웠습니다. 또한 애널리스트가 되고 나서 어쩔 수 없는 여러 한계도 느꼈는데, 여기서는 제가 극복하고자 하는 편향Bias에 대한 내용을 담았습니다.

제2장에서는 지금 당장 투자를 해야 하는 이유를 설명했습니다. 지금도 많은 투자자들이 버블을 걱정하지만 저는 여전히 하락 가능성에 베팅을 하지 말고 '대비'해야 한다고 말씀드립니다. 코로

나19 이후 급격하게 증가한 통화량이 화폐가치 하락으로 이어졌습니다. 통화량이 증가할 수밖에 없는 환경은 앞으로도 상당 기간 지속될 텐데 이것은 마이너스 금리 채권이라는 기이한 현상으로 이어집니다. 그리고 이러한 현상은 신기하게도 지금 당장 투자를 해야 하는 이유가 되지요. 손뼉도 마주쳐야 소리가 나는 것처럼 아무리 투자 환경이 좋다고 해도 국내 기업들이 장사를 못하면 소용이 없습니다. 그런데 코로나19를 겪는 과정에서 국내 기업들의 달라진 모습은 큰 손뼉 소리를 기대하게 합니다.

제3장에서는 제가 가장 많이 고민했던 주제인 '디플레이션'을 다룹니다. 많은 분들이 2008년 금융위기 이후 시작된 자산 가격 상승의 원인으로 유동성과 저금리를 지목합니다. 그런데 한 번 더 질문해보면 유동성과 저금리가 발생했던 원인은 '아주 강력한 디플레이션' 때문이라고 할 수 있습니다. 2021년은 코로나19 극복이 시작되는 원년으로 인플레이션에 대한 논란은 당분간 계속될 전망입니다. 하지만 투자의 관점에서는 인플레이션과 디플레이션 중에서 무엇을 양자택일하는지가 중요한 게 아닙니다. 그보다는 둘 중 하나로 결정이 날 때까지 시간이 상당히 오래 걸릴 것이라는 데 주목해야 합니다. 왜냐하면 논란을 벌이는 그 시간 동안에도 우리의 투자는 계속되어야 하는데 결론이 날 때까지 자산 가격 상승은 지속될 가능성이 크기 때문입니다.

제4장에서는 기술의 발전으로 투자 환경이 얼마나 극적으로 변했는지를 설명합니다. 유수의 해외 투자 은행들이 왜 우리가 그동안 중요하게 봤던 경제지표들을 보지 않기 시작했는지, 어떻게 미국의 빅테크 기업들은 무모할 정도로 과감한 자본정책을 쓸 수 있었는지를 '무형자산'이라는 키워드를 통해서 설명해보겠습니다. 그리고 기술의 발전은 투자자들의 투자 행태도 바꾸어 놓았는데요. 이 점은 지난해부터 일어난 동학개미운동이 단순히 주식시장이 좋아서가 아닐 수도 있다는 점을 시사하기 때문에 바뀐 투자 환경을 설명하는 데 있어 매우 중요한 포인트가 됩니다.

제5장은 밸류에이션에 대한 이야기입니다. 주가는 두 가지 요인에 의해 결정됩니다. 하나는 기업의 실적이며, 다른 하나는 할인율입니다. 둘 중 어떤 것이 더 중요할까요? 정답은 '둘 다 똑같이 중요하다'입니다. 그동안 투자를 하면서 우리의 관심은 기업의 실적에만 너무 많이 편중되어 있었습니다. 할인율에 대한 관심은 별로 없었죠. 저는 이것을 주식에 적용되는 금리(자기자본비용)로 풀어내보았습니다. 그리고 주식에 적용되는 금리가 주가에 미치는 영향에 대해서 '듀레이션'과 '볼록성'이라는 새로운 개념을 통해서 쉽게 설명해보려고 했습니다. 마지막으로 새로운 밸류에이션이 필요한 시대라는 판단으로 '리얼 옵션'의 개념도 사례를 들어 설명해봤습니다.

이 책을 통해 제가 여러분에게 전하고 싶은 메시지는 간단합니다. "지금이라도 투자를 시작하고, 함께 공부하자"는 것입니다. 저금리와 유동성을 가져온 강력한 디플레이션 압력, 그리고 기술의 발전으로 바뀐 투자 환경 모두 '지금이라도 투자하자'고 주장할 수 있는 근거이지요(제2장~제4장). 그리고 벨류에이션은 보이지 않는 투자 환경에서 여러분을 지켜줄 최소한의 도구입니다(제5장). 복잡하고 어려워서 끝까지 읽지는 못하더라도 책을 덮을 때에는 독자분들이 '투자를 꼭 하겠다'고 결심했으면 좋겠습니다.

많은 분들이 이렇게 묻습니다.

"주가가 너무 올랐는데 지금 들어가면 꼭지 아닌가요?"

물론 내일 당장 주식이 떨어질 수도 있습니다. 미래는 알 수 없으니까요. 그래도 저는 일단 조금이라도 산 후, 공부하면서 확률을 높여가라고 말씀드리고 싶습니다. 일단 시작하는 게 중요합니다. 한 푼을 더 벌기 위해서가 아니라 생존을 위해서라도 말입니다.

투자를 안 하는 것이 0이고, 투자를 하는 것이 1이 아닙니다. 왜냐하면 투자의 세계는 1에서 100까지 있기 때문이죠. 주식투자는 여러분이 1에서 100까지를 여행하는 긴 여정이라고 할 수 있습니다. 100을 향하려면 어쨌든 0이라는 문턱을 넘으셔야 합니다.

물론 문턱을 넘는 것 자체도 무척 힘든 일입니다. 적어도 손해는 보지 않기 위해, 더 이상 코너에 몰리지 않기 위해 어떤 것을 선택해야만 하니까요. 하지만 첫 번째 선택의 결과가 좋지 않아도 괜찮습니다. 박세리 선수처럼 양말을 벗고 '세컨 샷'을 잘 치면 되니까요. 상황을 역전할 수 있는 기회는 여전히 남아 있고, 오늘 내린 투자 결정 하나하나가 모여 10년 후 성과를 만든다는 사실을 잊지 않으면 됩니다.

이 책이 긴 여정을 떠나는 여러분에게 좋은 영향을 줄 수 있길 기대해봅니다.

이효석

• 차례 •

제2장 지금 당장 투자를 시작해야 하는 이유

제3장 디플레이션, 성공적인 투자를 위한 기본 개념

제4장

완전히 바뀐 투자 환경을 이해하라

제5장

숫자에 가치를 더하는 밸류에이션에 집중하라

제1장

'미스터 마켓'의 생각을 읽어라

주식시장의 고평가 논란에서 빠지지 않는 것이 일명 '버핏지수'로 알려진 '국내총생산GDP 대비 시가총액'입니다. 버핏지수는 오랜 시간 동안 주식시장의 고평가 여부를 판단하는 지표로 활용됐지만 몇 가지 한계가 있습니다. 우선 시가총액은 '상장된 기업의 가치의 합'이고 GDP는 정부, 가계, 기업의 부를 더한 값입니다. 따라서 GDP 대비 시가총액의 값이 커진다는 것은 정부, 가계, 기업 중에서 기업의 가치가 커지고 있다는 의미입니다. 그런데 미국 기업은 이미 미국이 아닌 다른 국가에서도 돈을 벌고 있기 때문에 미국의 GDP로 나누는 것이 의미가 없을 수도 있습니다. 또한 무형자산의 중요성은 계속 커지는데 GDP는 무형자산을 제대로 평가하지 못한다는 한계도 있지요.

주식투자를 하는 데 있어 기업의 현재 상황을 가장 잘 나타내주는 지표는 재무제표입니다. 재무제표는 여전히 기업의 실질가치를 설명하는 가장 유용한 툴이지만, 무형자산과 좌초자산이라는 개념이 등장하면서 큰 도전을 받고 있지요. 플랫폼, 연구개발R&D, 브랜드 가치 등 무형자산은 기업의 가치를 결정하는 데 더 중요해지고 있지만 재무제표에는 제대로 반영되지 못하고 있습니다. 탄소 중립으로 가는 과정에서 언제든 좌초될 수 있다는 의미의 좌초자산 역시 어떻게 평가해야 할지 정립되지 않았지만 결국 반영되어야만 하는 중요한 요소입니다. 시간이 흘러 보이지 않는 세상이 현실이 되고 보이는 세상이 되어 누구나 무형자산과 좌초자산을 평가할 수 있는 때가 되면, 기회는 이미 사라져버리고 없습니다.

이처럼 보이지 않는 세상에서 투자란 나침반 없이 항해하는 것처럼 어려운 일입니다. 하지만 투자 환경의 변화를 인정하고, 배우려는 자세를 갖추면 성공의 확률을 높일 수 있습니다. "시장이 옳다"는 말은 시장이 미래를 정확하게 맞춘다는 의미가 아니라 시장이 당시의 투자자들의 생각을 정확하게 반영한다는 의미입니다. 그래서 시장의 움직임에는 우리가 배워야 할 교훈이 반드시 있습니다.

오랜 시간 동안 투자를 하면서 때론 제가 하는 일이 무의미하게 느껴질 정도로 힘들 때도 있었습니다. 인공지능이 투자 환경에 직접적인 영향을 주기 시작하면서 '투자를 하는 것이 가치 있는 일인가'에 대한 고민도 했습니다. 하지만 보이지 않는 세상에서의 투자란 반대로 이야기하면, 투자의 영역에서 사람의 판단이 더욱 중요해진다는 의미이기도 합니다. 게다가 저금리가 지속될수록 더 먼 미래의 기업의 모습을 상상할 수 있는 인사이트가 더욱 중요해집니다. 숫자를 기준으로 판단하는 것을 넘어 내러티브가 중요한 시대이기 때문입니다. 그럼 딜링룸에서 시작해서 헤지펀드 매니저를 거쳐 지금의 애널리스트가 되기까지 제 경험을 따라가볼까요? 여러분을 투자의 세계로 초대합니다.

01

'보이지 않는 세상'을 대하는 자세

딜링룸에서 만난 주식

제가 처음 직장생활을 시작한 곳은 은행의 딜링룸이었습니다. 딜링룸은 금융시장이 요동칠 때마다 뉴스 영상의 배경으로 등장하는 곳이죠. 항상 뭔가 바쁜 모습으로 한 사람당 모니터를 6~8개씩 쳐다보면서 실시간으로 바뀌는 시장 상황을 계속 지켜봐야만 하는 곳입니다. 각자의 포지션에 따라 탄식과 환호가 이어지기도 하고 워낙 큰돈이 움직이기 때문에 실수가 나오면 엄청난 호통이 터지기도 합니다. 딜링룸의 첫 인상은 정말 스펙터클했습니다.

올백 머리를 했던 딜링룸 헤드의 카리스마 있는 모습, 압도적인 분위기를 풍기며 여유 있게 시장과 소통하며 본인의 일을 해내는 선배들, 장외 거래를 하는 딜러 분들이 당시엔 전혀 알아들을 수도 없는 말로 호가를 주고받는 모습들, 그리고 거래가 완료되면 "딜던!Deal Done(상대방과 거래 조건을 확정했음을 확인하는 용어)"이라고 외치며 전화를 끊는 모습까지 저에게는 모두 신기할 뿐이었습니다. 이렇게 다양한 사람들이 모여 있는 곳에서 저의 딜링룸 생활은 시작됐지요.

딜링룸은 주식 이외에도 환율FX, 채권Fixed Income, 스왑Swap 등 다양한 상품을 거래하는 딜러들이 모여 있는 곳으로, 손실 관리가 매우 엄격합니다. 그래서였을까요? 제가 딜링룸에서 선배에게 처음 들었던 말은 "시장은 항상 옳다"는 말이었습니다. 시장이 아니라 '내가 옳다'는 생각을 하면서 거래하면 일단 멋있긴 합니다. 게다가 결국 내가 맞았다는 것이 증명될 때는 큰돈을 벌 수도 있지요. 하지만 예상과 다르게 시장이 움직일 경우, 한 번의 실수로 모든 것을 잃고 직업까지 잃을 수도 있습니다. 내 생각이 옳다고 끝까지 고집을 부리다가 결국 연간 손실한도(딜러마다 허용되는 연간 손실 최대값. 일반적으로 손실한도에 도달하면 포지션을 강제 청산해야 합니다)에 도달할 정도로 큰 손실을 보게 되면 결국 손절매를 하고 자리에서 쫓겨날 수도 있기에 저에게 해준 충고였던 것 같습니다.

반면 '시장이 옳다'는 생각을 먼저 하게 되면 큰돈을 벌 수는 없을지 몰라도 '생존 가능성'은 높아집니다. 어쩌면 비겁해 보일 수도 있겠죠. 하지만 그렇게 계속 생존이 우선이라는 철학에 기반한 투자를 하다 보면 어느새 성장한 자신의 능력과 늘어난 자산을 확인할 수 있습니다. 아마도 당시 선배들이 "시장은 항상 옳다"라는 말을 한 이유가 바로 여기에 있었을 겁니다.

시장이 옳다는 말의 진짜 의미

물론 주식은 기업의 '가치'를 반영하기 때문에 환율이나 금리와는 다른 방식으로 접근해야 합니다. 그렇다면 주식의 관점에서 "시장은 항상 옳다"는 말을 어떻게 받아들여야 할까요? 시장이 옳다는 말은 시장이 미래를 정확하게 예측한다는 의미가 아닙니다. 남북관계에 대한 기대감이 정말 컸던 2018년 당시의 대북주를 생각해보면 쉽게 이해할 수 있습니다. 당시 관련 종목의 주가는 한두 달 만에 2~3배씩 급등하는 모습을 보여줬지만 안타깝게도 결국 우리가 바라는 세상은 오지 않았습니다. 시장이 옳다는 말이 미래를 예측한다는 말은 확실히 아닌 것 같네요. 하지만 시장은 늘 당시 시장 참여자들의 생각을 정확하게 반영합니다. 즉, 대북 관련 종목의 주가는 당장이라도 통일이 될 것 같다고 생각했던 국민들의 '기대'를 정확하게 반영했던 것이죠. 2020년 코로나19 이후, 주식시장 역시 새롭게 시장에 뛰어든 투자자들의 생각을 정확히 반영한다고 할 수 있습니다.

모든 투자 철학에는 인간의 행동을 바라보는 관점이 깔려 있습니다.[1] 또한 미스터 마켓Mr. Market(주식시장을 의인화하여 표현한 말)을 활용해야 할 대상으로 볼 것인지, 아니면 배워야 할 대상으로 볼 것인지에 대한 판단 역시 투자 철학을 결정짓는 데 매우 중요한 영향을 끼칩니다. 가치투자의 대가 벤저민 그레이엄Benjamin Graham은 "미스터 마켓의 변덕을 이용해서 돈을 벌어야 한다"고 했는데, 좋은 투자 철학이라고 할 수 있습니다. 미스터 마켓이 변덕을 부려 가치Value에 비해 가격Price이 비싸게 거래될 때가 생기는데, 그럴 때는 팔고 싸게 거래될 때 사면 되니까요.

다만 "시장이 항상 옳다"라는 말의 의미를 강조하는 저는 약간 다른 투자 철학을 갖고 있습니다. 미스터 마켓의 움직임은 변덕 때문에 나타나기도 하지만 당시의 투자자들의 생각을 정확하게 반영한다는 점에서 보면 얻어야 할 교훈이 반드시 있다는 것이죠. 그 교훈을 얻기 위한 노력이 장기적으로 생존투자에 도움이 된다고 믿기 때문입니다.

예를 들어볼까요? 2020년 한 해 동안 테슬라 주가는 7배 상승했습니다. 작은 종목이 잠깐 상승했다가 하락하는 경우라면 모르겠지만, 이제 테슬라는 S&P500 기업 중 다섯 번째로 시가총액이 큰 기업이 되어버렸습니다. 이 기업의 주가에 대해 '너무 올라서 빠져야 한다'라는 생각만 한다면 그 또한 겸손하지 못한 자세일 수 있습니다. S&P500 기준으로 시가총액이 가장 큰 기업들의 PBR(주가순자산비율)은 다음과 같습니다. 시총 1위인 애플은 34.9배이고 2위인 마이크로소프트는 14.1배입니다. 아마존은 20.3배, 테슬라는 49.8배입니다(2021년 1월 31일 finviz.com 기준). 미국 기업들의 PBR을 보며 "코스피의 PBR은 이제 막 1배를 겨우 넘어섰는데 이건 너무하다! 비싸도 너무 비싸다"라고만 생각할 게 아니라 도대체 왜 이런 현상이 나타난 것인지, 왜 전 세계에서 시가총액이 가장 큰 회사들의 PBR이 20배를 훌쩍 넘어서도 오랜 시간 거래될 수 있는지에 대해서 진지하게 고민해볼 필요가 있습니다.

그래서 "시장이 옳다"라는 저의 생각은 '시장을 대하는 자세'와 관계가 깊습니다. 시장에서 확인되는 현상을 그대로 따라가는 모멘텀 플레이가 옳다는 이야기가 아니라 시장에서 나타나는 현상을 이해하고, 교훈을 찾으려는 자세가 필요하다는 이야기입니다. 왜냐하면 지금 우리 앞에 있는 투자 환경은 '보이지 않는 세상'이기 때문이죠.

어떤 투자 철학이 본인에게 맞는지를 결정하기 위해서는 앞서 이야기한 두 가지 투자 철학의 장단점을 확인할 필요가 있습니다. '무조건 시장이 옳고, 주식시장을 통해서만 세상의 변화를 확인하겠다'는 투자 철학은 자칫 여기저기 끌려다니는 철새처럼 중심을 잃을 수 있습니다. 그렇기 때문에 억지로 끼워 맞추려고 하면 절대 안 됩니다. 시장을 통해서 세상을 배우려는 자세는 물론 필요합니다. 하지만 핵심 투자 전략은 어디까지나 본인 스스로 세워야 합니다. 그래야 시장의 변화무쌍한 움직임에도 흔들리지 않는 자기만의 중심을 잡을 수 있습니다.

02

1~2년 후가 아닌 더 먼 미래를 내다보라

알파를 추구하는 것은 가치 있는 일인가?

2015년 겨울, 가장 친한 형들과 홍콩으로 여행을 갔습니다. 비즈니스 구상을 위한 워크숍이었는데 그때 스탠리 해변에서 그분들과 나눴던 대화가 제 인생을 바꿔놓을 것이라고는 생각하지 못했습니다. 그날 헤지펀드 시장에서 자리를 잡았던 한 분이 저에게 헤지펀드 매니저가 될 수 있는 기회를 주겠다는 이야기를 했습니다. 일종의 스카우트 제의였던 셈이죠. 당시 저는 은행보다 더 안정적인 곳에서 높은 연봉을 받고 있었기 때문에 굳이 리스크를 질

필요가 없는 상황이었고, 헤지펀드 매니저로 성공하리라는 자신도 없었기 때문에 주저할 수밖에 없었습니다. 동행했던 형과 함께 여러 가지 이야기를 하면서 '그래 나도 한번 해보자'는 결심을 한 이후, 스탠리 해변에서 마셨던 맥주 한 잔은 아직도 생생한 기억으로 그리고 행복한 추억으로 남아 있습니다.

2016년 1월, 헤지펀드 매니저로 첫 출근을 하고 이후 4년 동안 정말 열심히 일했습니다. 매일같이 새벽에 일어나 광화문으로 가는 지하철 안에서 정말 누가 보면 미친 사람인 것처럼 일했습니다. 노트북을 무릎 위에 올려두고 전날 미국 시장에서 무슨 일이 있었는지, 그래서 우리 팀의 포트폴리오에 어떤 영향을 줄지를 늘 고민하면서 출근했습니다. 출근한 이후에는 매일 투자와 관련된 의사결정을 하기 위한 치열한 회의가 이어졌습니다. 시장이 시작된 이후에는 종목들의 움직임을 체크하면서 우리의 포지션에 문제가 없는지를 점검했고, 일주일에 5~10개 정도의 기업에 찾아가서 투자 여부를 결정하는 미팅을 했습니다. 오후에는 그날 있었던 일들을 정리하고, 내일 매매할 종목들을 정리했습니다. 모든 일이 끝나면 밤 12시가 되기도 하고 1시가 되기도 했는데, 사실은 일을 끝내지 못하는 경우가 더 많았습니다. 생각해보면 고등학교 3학년 때나 했을 법한, 책상 위에서 쓰러져 잠이 들었다가 새벽에 일어나는 일도 다반사였습니다. 그래도 전혀 힘들지 않았습니다. 제가 하는 일이 가치 있는 일이고 이렇게 열심히 하면 언젠가 보상을 받을 수 있다는 확신이 있었기 때문입니다.

한편, 시장에서는 인덱스 펀드와 ETF에 대한 관심이 크게 늘었습니다. 인덱스 펀드와 ETF에 대한 관심이 커진다는 것은 그만큼 '알파'를 찾는 사람보다 '베타'에 만족하는 사람이 많아진다는 의미입니다(일반적으로 시장수익률을 베타라고 하며 지수가 아닌 개별 종목에 투자함으로써 지수의 수익률을 초과하는 수익률을 알파로 칭함). 저는 개인적으로 모두가 알파를 추구하지 않고 베타에 만족하는 세상이 된다면 오히려 알파를 얻을 수 있는 기회가 많을 것이라고 생각했습니다. 하지만 실제로는 그렇지 않았습니다. 제가 헤지펀드 매니저로 있었던 4년 동안 알파를 찾는 일은 점점 더 어려워졌으니까요. 상황이 이렇다 보니 시장에서는 알파를 찾는 것이 전혀 가치 없는 일이라는 인식이 확산됐습니다.

그래서 시간이 지날수록 '이 시장에서 지속적으로 알파를 창출할 수 있는 것일까?'를 고민하게 됐습니다. 그렇게 제가 가졌던 확신에 조금씩 금이 가기 시작했고, 어쩌면 내가 하는 일이 가치 없는 일일 수도 있겠다는 생각이 들었습니다. 사실 몸이 힘든 것은 아무것도 아니었죠. 제 확신이 흔들리기 시작할 때 정신적으로 참 많이 힘들었습니다.

하지만 코로나19가 지나간 이후, 시장에서는 다시 알파를 찾기 위한 움직임이 빠르게 일어나고 있습니다. 물론 여전히 동료 펀드 매니저 중에는 '내가 하는 일이 가치 있는 일일까? 알파를 찾는 액티브 매니저의 일이 남아 있기는 한가? 우리의 존재 가치는 뭐지?' 같은 고민을 합니다. 하지만 지금의 저금리 환경이 지속될수록 기업의 1~2년 후가 아니라 더 먼 미래를 '상상하는 일'의 필요성은 커질 수밖에 없습니다. 그리고 그럴수록 알파를 찾는 사람들의 노력은 가치 있는 일이 됩니다. 왜냐하면 단순한 숫자가 아닌 내러티브를 이용해서 미래를 상상하고 투자하는 것은 인공지능에게는 불가능한 일이며 오직 인간만이 할 수 있는 일이기 때문입니다.

이효석 아카데미

알파 헌터와 베타 그레이저 그리고 ARK 인베스트먼트

주식 투자자는 크게 알파 헌터Alpha hunter와 베타 그레이저Beta Grazer로 나뉩니다. 흔히 개별 종목에서 나오는 성과를 알파로 표현합니다. 그래서 알파 헌터는 개별 종목 투자를 통해서 초과 수익을 사냥하는 적극적인 투자자라는 의미로 액티브Active 투자자라고 부릅니다. 반대로 베타는 시장의 성과를 의미합니다. 그래서 베타 그레이저는 지수의 성과에 만족한다는 의미에서 소극적인 투자자를 의미하며 패시브Passive 투자자로 불립니다. 좀 더 쉬운 설명으로, 알파 헌터를 '시장을 이겨보겠다는 투자자'라고 한다면 베타 그레이저는 '사람은 시장을 이길 수 없다고 생각하며 시장 수익률에 만족하는 투자자'라고 할 수 있습니다. 이렇게 시장을 이길 수 없다고 생각하는 투자자들에게 필요한 상품이 바로 인덱스 펀드입니다.

인덱스 펀드에 대한 관심이 커지기 시작한 때는 1976년, 존 보글John Bogle이 '뱅가드 S&P500 인덱스 펀드'를 설립한 이후였습니다. 그리고 17년 후인 1993년, 자산운용사 스테이트스트리트 글로벌 어드바이저가 'SPDR S&P500'이라는 ETF를 처음으로 출시했죠. ETF는 인덱스 펀드를 거래소에 상장한 상품이라고 할 수 있습니다. 인덱스 펀드와 ETF에 대한 관심이 높아진다는 것은 그만큼 알파를 찾는 사람보다 베타를 찾는 사람이 많아진다는 의미죠. 실제로 패시브 투자는 ETF를 통해서 지난 10년 동안 급격하게 성장했습니다. 언론에 따르면 2020년에 미국에서 패시브 펀드에 투자하는 순자산의 규모가 액티브 펀드를 처음으로 추월했다는 소식도 들립니다. 물론 ETF에 패시브 펀드만 있는 것은 아닙니다. 스마트 베타 ETF(특정 성향의 주식만 골라서 편입하는 ETF. 알파를 추구하는 주식형 펀드와 베타를 노리는 ETF의 장점을 합해놓은 상품) 또는 스타일 ETF(주식의 스타일 즉, 특성과 성과가 비슷한 종목들을 묶어 산출된 스타일 지수를 추적하는 ETF)는 알파와 베타를 동시에 추구하는 것으로 알려져 있습니다. 그런데 여기에서 한 발 더 나아가 알파만 추구하는 ETF가 등장했는데, 그것이 바로 '액티브 ETF'입니다.

이처럼 액티브 ETF에 대한 관심이 커진 이유는 알파를 찾는 투자자들이 많아졌기 때문입니다. 저금리 환경이 이어질 것이라는 기대가 투자자들의 야성을 깨운 것이 아닌가 생각합니다(이에 대해 제4장에서 더 자세히 설명할 예정입니다). 실제로 알파에 대한 투자자들의 관심이 커지고 있다는 사실을 알아차린 미국의 대형 운용사들도 액티브 ETF를 출시하기 시작했지요. 그중 가장 좋은 성과를 보여준 운용사가 바로 ARK 인베스트먼트입니다. ARK는 2020년 세 자릿수의 수익률을 기록했고 투자자들의 큰 관심을 끌었습니다. 국내 투자자들도 2020년 하반기부터 2021년 2월까지 약 5억 4000만 달러 수준의 순매수를 기록했다고 합니다(예탁결제원 발표). ARK가 투자한 대표 종목이 바로 테슬라입니다. 테슬라는 저금리 환경과 전기차, 자율주행 분야의 성과 그리고 S&P500 지수 편입 등의 호재 덕분에 2020년 한 해 동안 무려 7배 이상 상승했습니다. ARK가 투자한 다른 혁신 기업들 역시 크게 상승했습니다.

하지만 문제는 역설적으로 지난 1년간 ARK의 성과가 너무 좋았고 너무 많은 투자자들의 자금이 몰렸다는 데서 시작됐습니다. ARK가 운용하는 다섯 개 ETF는 모두 2021년 2월 초 이후, 20% 넘게 하락했는데 이유는 당분간 지속될 줄 알았던 저금리에 대해 의구심이 생겼기 때문입니다. 기대보다 컸던 백신의 성과와 미국의 대규모 부양책은 경기회복 기대를 넘어 인플레이션에 대한 우려로 이어졌습니다. 인플레이션

우려와 경기 회복 영향으로 미국의 장기금리가 상승하면서 연준이 결국 금리를 인상할 수밖에 없을 것이라는 불안감으로 이어지게 된 거죠. 금리 상승은 성장주 중심, 그것도 파괴적 혁신 기업에 투자하는 ARK의 성과에는 부정적인 영향을 줄 수밖에 없었습니다. 여기에 《월스트리트 저널》에서는 ARK 펀드가 일부 소형주에 너무 집중된 포지션을 가지고 있다는 점을 지적했습니다. 이는 ARK 펀드로 돈이 계속 들어갈 때는 문제가 되지 않지만 만약 돈이 빠져나갈 경우, 상황이 더 악화될 수 있다는 걱정(크게 하락한 주식을 팔아야 하는 상황이므로)을 불러일으켰습니다. 또한 ARK가 보유하고 있는 종목은 다른 펀드와 달리 ETF이기 때문에 매번 공개된다는 점에서 공매도의 대상이 될 수도 있습니다.

ARK 인베스트먼트에서 ARK는 영어로 '노아의 방주'를 뜻합니다. 어쩌면 4차 산업혁명 시대로 가는 격동의 시기에 노아의 방주와 같은 역할을 하겠다는 의지의 표현일지도 모르겠습니다. 지금 ARK의 방주는 금리 상승이라는 풍랑에 심하게 흔들리고 있는 중입니다. 과연 어떤 결과로 이어질지 매우 흥미로운 관전 포인트가 될 것 같습니다.

알파 헌터는 '시장을 이겨보겠다는 투자자'라는 이야기를 들으시고 어떤 생각이 드나요? 그냥 나는 시장만 따라가도 좋겠다고 생각하는 분도 있겠지만, "나는 당연히 알파 헌터가 되어야지!"라고 생각하는 분도 있을 것입니다. 그런데 그분께 꼭 하고 싶은 말이 있습니다. 첫째, 알파 헌터가 되는 것이 생각처럼 쉽지 않다는 것입니다. 쉽지 않은 게 아니라 정말 어렵다는 사실부터 알아야 합니다. 이 책의 부제목이 '보이지 않는 세상에서 투자하는 법'인 이유는 그만큼 투자에서 살아남기가 어렵다는 것을 강조하기 위함입니다. 둘째, 본인에 대해 이해를 해야 합니다. 운전하면서 일상생활에서의 나와 다른 모습을 발견하는 분들이 있는 것처럼 투자를 시작하고서 완전히 다른 나를 발견하는 경우가 많습니다. '내가 이렇게 조급한 사람이었나?', '내가 이렇게 리스크를 좋아하는 사람이었나?' 등등 주식투자를 통해서 알게 된 여러분 자신의 모습이 정말 알파 헌터가 될 수 있는지 냉정하게 판단해야 합니다. 마지막으로 알파 헌터가 되는 것을 포기하는 것이 패배하는 것은 절대 아니라는 사실도 알았으면 합니다. 본인의 실력을 객관적으로 바라볼 수 있는 메타인지Meta cognition가 뛰어난 사람이 공부를 잘하는 것처럼 본인을 정확하게 판단하는 사람이 투자의 세계에서도 성공할 수 있습니다.

오픈북 테스트가 된 투자 환경

제가 처음 딜링룸에서 일을 시작했을 때는 야간 데스크라는 것이 있었습니다. 당시에는 스마트폰이 없었기 때문에 한밤중에 미국 시장의 움직임을 확인할 수 있는 방법이 없었습니다. 그래서 막내 직원들이 돌아가면서 밤늦게까지 딜링룸을 지키며 정해진 시간이 되면 문자로 환율, 금리, 주가를 보내줬습니다. 2008년 금융위기의 상처가 아물기 시작하던 2010년, 주식시장에서 있었던 해프닝을 소개하려고 합니다.

그 당시 선배 애널리스트들은 누구보다 열심히 일을 했고, 그 정보를 투자자들에게 효율적으로 전달하기 위해서 노력했습니다. 그러던 어느 날 애널리스트 업계에서 처음으로 시도된 방법이 하나 있었으니 바로 '문자 서비스'였습니다. 투자와 관련된 정보를 일부 기관 투자자들에게 보내기 시작한 게 화제가 된 것입니다. 스마트폰이 활성화되기 전이었기 때문에 이러한 서비스는 당시에는 매우 파격적이라 평가받았습니다. 또 당시에 업계에서 사용했던 단어 중에는 '퍼스트 콜First call'이라는 말이 있었습니다. 증권사에서 애널리스트의 의견을 어떤 매니저에게 제일 먼저 전화해서 알려줬는지를 의미하는 말인데, "왜 나한테는 먼저 전화하지 않고 가격이 다 오른 다음에 전화해주냐"는 항의가 있을 정도로 인기였지요. 하지만 이제는 클릭만 하면 일부 대형 증권사의 모닝 미팅 장면을 실시간으로 유튜브에서 볼 수 있는 세상이 됐습니다. 지난 10년 동안 투자 환경이 얼마나 극적으로 바뀌었는지를 알 수 있는 대목입니다.

어디 그뿐인가요? 누구나 실시간으로 미국 시장 상황을 알 수 있고 대부분의 증권사들은 유튜브를 통해서 양질의 투자 정보를 앞다투어 공짜로 제공해줍니다. 현상의 옳고 그름을 논하기보다는 투자 환경이 극적으로 변했다는 것을 인지하고 이를 투자의 관점으로 가져가는 것이 먼저입니다.

저는 이것을 "투자 환경이 오픈북 테스트와 같이 되었다"고 표현합니다. 투자 정보를 쉽게 얻을 수 있다는 것은 새롭게 투자를 시작하는 분들에게는 분명히 좋은 소식이지만 그렇다고 돈을 벌기 쉬워졌다는 뜻은 절대 아닙니다. 오픈북 테스트가 되면 점수는 올라가도 등수는 올라가지 않는다는 것을 생각해보면 쉽게 알 수 있습니다. 최근에는 인공지능까지 금융시장에 들어오면서 글로벌 투자자들은 위성을 통해 얻은 정보까지 활용해서 더 정확하고 빠른 정보를 얻기 시작했습니다. 내가 새롭게 얻은 정보는 이미 모두가 아는 정보일 가능성이 높아졌다는 뜻이고, 이는 곧 그 정보가 이미 주식 가격에 반영되어 있을 가능성이 크다는 의미입니다.

오픈북 테스트로 바뀐 투자 환경에서 성공하려면 무엇을 해야 할까요? 우선 책의 어느 부분에 어떤 내용이 있는지 알고 있어야 합니다. 이는 투자에서 기본Basic의 중요성이 더 커졌다는 것을 의미합니다. 이 책과 「이효석 아카데미」라는 유튜브 채널에서도 저는 기본을 다지자고 일관되게 말씀드리고 있습니다. '왜 투자를 해야만 하고, 어떤 자세로 투자를 해야 하는지, 그리고 구체적으로 어떤 내용을 공부하는 것이 중요한지'가 주된 내용입니다.

또 오픈북 테스트를 잘 보기 위해서는 전체적인 맥락(큰 그림 혹은 메가트렌드)를 이해해야 합니다. 단기적인 흐름을 예측하거나 정보의 우위를 통해서 돈을 버는 전략은 이제 지속 가능하지 않을 뿐 아니라 점점 더 어려워질 것입니다. 중장기적으로 이어질 수 있는 메가트렌드를 찾는 인사이트가 더 중요해졌다는 이야기지요. 이것이 1~2년 후가 아니라 더 먼 미래를 내다봐야 하는 이유입니다.

이효석 아카데미

게임스탑 사례를 통해 살펴본 공매도

투자의 자세와 관련된 내용은 아니지만 최근 개인 투자자들에게도 관심이 많은 공매도Short 개념을 소개해보겠습니다.* 공매도에 대한 부정적 인식이 많지만 저는 개인적으로 헤지펀드를 운용하면서 얻었던 가

* 공매도 설명 참고. https://youtu.be/2tI_KDjxAg4

장 값진 경험은 '공매도로 손실을 본 것'이었다고 말씀드릴 수 있습니다.

국내에서 공매도 규제와 관련된 기사가 많이 나오기 때문에 공매도에 대한 관심은 큰데, 사실 그 의미를 정확하게 이해하는 분은 많지 않습니다. 공매도의 정확한 뜻을 이해하기 위해서는 반대말인 롱Long과 비교해보면 좋습니다.

많은 분들이 '롱'은 매수를 의미하고 '숏'은 매도를 의미한다고 알고 있지만 매수 · 매도만으로 두 단어의 의미를 구분할 수는 없습니다. 더 중요한 포인트는 '순서'거든요. 모든 투자의 성과는 얼마나 싸게 사서, 얼마나 비싸게 팔았는지에 따라 결정됩니다. 즉, 매도 가격에서 매수 가격을 뺀 금액이 손익이죠. 이 단순한 사실은 모든 투자에 적용됩니다. 그래서 너무나 당연한 말이지만, 투자를 통해서 수익을 내려면 항상 매수는 최대한 싸게 해야 하고 매도는 최대한 비싸게 해야 합니다.

롱이나 숏을 했을 때의 손익은 똑같이 '매도 가격 – 매수 가격'입니다. 투자를 하기 전에는 매수 가격과 매도 가격이 정해지지 않습니다. 이때 롱을 한다는 이야기는 '매수 가격을 먼저 결정한다는 것'을 의미합니다. 그리고 매도 가격은 알 수 없는 변수로 남겨두는 것이죠. 그렇다면 반대로 숏을 한다는 이야기는 매도 가격을 먼저 결정하는 것이겠죠? 이처럼 롱과 숏의 가장 큰 차이는 매수냐, 매도냐가 아니라 '순서'라는 것을 알 수 있습니다. 그런데 매도 가격을 결정하려면 주식을 팔아야 하는데 주식이 없으니까 팔 수가 없죠. 그러니 주식을 빌려야 합니다. 이렇게 주식을 빌리는 과정을 '대차'라고 합니다.

2021년 미국 시장에서 일어난 가장 특이했던 현상 중 하나가 미국의 오프라인 게임 업체 '게임스탑GameStop' 이슈입니다. 2021년 초, 게임스탑의 주가는 18.8달러였습니다. 오프라인 게임 업체이다 보니, 코로나19 피해로 주가가 많이 하락한 상황이었습니다. 그런데 실적이 회복될 것이라는 기대감이 반영되며 단기간에 2배나 상승합니다. 게임스탑이 이슈로 떠오른 계기는 시트론Citron이라는 기관에서 지금 게임스탑의 주가는 설명이 되지 않는다며 다시 20달러로 하락해야 한다는 콜을 하면서부터입니다. 그런데 월스트리트베트Wallstreetbets라는 사이트에서 "게임스탑의 주가를 올려서 시트론이 숏커버를 할 수밖에 없도록 만들자"는 이야기들이 나오면서 매우 특이한 현상들이 일어나기 시작합니다. 개인 투자자들은 말 그대로 '대동단결'했고 이 주식의 주가는 장중 무려 500달러까지 상승했습니다. 물론 이후, 게임스탑의 주가는 크게 하락했지만 특이하게도 게임스탑 때문에 시장 전체가 하락했다는 분석

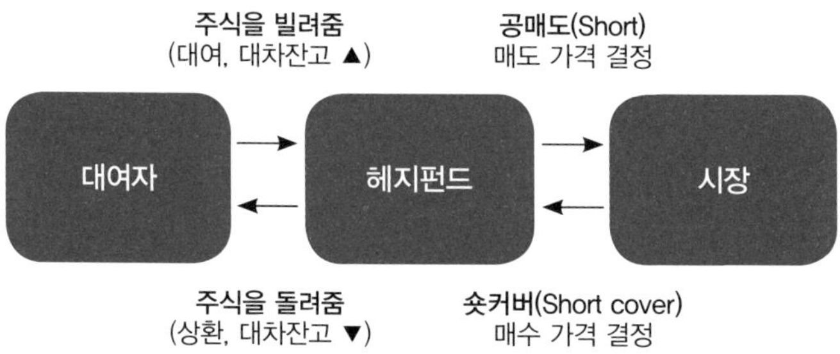

이 나오기 시작했습니다. 헤지펀드도 상당한 손실이 있었다는 것을 의미하는데, 그 이유를 알려면 공매도의 손익 구조가 매수 즉, 롱과는 다르다는 것을 알아야 합니다.

그렇다면 이제 롱과 숏의 손익 구조를 생각해봅시다. 롱의 경우 매수 가격은 결정되어 있기 때문에 손익은 매도 가격에 따라 결정됩니다(왼쪽 그래프). 반대로 숏은 매도 가격이 결정된 상황이며 매수 가격에 따라서 손익이 결정됩니다(오른쪽 그래프). 따라서 롱을 한 경우에 생길 수 있는 최대 손실은 투자한 금액이 되고 기대할 수 있는 이익은 무한대가 되지만, 숏의 경우는 매도 가격이 먼저 결정됐기 때문에 완전히 반대의 상황이 됩니다. 숏으로 얻을 수 있는 최대 이익은 투자한 원금에 불과하지만 손실은 무한대가 되는 것이죠.

▶ 롱 포지션의 손익은 매도 가격에 따라 결정

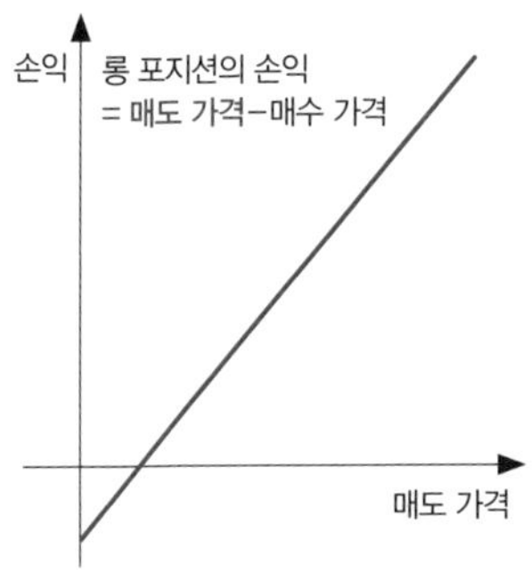

▶ 숏 포지션의 손익은 매수 가격에 따라 결정

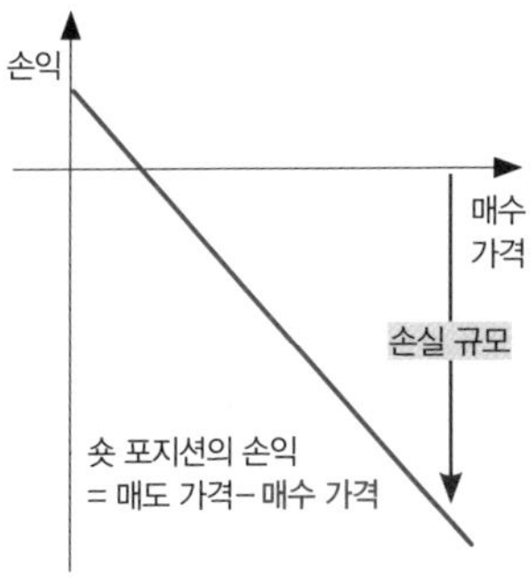

공매도로 인한 손실이 무한대가 될 수 있다는 사실을 이번 게임스탑 사태와 연관 지어 생각해보면 관련 헤지펀드의 예상 손실이 우리의 상상을 뛰어넘는다는 것을 알 수 있습니다. 게임스탑을 공매도했던 헤지펀드들의 손익을 생각해볼까요? 우선 매도 가격은 40달러로 정했습니다. 시트론의 예상대로 20달러까지 하락해주면 20달러에 숏커버를 하면 됩니다. 이 경우 손익은 이미 정해진 매도 가격인 40달러에서 매수 가격인 20달러를 뺀 20달러입니다. 그럼 500달러까지 상승하게 되는 경우 손익은 어떻게 될까요? 매도 가격은 40달러로 정해져 있는데 매수 가격은 500달러니, 손실은 460달러나 됩니다. 베팅한 규모(40달러)의 11배가 넘는 손실이 발생합니다. 손실 규모가 그 정도에서 멈춰준다면 다행이지만 주가가 더 오르면 손실이 추가로 발생한다는 것이 문제죠. 대표적인 헤지펀드 업체인 멜빈Melvin이 입은 손실 규모는 약 72억 달러(약 8조 6000억 원)나 된다고 합니다. 어쨌든 이런 헤지펀드들이 손실을 확정하려면 게임스탑 주식을 사야 합니다. 이렇게 손실을 최소화하기 위해 주식을 집중 매수하는 현상을 '숏 스퀴즈Short squeeze'라고 합니다. 문제는 숏베팅을 했던 규모의 11배나 되는 현금이 필요하다는 것이었죠. 2021년 1월 주식시장이 하락하는 과정에서 '숏 스퀴즈 당한 헤지펀드들이 자금 마련을 위해 주식을 처분하고 있다'는 말이 나왔던 이유도 여기에 있었습니다.

03

애널리스트가 극복해야 할 세 가지 편향

애널리스트의 한계와 편향

2020년 2월, 좋은 기회가 되어서 평소 해보고 싶었던 투자 전략을 담당하는 애널리스트가 됐습니다. 오래전부터 해보고 싶었던 일이었기에 열심히 했지만 애널리스트가 갖는 어쩔 수 없는 한계도 많이 느꼈습니다. 이번에는 애널리스트의 한계를 '세 가지 편향'이라는 주제로 이야기해보려고 합니다. 주식투자를 위해서 투자자들이 가장 많이 활용하는 정보가 애널리스트들의 보고서인데, 보고서가 작성되는 배경을 이해하고 애널리스트를 분석하는 것도 투자에 도움이 된다고 생각하기 때문입니다. 마치 작가의 배경을 알면 소설의 의미를 좀 더 잘 이해할 수 있는 것처럼 말이죠. 지금부터 애널리스트가 극복해야 할 세 가지 편향성과 실제 사례를 확인해보겠습니다.

매수 위주 편향성: 낙관 편향

국내 증권사의 보고서에서 매도 의견을 찾기 어렵다는 이야기는 자주 들어봤을 겁니다. 해외 사례와 비교해도 국내의 매도 의견 비중은 높지 않은데, 여기에는 여러 가지 이유가 있습니다. 가장 쉬운 설명은 '매도 의견을 원하는 사람이 없기 때문'일 테지요.

우선 투자자들이 원치 않습니다. 또 해당 기업은 당연히 주가 하락을 원할 리 없죠. 애널리스트들은 분석하는 기업의 정보를 해당 기업의 IR Investor Relations 을 통해서 얻는 경우가 많습니다. 공식적으로 확인하기 어려운 내용이지만 매도 의견을 가진 애널리스트가 상대적으로 좋은 정보를 받기 어렵다는 업계의 주장도 있습니다.

결국 애널리스트 입장에서는 매도 의견을 냈을 때 감수해야 하는 사회적 비난이라는 피해에 비해 주가 하락을 맞췄을 때 얻을 수 있는 실익은 제한적이라는 이야기죠. 이런 상황이 바뀌지 않는다면 굳이 무리해서 매도 의견을 내는 애널리스트는 없을 것입니다. 그렇다면 투자자의 관점에서 얻을 수 있는 교훈은 뭘까요? '우리나라는 매도 의견이 너무 없다'라는 비판에만 머물 게 아니라 애널리스트의 이런 낙관 편향을 감안하여 투자 방향을 잡는다면 더 좋지 않을까 싶습니다.

과거 지향 편향성: 닻 내림 효과

애널리스트가 극복해야 할 두 번째 편향성은 '과거 지향성'인데 이는 '인간은 미래를 알 수 없다'는 너무나도 당연한 사실 때문에 생긴다고 할 수 있습니다. 미래를 알 수 없어도 애널리스트는 미래를 예측해야 합니다. 일반적으로 애널리스트가 미래를 예측하기 위해서 가장 먼저 사용하는 데이터가 '과거'입니다. 예를 들어 3분기 GDP 성장률을 예측하라는 숙제를 받은 애널리스트는 먼저 2분기 GDP의 내용을 꼼꼼히 살펴보는 것부터 시작할 수밖에 없습니다. 그 결과 안타깝게도 애널리스트의 예측은 미래를 선행하는 것이 아니라 오히려 실제를 후행하는 경우가 많습니다. 글로벌 투자은행 DrKW 자료에 따르면 GDP 성장률이나 금리 전망, 그리고 주가 전망까지 애널리스트의 전망치가 실제를 후행한다는 것을 알 수 있습니다. 그러므로 애널리스트의 전망치는 그만큼 불안정하고 부정확할 수밖에 없다는 사실을 인정하는 것에서부터 시작해야 합니다.

과거 지향 편향성을 갖게 되는 이유를 가장 정확하게 설명하는 용어는 닻 내림 효과Anchoring effect입니다. 배가 닻을 내리면 닻과 연결된 밧줄의 범위 내에서만 움직일 수밖에 없는 것처럼 애널리스트의 추정치도 기존의 전망치를 기준으로 일정 범위 내에서만 움직일 가능성이 높기 때문에 후행적일 수밖에 없다는 것이죠. 실제로 과거 지향 편향이 가장 확실하게 확인된 때는 코로나19 사태와 같은 대형 이벤트가 발생했을 때입니다.

▶ 미국 GDP 디플레이터 전망치와 실제 지수 차이

자료: DrKW Macro research

▶ 1년 만기 채권수익률 전망치와 실제 수익률 차이

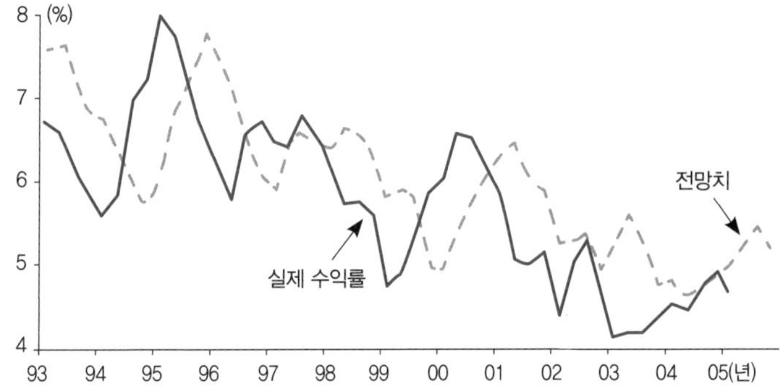

자료: DrKW Macro research

▶ S&P500 전망치와 실제 지수 차이

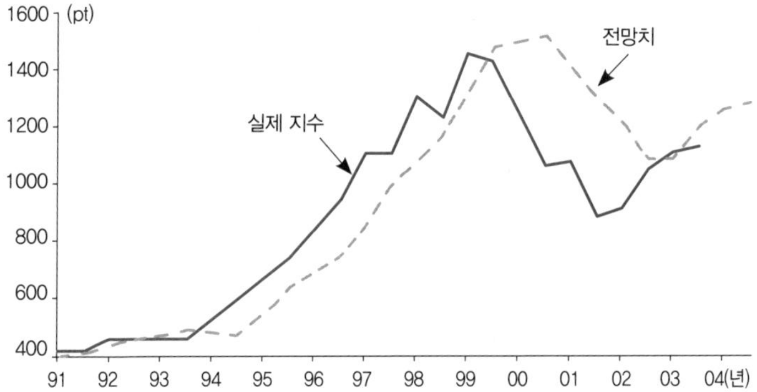

자료: DrKW Macro research

2020년 초 코로나19 이슈가 터진 이후, 시장에서는 중국 내 공급체인 붕괴 가능성, 이동 제한에 따른 소비 감소 등 다양한 시나리오가 나왔지만 정작 경제에 미치는 영향을 예측하기란 정말 쉽지 않았습니다. 코로나19 이슈가 팬데믹으로 확산할 수도 있다는 우려가 생기기 전까지 글로벌 증시는 부양책에 대한 기대감으로 미리 상승해 있었기 때문에 지표를 추정해야 하는 애널리스트 입장에서는 심리적 안도감을 느꼈을 가능성도 있습니다. 애널리스트 입장에서는 나름대로 과감하게 낮춘 추정치가 46 정도였습니다. 그도 그럴 것이 그전에는 50~52 수준에서 움직였으니 46이면 굉장히 많이 낮춘 것이었습니다. 문제는 그것이 '닻을 내린 상황에서 최대한'이었을 뿐이라는 데 있지요.

2020년 2월 29일에 발표된 중국의 PMI(구매관리자지수)지표는 이러한 현상을 가감 없이 보여줬습니다. 제조업지수와 비제조업지수 모두 각각 예상치를 크게 하회했는데요. 제조업지수는 예상(46.0)을 크게 하회한 35.7로 발표됐고 비제조업지수는 예상(49.2)을 더 크게 하회하는 29.6으로 발표됐습니다. 두 지표 모두 금융위기 수준, 혹은 그보다 더 심각한 수준이었지만 어느 누구도 이러한 숫자를 예상하지 못했습니다. 이 사례를 통해서 여러분이 투자의 관점에서 얻어야 할 교훈은 '애널리스트가 잘못했다'는 사실이 아닙니다. 애널리스트의 추정은 틀릴 수 있으며 후행적일 가능성이 높다

▶ 중국 PMI제조업지수 vs. 예상치

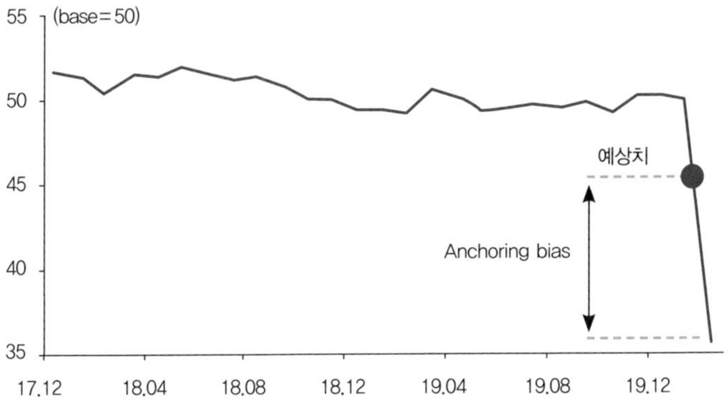

자료: Bloomberg, SK증권

▶ 중국 PMI 비제조업지수 vs. 예상치

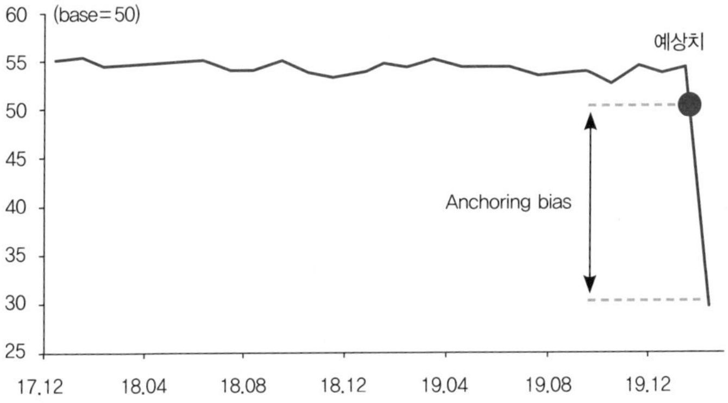

자료: Bloomberg, SK증권

는 점입니다.

제가 이러한 닻 내림 편향을 언급하는 이유는 애널리스트의 잘못을 지적하기 위해서가 아닙니다. 인간이기 때문에 어쩔 수 없이 범하게 되는 한계를 인지하고 이를 활용한 투자 전략 수립의 중요성을 강조하기 위해서입니다. 그렇다면 어떻게 이러한 편향을 투자에 적용할 수 있을까요?

여기 A라는 기업이 있다고 해봅시다. 실적을 발표하기 전에 애널리스트들은 먼저 본인만의 로직을 바탕으로 실적을 추정하여 발표합니다. 그리고 그 숫자들을 모아둔 것을 '컨센서스Consensus'라고 하지요. 다음 페이지에 나오는 그래프는 2013년 4분기 삼성전자의 실적 추정치 변화를 보여줍니다. 11월 말까지만 해도 10조 5000억 원 수준을 유지하던 애널리스트의 추정치에 12월 말부터 변화가 나타납니다. 처음 10조 원이 안 될 것이라는 전망이 나온 이후, 실적 발표 직전에는 9조 원에 못 미치리라는 전망으로 추정이 모아졌습니다. 그런데 안타깝게도 실제 발표된 실적은 8조 3000억 원이었네요. 당시 삼성전자 실적 쇼크의 원인은 ① 8000억 원에 달하는 일회성 성과급 지급 ② 스마트폰 사업부의 재고 조정 ③ AMOLED 부문의 투자 확대입니다. 이는 애널리스트가 추정하기엔 어려움이 있었지만, 낮아진 컨센서스마저 하회해버린 삼성전자의 실적은 닻 내림 효과의 전형적인 사례로 기억될 것 같습니다.

▶ **삼성전자 실적**

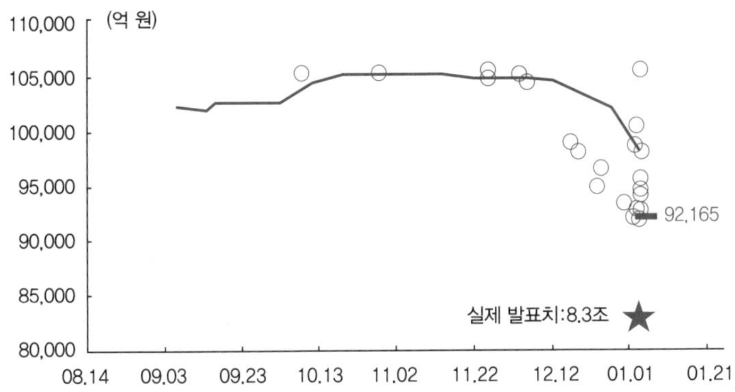

자료: HSBC

당시 삼성전자 주가의 흐름을 보면 주가가 가장 많이 하락한 시점은 10조 원 이상에 모여 있던 컨센서스가 처음으로 깨졌을 때였습니다. 이를 1차 하락이라고 하면 이후 실제 낮아진 컨센서스보다 더 좋지 않은 실적이 발표된 이후에 한 번 더 주가가 하락하는 것을 2차 하락이라고 부를 수 있습니다. 이와 반대 개념인 어닝 서프라이즈Earning surprise도 이와 비슷하게 생각해볼 수 있습니다. 이 경우 컨센서스보다 높은 애널리스트의 실적 추정치가 처음 나왔을 때 주가가 1차 상승을 하고, 실제로 실적이 잘 나오면 2차 상승을 하는 긍정적인 사건이 전개되겠지요.

애널리스트의 추정치가 변화하는 모습은 알 수 없는 미래를 알아가는 과정과도 같습니다. 애널리스트들이 만든 컨센서스는 미스터 마켓의 생각을 의미하고, 주가에 반영되어 있다고 할 수 있습니다. 주가는 미스터 마켓의 생각(컨센서스)이 바뀌는 과정을 따라가면서 움직이기도 하고, 생각과 현실의 괴리(컨센서스와 실적의 차이)를 맞춰가는 과정에서 때때로 격하게 반응하기도 합니다.

쉬운 길 편향성: '빨리'가 최고라는 생각

주식시장에서 돈을 벌 수 있는 방법에는 예외가 없습니다. '좀 더 싸게 사서, 좀 더 비싸게 파는 것'이 유일합니다. 돈을 버는 가장 쉬운 방법은 정보를 '조금 더 빨리 알기'고요. 분기마다 발표하는 기업의 실적을 합법적인 방법으로 미리 추정해보는 것이나 남들보다 더 열심히 기업의 새로운 정보를 찾아보는 것이 대표적입니다. 물론 이러한 노력은 애널리스트의 기본 덕목이긴 하지만 자칫 잘못하면 쉬운 길 편향성Easy way bias에 빠질 수 있습니다.

애널리스트들이 갖는 '쉬운 길 편향성'이란 쉽게 얻을 수 있는 정보를 투자자들에게 빨리 전달하는 방식으로 인정받고 싶어 하는 욕구를 의미합니다. 그 이유는 아마도 많은 기관 투자자들이 기업과 관련된 정보를 가장 먼저 업데이트하는 애널리스트를 선호하기 때문일 수도 있습니다. 어떤 투자 환경에서든 '더 빨리'의 가치는 유지되리라 봅니다. 세상과 기업의 변화가 주가에 반영되는 과정에서는 항상 기회가 생기기 때문이죠. 문제는 4차 산업혁명 시대로 가는 과정에서 투자 환경도 크게 바뀌었다는 점입니다. 그래서 예전보다 애널리스트가 '더 빨리'를 통해서 부가가치를 제공하는 일이 어려워졌습니다.

이러한 쉬운 길 편향을 극복하기 위해서는 '모자이크 이론Mosaic Theory'이라는 용어를 기억해야 합니다. 모자이크 이론은 이미 공개된 중요한 정보Public Material Information, PMI 그리고 공개되지 않고 중요해 보이지 않는 정보Non-public, Non-material Information, NNI만을 종합해서 인사이트를 얻는 과정을 의미합니다. PMI는 대표적으로 기업의 실적 발표 자료나 공시 자료 같은 것을 꼽을 수 있고요, NNI는 대체로 정성적인 정보를 뜻합니다. 이를테면 직원들이 바쁘게 움직이는 모습이나 IR 담당자의 태도가 바뀌는 것과 같은 중요해 보이지 않고 공개할 필요도 없는 그런 정보죠. 미공개 중요 정보Material Non-public Information, MNPI 즉, 공식 발표가 되기 전 얻은 유상증자 또는 기업공개Initial Public Offering, IPO와 같이 중요한 이벤트 정보 등을 사용하는 것은 쉽지만 모자이크 이론을 따르는 것은 좀 어렵고 멀리 가는 길일 수 있습니다. 하지만 PMI와 NNI를 마치 모자이크하듯 투자에 꼭 필요한 정보로 만들어내는 것이야말로 중장기적으로 가치 있는 리서치가 될 것입니다.

이효석 아카데미

모자이크 이론

공인재무분석사Chartered Financial Analyst, CFA 윤리 교과과정에 보면 미공개 중요 정보에 대한 이야기가 소개됩니다. 예를 들면 모 회사의 사장과 친해서 알게 된 비밀스러운 정보를 대중에게 공개되기 전에 이용하는 것은 윤리 규정 위반이라는 내용입니다. 이처럼 미공개 정보 사용에는 각별한 주의가 필요합니다. 때문에 애널리스트는 미공개 중요 정보를 빨리 업데이트해서 투자자들에게 전달하는 방향이 아닌 공개된 정보나 중요하지 않은 정보들을 모으고 모아 새롭고 창의적인 아이디어를 만드는 방향을 추구해야 합니다. 이것이 바로 모자이크 이론의 핵심입니다. 문제는 이 역시 교과서에서나 쓸 수 있는 말이지 현실에서는 쉽지 않다는 데 있습니다. 그러나 이미 바뀐 투자 환경 속에서 인정받는 애널리스트가 되기 위해서는 쉬운 길 편향성을 극복하고 투자와 관련된 인사이트를 주는 분석이 더욱 필요할 것입니다.

제2장

지금 당장 투자를 시작해야 하는 이유

제1장에서 소개했던 저의 경험을 통해서 변화된 최근 금융 시장을 좀 더 잘 이해할 수 있었으리라 생각합니다. 이제 제2장에서는 본격적으로 왜 지금 당장 투자를 해야 하는지에 대한 이야기를 해보려고 합니다. 이 책의 제목은 『나는 당신이 주식 공부를 시작했으면 좋겠습니다』입니다. '이미 부동산 가격은 말할 것도 없고, 주가도 너무 많이 오른 것 같은데, 지금이라도 투자를 해야 할까요?'라는 질문에 대한 답이라고 할 수 있습니다.

제가 투자를 꼭 해야 된다고 말하면서 가장 마음에 걸렸던 것은 '주가가 내려갈 것 같아서'가 아닙니다. 제 권유로 새롭게 주식투자를 하는 분 중에 성공하는 분이 많지 않을 수 있다는 것이 가장 큰 고민이었습니다. 주식투자가 쉽지 않다는 것을 누구보다 잘 알기 때문입니다. 이 책으로 공부를 한다고 주식으로 돈을 벌 수 있다고 확실히 말씀드릴 수도 없는데, 그리고 오히려 주식투자를 하면 더 힘든 상황에 빠질 수도 있는데, 그래도 투자를 하라고 권하는 것이 맞는 것인지 스스로 정말 많이 고민했습니다.

그런데 이 고민에 대한 대답은 의외로 이런 질문을 통해서 해결됐습니다. "그럼 주식투자를 하지 말라고 하는 것이 맞을까?" 투자하지 말라는 것의 의미가 무엇인지를 알려면, 투자投資(재물을 던진다)의 반대말이 무엇인지를 생각해봐야 합니다. 적극적 의미의 반대말은 '재물을 빼앗아 온다'라는 투자 회수Divestment지만, 소극적 의미의 반대말은 '재물을 옆에 놔둔다는 의미'의 저축일 겁니다. 즉, 투자하지 말라는 것은 계속 저축만 하라는 것이죠. 저금리가 지속되고 있어 투자하지 않고 저축만 해서는 잘살기 어려운 환경이 되었다는 것은 이미 많은 분들이 동의하는 것 같습니다.

물론 투자를 하면 실패할 확률도 높지만 잘될 가능성도 있습니다. 하지만 투자를 하지 않으면 잘될 가능성이 0%입니다. "투자를 하면 잘살게 될 가능성이 얼마나 되니?"라고 물을 게 아니라 "투자를 안 하면, 어떻게 되니?"라고 물어야 합니다. 다른 누군가의 도움 없이 세상을 살아가기 어렵다면 도움받을 방법을 찾아야 합니다. 주식투자는 '내가 잘 아는 좋은 기업이 나를 위해서 일할 수 있도록 만드는 장치'입니다. 그리고 좋은 기업을 선정하고, 오랫동안 나를 도와줄 수 있도록 만들기 위해서는 반드시 공부가 필요합니다. 이제 '지금이라도 투자하고 같이 공부해야 하는 이유'는 설명이 된 것 같네요.

제2장은 '주가가 너무 많이 올라서 걱정된다'고 하는 분들께 드리는 메시지입니다. 결론부터 말씀드리면, 우리는 버블을 걱정하면서 하락 가능성에 베팅할 것이 아니라 '대비'해야 합니다. 당분간은 버블이 터져버릴 가능성보다 자산 가격이 더 상승할 가능성이 높다고 생각하기 때문입니다. 이번에는 '자산 가격의 변화'를 주의 깊게 살펴보시죠.

04

통화량의 증가는 곧 화폐가치의 하락

통화량이 증가하는 근본적인 이유

최근 '통화량이 너무 많이 늘었다' 또는 '돈이 너무 많이 풀렸다' 라는 이야기는 정말 많이 들어봤을 겁니다. 하지만 통화량이 '왜' 늘어날 수밖에 없는지 그 근본적인 이유에 대한 설명은 못 들어본 분이 많을 것 같습니다. 여기에서 다룰 내용은 '통화량이 늘어나는 근본적인 이유'에 대한 이야기입니다.

세계 최대 헤지펀드 중 하나인 브릿지워터Bridgewater의 레이 달리오Ray Dalio는 2013년, 유튜브에 「How the economic machine works」라는 제목의 재미있는 영상을 하나 소개합니다.[1] 이 영상에는 경제 상황을 쉽게 이해할 수 있는 흥미로운 이야기가 가득합니다. 제가 여기서 소개할 이야기는 '아름다운 디레버리징Beautiful deleveraging'에 관한 것입니다.

우선 '디레버리징'이라는 용어를 먼저 설명해야겠네요. 디레버리징은 부채를 더 많이 일으킨다는 의미의 레버리징Leveraging의 반대말로, 부채가 줄어든다는 의미입니다. 첫 직장이었던 은행에서 처음 1년 동안 대출과 관련된 일을 했던 제 경험을 바탕으로 좀 더 쉽게 설명을 해보겠습니다. 은행의 대출 업무 중 '기간 연장'이라는 것이 있는데요. 쉽게 말하면 대출 만기가 됐을 때 어떤 조건으로 연장을 해줄지 결정하는 것입니다. 은행 입장에서는 처음에 대출을 해줬을 때와 비교해서 회사의 상황이 얼마나 안 좋아졌는지, 이 회사가 은행의 수익에 얼마나 기여를 해주었는지 등을 종합적으로 고려해서 연장 조건을 결정합니다. 그런데 만약 A라는 회사의 매출이 눈에 띄게 줄어든 것을 발견하면 저는 A 회사의 사장님께 전화해서 이렇게 말하게 됩니다.

"사장님, 최근에 연체도 너무 자주하시고 작년 매출을 보니 그전에 비해 많이 줄었던데, 무슨 문제 있으세요? 다음 달이 대출 만기인데요. 한번 지점에 와주시겠어요?"

이렇게 보니 마치 잘못을 한 학생에게 부모님을 모셔오라고 말하는 선생님이 떠오르네요. 그렇게 사장님이 오시면 대출금의 20% 정도는 상환을 해주십사 정중하게 요청을 드립니다. 화를 내는 분도 있고 사정이 어려우니 한 번만 그냥 넘어가달라고 부탁하는 분도 있지요. 이런 대화는 서로 편안하게 할 수가 없습니다. 이처럼 디레버리징(부채 축소)은 매우 고통스러운 과정입니다.

그런데 레이 달리오는 어떻게 디레버리징에 '아름다운'이라는 수식어를 붙일 수 있었을까요? 레이 달리오도 디레버리징 구간에서 벌어지는 여러 가지 현상을 소개했습니다. 우선 개인의 소득이 줄면 지출부터 줄이게 됩니다. 금융기관에서는 대출을 상환하라는 압박을 하기 시작하고, 대출 상환 요구를 받은 사람은 상환을 위해 가지고 있는 자산을 팔 수밖에 없죠. 이는 결국 자산 가격의 하락으로 이어지게 됩니다. 자산 가격이 하락하면 은행들이 대출해줄 때 사용한 담보의 가치도 줄어들고, 다시 추가적인 대출 상환을 요구할 수밖에 없는 상황이 됩니다. 소비는 더 줄어들고 서로가 서로를 믿지 못하는 상황은 더욱 심화됩니다. 끔찍한 악순환이죠.

하지만 이렇게 어려운 상황에서 이를 해결할 수 있는 방법이 등장합니다. 바로 중앙은행이 돈을 찍어내(양적완화) 자산을 매입함으로써 자산 가격의 하락을 막는 것입니다. 일단 자산 가격 하락이 멈추었다는 것을 확인하면 사람들의 행동도 서서히 바뀝니다. 당장 돈을 갚으라고 하던 금융기관도 좀 더 기다려줄 수 있는 여유가 생기죠. 가지고 있는 자산의 가격이 하락하는 것을 보며 소비를 줄이던 사람들도 다시 소비를 늘릴 생각을 하게 됩니다.

디레버리징 시대에 나타나는 여러 가지 현상(소비 축소, 대출 상환 압력 상승, 자산 가격 하락)은 모두 디플레이션을 만드는 요인입니다. 반면, 중앙은행이 돈을 푸는 행위는 인플레이션을 일으키지요. 경제에는 지나친 디플레이션도 지나친 인플레이션도 좋지 않기 때문에 균형을 맞추는 것이 중요합니다. 여기서 중앙은행이 문제(돈을 너무 많이 찍어내 물가가 과도하게 상승하는 등)가 생기지 않는 범위에서 자산 가격 하락을 막아준다면, 디레버리징도 아름답게 끝날 수 있습니다. 레이 달리오는 이를 '아름다운 디레버리징'이라고 표현한 것이죠. 결국 통화량이 늘어날 수밖에 없는 근본적인 이유는 '경제가 안 좋아지면서 나타나는 여러 가지 악순환의 고리를 끊어내고, 고통스러운 디레버리징을 조금이라도 더 아름답게 만들기 위해서'라고 할 수 있습니다.

이효석 아카데미

양적완화

일반적으로 중앙은행은 경기의 과열과 침체를 조절하기 위해서 기준금리를 활용합니다. 경기가 과열되면 금리를 올려서 과열을 식히고 경기가 침체에 빠질 위험이 생기면 금리를 내려서 경기에 활력을 불어넣는 식이죠. 중앙은행이 기준금리를 내리면 좀 더 쉽게 돈을 빌릴 수 있기 때문에 자산 가격도 상승할 가능성이 높고, 경제 활동도 살아날 수 있습니다. 문제는 금리를 더 이상 내리기 어려운 상황이 됐을 때 발생합니다.

금리를 더 이상 내릴 수 없는데 경기가 침체에 빠지는 상황이 오면 어떻게 해야 할까요? 2008년 미국에서 그런 일이 발생했습니다. 글로벌 금융위기가 발발하면서 경기를 부양해야 했지만 기준금리는 이미 0%까지 내린 상황이었습니다. 당시 연방준비제도(이하 연준) 의장이었던 벤 버냉키Ben Bernanke는 파격적인 정책을 발표했는데, 이는 중앙은행이 직접 자산(국채 및 MBS 채권)을 매입하는 것이었습니다. 버냉키는 이를 대규모 자산 매입Large-Scale Asset Purchase, LSAP로 불러주길 바랐지만 금융업계에서는 이를 양적완화Quantitative Easing, QE라고 부르기 시작했습니다. 버냉키의 자서전 『행동하는 용기』를 보면 그는 당시 언론에게 양적완화가 아닌 신용완화Credit Easing, CE라는 용어를 써달라고 부탁했다는 내용이 나옵니다.[2] 이유는 일본이 2000년대 초반에 채택했던 양적완화 정책과 구별하기 위해서였습니다. 버냉키가 생각할 때 일본의 양적완화는 통화 공급의 증가를 목표로 했지만 연준의 신용완화는 장기금리를 낮게 유지하는 것이 주된 목표였기에 이를 강조하고 싶었던 모양입니다.

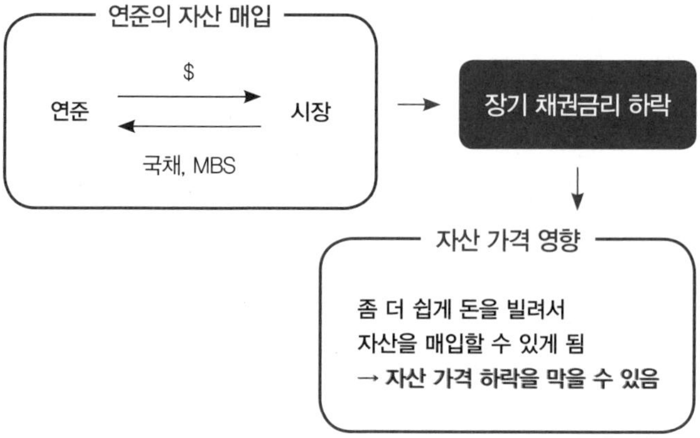

두 개가 서로 같은 말이라고 생각되나요? 버냉키가 '신용완화'라는 용어를 강조했던 이유를 아는 게 중요합니다. 왜냐하면 연준이 돈을 푸는 이유가 '자산 가격의 하락을 막는 것'이기 때문이죠. 그런데 자산 가격 하락을 막기 위해서 연준이 모든 자산을 직접 매입할 수는 없습니다. 그 대신 장기채권을 매입해 장기금리의 하락(혹은 진정)을 유도합니다. 그리고 이렇게 낮아진 채권금리는 시장에서 더 쉽게 돈을 빌릴 수 있는 환경이 됐다는 것을 의미하지요. 따라서 낮은 금리로 돈을 더 빌려서 다른 자산을 구입하는 투자자들이 많아지고 이로써 자산 가격은 안정화되는 것이랍니다.

가격보다 중요한 '유동성'

2020년, 코로나19 위기가 금융시장에 미친 영향은 정말 파괴적이었습니다. 당시 자산 가격의 하락은 누구도 경험해보지 못했기 때문에 투자자들이 느낀 공포심은 정말 컸습니다.

자산 가격이 크게 하락할 수밖에 없었던 이유를 쉽게 설명하면, 가격에 상관없이 자산을 팔고 싶은 사람이 많았기 때문입니다. 그럼 왜 가격 불문하고 팔겠다는 사람이 많았을까요? 처음에는 그냥 전염병에 불과하다고 여겼던 코로나19가 글로벌 팬데믹으로 악화되면서 투자자들은 일단 현금을 확보하기 위해 자산을 매각하기 시작합니다. 그리고 자산 가격이 일정 수준 이상 하락하자 자산을 매각하려는 사람들은 더욱 조급해집니다. 이와 같은 악순환에 빠져 자산을 팔려는 사람이 사려는 사람보다 훨씬 많아지게 되고, 급기야 팔고 싶어도 팔 수 없는 상황에 이르게 된 것이었죠.

예를 들어 100억짜리 빌딩을 보유하고 있는 사람을 생각해볼까요? 평소에 100억짜리라고 생각했는데 팔려고 시장에 나가봤더니 아무도 그 값에 사려는 사람이 없는 겁니다. 수소문해서 사려는 사람을 찾았는데, "50억 정도 되면 생각해보겠다"는 말을 하네요. 50억에라도 팔아야 할까요? 아니면 좀 더 참았다가 상황이 진정되면 팔아야 할까요? 좀 더 심한 경우, 생각해보겠다는 사람조차 없으면 어떻게 해야 할까요? 이처럼 팔고 싶어도 팔 수 없는 난감한 상황이 발생하는 이유는 유동성Liquidity이 부족하기 때문입니다. 유동성이란 다시 말해 '충분히 큰 규모의 자산을 빨리 사거나 팔려고 할 때 드는 비용'을 의미하며, 비용이 클수록 유동성이 부족하다고 표현합니다. 가격이 빠른 속도로 하락해 사려는 사람이 모두 숨어버리면서 유동성 부족은 더 심화되곤 합니다. 이를 두고 '유동성이 말랐다'는 표현을 쓰기도 하지요.

이런 상황이 되면 자산을 매각해야 되는 사람 입장에서 중요한 것은 '가격'이 아니라 '팔 수 있는지 여부'가 될 것입니다. 그런데 아이러니하게도 이런 상황이 코로나19 위기의 한복판에서 우리나라 주식시장이 더 큰 타격을 받을 수밖에 없었던 이유가 됐습니다. 주식시장이 1450포인트까지 떨어졌을 때 들렸던 루머를 통해서 그 이유를 짐작할 수 있습니다. 사우디의 왕자가 유가가 하락하자 유동성 확보를 위해 한국 증시에 투자한 펀드를 대규모 환매했다는 것이었죠. 끝까지 사실 여부는 확인되지 않았지만 꼭 사우디 왕자가 아니더라도 비슷한 상황에 놓인 투자자들이 많았을 겁니다.

현금 확보를 결정한 사우디 왕자는 제일 먼저 본인이 들고 있는 자산 중 어떤 자산을 팔지 고민했을 겁니다. 그런데 비상장회사나 부동산과 같은 유동성이 없는 자산은 팔 수가 없거나 엄청난 손실을 감수해야만 한다는 것을 금방 알게 되었겠죠. 우선 팔 수 있는 자산부터 팔자라는 생각을 했을 테고 결국 한국 주식으로 눈을 돌렸던 것입니다. 우리나라 증시가 손해를 봤던 이유는 유동성이 좋아서 '글로벌 ATM'이라는 별명을 가진 한국 주식이 '우선 팔 수 있는 선택지'가 됐기 때문이었습니다.

이효석 아카데미

2008년 글로벌 금융위기의 유동성 문제

앞서 설명한 것처럼 위기 상황이 발생하면 가장 힘들어지는 투자자들은 유동성이 없는 자산만 들고 있는 기관이나 개인입니다. 즉, 비유동성 자산을 누가 많이 들고 있는지 여부가 중요하다는 것이지요. 그런 의미에서 연준은 펀딩 리스크Funding risk라는 것을 중요하게 생각하고 지속적으로 모니터링해줍니다.[3] 다음 페이지의 그래프를 통해서 확인해보면 2008년 금융위기 당시에 미국 은행들이 보유한 유동성 자산의 비중을 알 수 있습니다. 놀랍게도 금융위기 당시 금융안정위원회에서 국제금융 시스템에 중요한 영향을 미친다고 평가한 은행G-SIB이 보유한 유동성 자산의 비중은 7%밖에 되지 않았습니다. 그런 상황에서 자산을 매각해야 한다면 정말 난감할 수밖에 없었겠죠. 당시 미국 은행들이 심

▶ G-SIB 은행이 보유한 유동성 자산

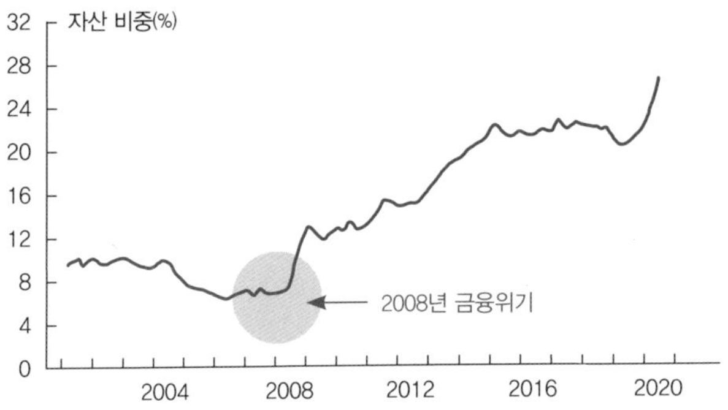

자료: https://www.federalreserve.gov/publications/files/financial-stability-report-20201109.pdf (41p, 51p)

각한 위기에 빠진 여러 가지 이유 중 하나는 은행이 비유동성 자산을 너무 많이 들고 있었기 때문입니다. 금융위기가 진정된 이후, 은행들은 비유동성 자산을 줄이고 유동성 자산을 꾸준하게 늘렸고, 26%까지 상승했습니다(2020년 11월 기준). 물론 유동성 자산의 비중이 늘었다는 사실만으로 괜찮다고 말할 수는 없지만 적어도 은행에서 유동성 때문에 문제가 발생할 가능성은 낮으리라 생각됩니다.

그럼 비유동성 자산은 은행에서 어디로 옮겨갔을까요? 다음 페이지의 그림을 보면 뮤추얼 펀드를 포함한 펀드로 이동했다는 것을 알 수 있습니다. 뮤추얼 펀드가 보유 중인 미국의 회사채는 금융위기 당시 4500억 달러(약 500조 원) 수준에서 3배 이상 증가한 1조 6000억 달러

(약 1800조 원)입니다. 실제로 금융위기 이후, 다양한 펀드에서 비유동성 자산에 대한 투자를 늘려왔다는 점을 감안하면 회사채 이외에도 펀드가 보유 중인 비유동성 자산이 많으리라는 것을 짐작할 수 있습니다. 만약 향후에 금융위기가 발생한다면 그것은 은행에서 촉발되기보다는 펀드 부문에서 촉발될 가능성이 크다는 것을 의미한다고 할 수도 있겠네요.

▶ **뮤추얼 펀드가 보유한 미국 회사채** (단위: 100억 달러)

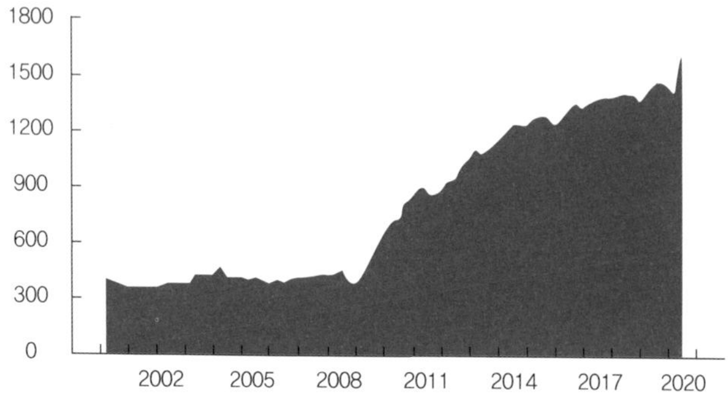

자료: https://www.federalreserve.gov/publications/files/financial-stability-report-20201109.pdf (41p, 51p)

2020년의 통화량 증가가 2008년과 다른 점

2020년 금융시장에 몰아친 타격은 이내 곧 회복됐습니다. 코로나19 위기로부터 금융시장을 지켜낼 수 있었던 이유는 연준이 무제한 양적완화, 회사채 매입 계획 발표 등 파격적인 정책을 매우 신속하게 발표했기 때문입니다. 이러한 연준의 정책 발표는 투자자들의 심리에 가장 크게 영향을 미쳤습니다. 심리가 안정되면서 가격과 상관없이 앞다투어 자산을 팔려고 했던 사람이 줄어들고 금융시장의 유동성 환경도 개선되기 시작했죠. 이렇게 투자자들을 안심시키기 위해서 연준이 취한 조치는 '자산 증가'로 이어졌습니다. 지금부터는 2020년 연준의 자산 매입이 2008년 금융위기 당시와 어떤 점이 다른지를 소개하려고 합니다.

우선 모두가 놀랐던 것은 '속도'였습니다. 연준의 자산은 2008년부터 금융위기가 한창이던 2009년 217일 동안 1조 2000억 달러 증가했습니다. 그리고 연준의 자산이 4조 달러 수준까지 증가하는 데는 6년이라는 긴 시간이 걸렸습니다. 하지만 2020년에는 속도가 훨씬 빨랐습니다. 2020년 2월 26일, 4조 1000억 달러에서 본격적으로 증가하기 시작한 연준의 자산은 4개월이 지난 2020년 6월 10일에는 7조 1500억 달러까지 증가했습니다. 2008년 금융위기를 극복하는 과정에서 6년 동안 늘어난 자산이 2020년에는 불과 4개월 만에 증가한 것입니다. 지금도 연준의 자산은 매달 1200억 달러씩 늘어나고 있는데요. 매일 40억 달러(약 4조 4000억 원), 그러니까 시간당 1억 7000만 달러(약 1900억 원)씩 증가하고 있습니다.

연준의 자산이 증가한다는 것의 의미

깊게 들어가기에 앞서 연준의 자산이 증가한다는 것과 반대로 줄어든다는 것은 무엇을 의미하는지 설명해보겠습니다.

연준의 자산 중 상당 부분은 미 정부가 발행한 국채로 구성되어 있습니다. 연준은 미국 정부와 직접 거래를 할 수 없기 때문에 미국채를 보유하고 있는 은행 등의 금융기관으로부터 미국 채권을 삽니다. 연준이 국채를 샀다는 얘기는 쉽게 말해 미국 중앙은행이 미국 정부에 돈을 빌려줬다는 뜻입니다. 당연히 미국 정부는 연준에게 꼬박꼬박 이자를 주고 만기 시 원금을 상환해야 하는 의무도 있습니다. 우리가 대출 만기가 되면 기간 연장을 할지 회수를 할지 결정하는 것처럼 말이죠.

연준이 보유한 미국 국채가 만기가 되어 원금을 상환하면 연준이 보유한 자산은 줄어들게 됩니다. 그동안 연준의 자산이 줄어들지 않았던 이유는 계속해서 재투자를 했기 때문입니다. 쉽게 말하면 채권 만기가 되어서 미국 정부가 연준에게 돈을 갚으려고 오면 "내가 계속 빌려줄 테니 더 쓰세요"라고 이야기한다는 겁니다. 반대로 재투자를 하지 않으면 연준의 자산은 줄어듭니다. 실제로 연준의 자산은 2015년부터 2019년 9월까지 줄어들었는데 그 이유는 재투자를 안 했기 때문입니다. '연준의 자산이 줄어든다 = 미국 정부가 빌린 돈을 상환받는다'는 의미임을 기억하고 넘어가면 됩니다.

그렇다면 반대로 연준의 자산이 늘어난다는 것은 어떤 의미일까요? 만기가 되어서 상환되는 채권의 규모만큼 재투자하는 것은 물론이고 그 이상을 더 산다는 의미입니다. 실제로 2020년 미국 정부가 새롭게 빌린 돈의 규모는 약 4조 5000억 달러 수준인데, 연준의 자산은 약 3조 달러 늘었습니다. 참고로 이 3조 달러에는 미국 국채뿐만 아니라 모기지채권 등 다른 자산도 포함되어 있습니다. 이를 해석하면 미국 정부가 코로나19에 대응하기 위해서 4조 5000억 달러를 빌렸는데, 누가 빌려줬는지 봤더니 연준이 상당 부분(약 57%) 빌려줬다는 얘기죠.

결론적으로 연준의 자산이 늘면 그만큼 연준이 미국 국채를 매입하면서 시중에 자금이 풀린다는 의미이고 반대로 연준의 자산이 줄면 시중의 자금이 줄어든다는 의미입니다.

다시 내용으로 돌아와보죠. 2020년 연준의 자산이 이렇게 늘어나는 상황을 보며 많은 투자자들이 '화폐가치의 하락'을 직감적으로 느꼈을 것입니다. 무슨 물건이든 흔해지면 설령 그게 돈이라 하더라도 가격은 하락할 수밖에 없습니다. 화폐의 공급이 이처럼 빠른 속도로 증가하게 되면 화폐가치의 하락은 필연적으로 나타납니다. 게다가 2008년 금융위기 이후 양적완화가 진행되면서 연준

▶ **미국 국채 잔존액과 연준 자산** (단위: 조 달러)

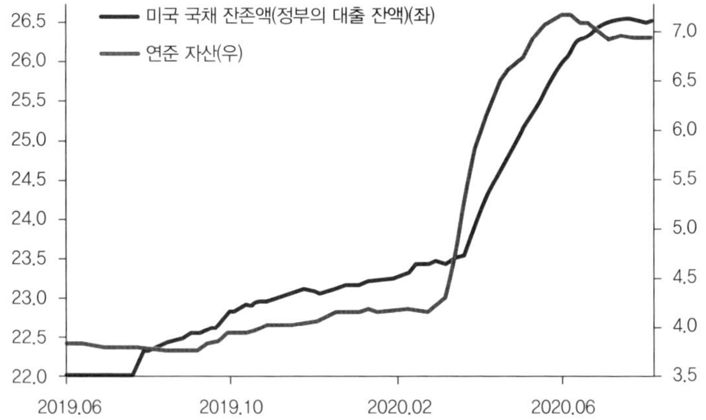

자료: Bloomberg, SK증권

의 자산이 늘어나는 동안 실제 경제가 좋아지는 속도보다 금융자산 가격의 상승 속도가 더 빨랐다는 것을 투자자들은 경험으로 알고 있었습니다. 연준의 자산이 빠르게 증가하는 현상을 보면서 투자자들은 자산 가격 상승에 대비하기 시작했다는 것이죠.

이해를 돕기 위해서 비유를 통해서 설명해보겠습니다. 제가 미국 정부이고 ××은행이 연준이라고 생각해봅시다. 작년에 제가 코로나19 때문에 큰 어려움을 겪으면서 급하게 ××은행에 가서 1억 원을 대출받았다고 칩시다. 그럼 저에게는 현금 1억 원이 생기고 은행에는 '이효석에게 받을 돈'이라는 글이 써 있는 종이쪽지(대출 채권)가 생깁니다. 은행에게는 자산이 생긴 것이고 저에게는 현금이 생긴 것이죠. 이렇게 제가 ××은행에서 돈을 빌리는 것과 미국 정부가 발행한 채권 일부를 연준이 사주는 것이 거의 동일하다고 생각하면 됩니다. 완전히 똑같지 않고 거의 동일하다고 한 이유는 연준이 직접 미국 정부가 발행한 채권을 사는 것은 아니기 때문입니다.

어쨌든 작년에 1억 원을 대출 받았는데 저는 올해 또 은행에 가서 당당하게 이야기합니다. 돈이 더 필요하니 1억 원을 더 대출해 달라고 말이죠. 너무 당당하게 이야기하니 이상하긴 하지만 은행은 빌려줍니다. 제가 대출을 계속 받으면 받을수록 은행에는 자산이 늘어납니다(A단계).

그러던 어느 날, 은행이 저에게 전화를 해서 이제는 1억 원씩이나 계속 빌려주기는 어렵고, 5000만 원씩만 더 빌려주겠다고 합니다. 매년 1억 원씩 빌려서 생활하다가 대출을 받을 수 있는 규모가 줄어서 아쉽긴 하지만 그렇다고 대출을 안 해주는 것은 아니니까 그렇게 기분이 나쁘진 않습니다. 이것을 테이퍼링Tapering이라고 표현합니다. 즉, 테이퍼링은 돈은 계속 빌려주지만 빌려주는 돈의 규모는 줄어드는 것을 의미합니다(B단계).

또 그러던 어느 날, 은행이 저에게 이제는 더는 돈을 못 빌려주겠다고 합니다. 처음에는 제가 불쌍해서 매년 대출을 더 해줬는데 이제는 먹고살 만해진 것 같으니 더 빌려줄 필요 없지 않느냐고 말이죠. 대신 지금 있는 대출은 만기가 되어도 갚지 않고 계속 그대로 쓸 수 있도록 연장해주겠다고 합니다. 매년 돈을 더 빌려주던 것에 비하면 분명히 아쉽긴 하지만 저도 어려운 상황은 지나갔으니 괜찮다고 생각했습니다.

이처럼 대출을 갚으라고 하지 않고 계속 쓸 수 있도록 해주는 것은 은행 입장에서는 만기가 된 종이쪽지를 다시 사주는 것을 의미합니다. 연준의 입장에서는 재투자한다고 하지요. 미국 정부에서 발행한 국채가 만기가 되면 원금을 상환해야 하지만, 그러지 않아도 되도록 연준이 그 원금만큼을 시장에서 다시 사주는 것을 의미하기 때문에 재투자라고 합니다(C단계).

시간이 지나고 은행은 한 발 더 나아가서 이제 원금을 갚으라고 합니다. 좀 많이 섭섭했지만 언제까지 대출을 늘리기만 하긴 어려우니 이해하려고 노력합니다. 이렇게 되면 드디어 은행에 있는 자산의 규모가 줄어들기 시작합니다(D단계). 이처럼 연준의 자산이 줄어든다는 것은 재투자를 중단해야 가능한 일입니다. 그리고 이때부터 본격적으로 '긴축'을 한다고 이야기할 수 있는 것이죠.

중요한 내용이니 포물선 운동 그림을 통해서 한 번 더 설명해보도록 하겠습니다. 우리가 공을 하늘로 던지면 공은 포물선 운동을 하게 됩니다. 처음에는 위로 빨리 올라가다가(A단계), 점점 속도가 줄어드는 구간을 거쳐(B단계), 하늘에 아주 잠깐 멈췄다가(C단계), 땅으로 떨어지기 시작하지요(D단계).

포물선 운동 그림과 제가 은행에서 대출받는 상황을 연결해서 생각해보면 A구간은 제가 매년 1억 원씩 대출을 더 받는 상황이고, B구간은 매년 추가로 받는 대출이 5000만 원으로 줄어든 상황을 의미하며 테이퍼링이라고 부른다고 했습니다. C구간은 대출을 추가로 해주진 않지만 만기를 신경 쓰지 않고 편안하게 쓸 수 있는 구간을 의미합니다. 연준이 재투자를 해주기 때문에 가능하다고 했습니다. 포물선 운동과 현실의 다른 가장 큰 차이점이 여기에 있

▶ **포물선 운동에 비유한 연준 자산**

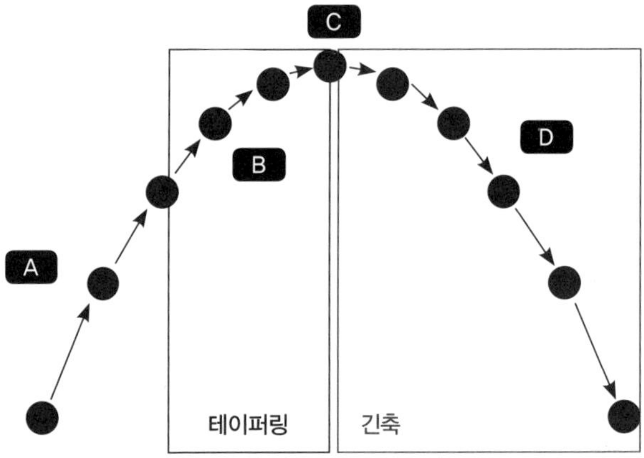

자료: SK증권

는데요, 포물선 운동에서 공이 C구간에 머무는 시간은 매우 짧지만 실제 현실에서는 이 기간이 상당히 길 수 있습니다. 그리고 드디어 은행에서 대출을 상환하라고 해서 은행의 자산도 줄어들고, 저도 돈을 상환해야 하는 상황을 D 구간이라고 했죠? 이는 재투자가 중단되면서 연준의 자산도 줄어들게 되는 상황을 의미합니다.

그렇다면 금융위기가 터졌던 2008년 이후, 연준의 파격적인 부양책은 어떤 식으로 정상화됐을까요? 아래 그래프는 연준의 기준금리가 어떻게 변했는지를 보여줍니다(색깔 선). 회색 선은 그 당시에 투자자들이 생각했던 연준의 기준금리에 대한 전망을 의미합

▶ 연준의 기준금리와 시장의 금리 전망

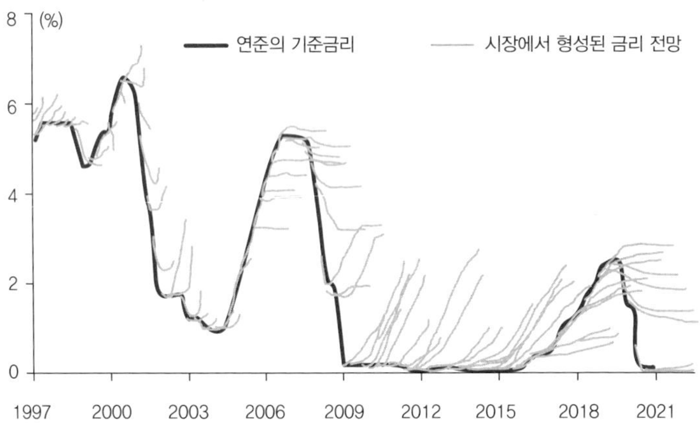

자료: BofA, 국제금융센터

니다. 머리카락처럼 생긴 회색 선을 보면 금리가 낮아질 때는 결국 올라가리라 기대하는 경향이 있고, 기준금리가 올라가는 구간에서는 더는 못 올리겠지 하는 기대가 있는 것 같습니다.

그럼 이제 좀 더 구체적으로 2009년과 지금이 어떻게 다른지 한 번 설명해보겠습니다.

연준의 고민과 금리의 미래

이전 페이지의 그래프를 다시 한 번 살펴봅시다. 금융위기가 터진 바로 직후인 2009년에는 투자자들이 바로 금리를 많이 올릴 수 있을 것이라는 기대를 하고 있네요. 그런데 시간이 지날수록 머리카락이 점점 눕기 시작하더니, 코로나19 사태를 극복하기 위해 제로금리로 낮춘 이후에는 머리카락이 완전히 누워버렸음을 볼 수 있습니다. 이는 금리를 올릴 수 있으리라는 기대 자체가 없는 상황을 의미합니다. 여기서 던져야 할 질문은 두 가지입니다. 첫째, 2009년에는 금리를 바로 올릴 수 있으리라는 기대가 현실화되는데 왜 6년이라는 긴 시간이 걸렸을까요? 둘째, 2021년에 금리를 올릴 거라는 기대가 없는 이유는 무엇이고 그 의미는 무엇일까요?

첫 번째 질문에 대답을 하기 위해서는 연준의 자산이 어떤 모습을 보이면서 증가했고 줄어들었는지를 살펴봐야 합니다. 2008년에 처음으로 금리를 인하하고 연준의 자산이 늘어나기 시작했을 때만 해도 앞의 머리카락 그림에서처럼 연준의 자산이 이렇게까지 늘어날 거라고 생각한 사람은 별로 없었습니다. '연준이 돈을 찍어서 미국의 국채를 사주는 이런 비전통적인 정책이 계속되진 않겠지'라고 생각했던 것이죠. 하지만 연준은 QE1이 끝나면 QE2, QE3 이라는 이름을 붙이면서 돈을 계속 더 찍어냈습니다. 그리고 4년이 지난 2013년에 드디어 버냉키가 '이렇게 계속 돈을 풀어서 정

▶ 글로벌 금융위기 이후 연준의 자산 추이

(단위: 조 달러)

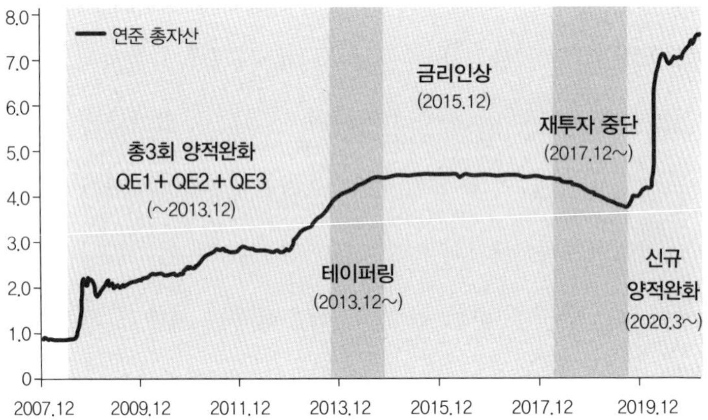

자료: https://fred.stlouisfed.org/series/WALCL

부에 빌려줄 수는 없으니 연준이 사는 규모를 줄이겠다'고 발표합니다. 당시 금융시장은 엄청난 충격을 받았고, 이를 두고 '테이퍼 텐트럼Taper Tantrum'(tantrum은 '성질 부리다', '역정을 내다'라는 뜻)이라는 말이 생겨났습니다.

이효석 아카데미

2013년 5월 테이퍼링의 추억

테이퍼링은 연준의 '자산 증가 속도'가 점점 줄어든다는 것을 의미합니다. 어쨌든 연준의 자산이 늘어나고 있다는 점에서 긴축은 아닙니다. 하지만 많은 투자자들이 '테이퍼링 = 긴축'으로 오해하는 이유는 2013년 5월에 있었던 테이퍼 텐트럼 사건 때문입니다. 당시 미국의 10년 만기 금리는 1.6%에서 3%까지 급등했고, 가장 크게 영향을 받았던 신흥국 지수도 17%가량 하락했습니다.

어쨌든 버냉키가 촉발한 테이퍼 텐트럼이 발생한 지 7개월이 지난 후인 2013년 12월부터 실제 테이퍼링이 진행됐습니다. 설명드린 것처럼 테이퍼링이 뭐 그리 대단한 것도 아닌데, 금융시장을 너무 혼란스럽게 만들었다며 이후에 버냉키가 후회를 많이 했다고 합니다. 때문에 코로나19 위기 이후, 연준은 자산 증가 속도를 줄이기 한참 전부터 미리

▶ 2013년 테이퍼 텐트럼의 아픈 추억

자료: Bloomberg, SK증권

이야기해주겠다고 하고 있습니다. 2013년과 다르게 이번에는 훨씬 전에 말해줄 테니 너무 걱정하지 말라고 안심시키는 거죠. 이번에는 연준의 자산이 언제 어떤 방식으로 줄어들 수 있을지 지켜봐야 할 것 같습니다.

2013년 5월, 테이퍼 텐트럼이 생긴 이후 실제로 연준의 추가적인 자산 매입은 2014년에 이르러서야 완전히 멈춥니다. C구간으로 들어간 것이죠. 그런데 포물선 운동과는 다르게 연준의 자산은

C구간에 오랜 시간 머물렀습니다. 연준이 기준금리를 올린 시기는 그로부터 1년이 지난 2015년 12월이었거든요. 한편, 연준의 자산이 줄어들기 시작한 때는 2018년 초부터였으며, 이는 앞서 설명했듯이 연준이 보유하고 있던 미국 국채의 만기가 끝나도 재투자를 하지 않기 시작했다는 것을 의미합니다.

자, 그럼 첫 번째 질문으로 다시 돌아가서 연준이 기준금리를 올리는 데 6년이나 걸린 이유는 무엇일까요? 연준이 사용한 대규모 부양책에서 정상화까지 시간이 많이 걸렸기 때문입니다. 테이퍼링을 하겠다는 이야기만 나와도 금융시장이 흔들린다는 것을 알고 있으니 이번에는 연준도 좀 더 조심스럽게 정상화를 시작하지 않을까 싶습니다. 일단 제롬 파월Jerome Powell 의장은 2023년까지는 기준금리를 올리지 않겠다고 이야기했으니, 좀 더 지켜봐야 할 것 같네요.

둘째, 2021년에 금리를 올릴 수 있을 것이라는 기대가 없는 이유는 무엇이고 그것이 의미하는 바는 무엇일까요? 저는 이를 두고 금리가 '시간의 방'으로 들어갔다고 비유합니다. 좀 더 구체적으로 살펴보면 2009년에는 기준금리를 0%로 낮췄지만 시장에서는 금리가 바로 인상될 것이라는 기대가 있었습니다. 왜냐하면 제로금리는 일시적인 현상일 뿐이라는 생각을 했기 때문이죠. 그런데 지금은 파월이 2023년까지는 금리를 올리지 않겠다는 이야기를 하면서 금리가 인상될 것이라는 기대 자체가 사라져버렸습니다. 저는 이것을 금리가 시간의 방으로 들어간 것이라고 표현합니다.

좀 더 쉬운 비유를 들어보죠. 공부하는 시간을 늘려야 한다고 하는 부모와 공부는 죽어도 하기 싫다고 하는 아들이 있다고 가정해봅시다. 공부의 양을 금리라고 해볼까요? 코로나19가 터지기 전에는 아들도 당연히 공부하는 시간을 늘리는 데 동의했습니다. 그런데 코로나19 이후에는 아들이 공부는 해서 뭐하냐며 문을 닫고 방으로 들어가버렸습니다. 다시 공부 시간 늘리는 것을 논의하기 위해서는 아들이 방에서 나와야 합니다. 그래야 대화를 하든 뭘 할 수 있죠. 최근 금리 인상이 빨라질 것이라는 기대가 생겨나고 있는 상황은 아들이 방에서 나와 대화를 시작한 것에 비유할 수 있습니다. 즉, 금리가 시간의 방에서 나오게 되면 이제 투자자들은 '금리가 올라갈 수도 있겠구나'라고 생각하게 된다는 뜻입니다. 이는 시장의 기대가 2009년 수준으로 돌아가게 된다는 의미이며 앞의 그림에서 머리카락이 위로 올라간다는 의미입니다. 물론 앞서 이야기했던 정상화 과정을 생각해보면 금리가 시간의 방에서 나왔다는 사실만으로 금리 인상이 금방 될 거라 생각하는 것은 무리가 있습니다. 코로나19 위기가 한참이던 2020년 하반기 연준의 논문에 'Lower for longer(더 낮게 더 길게)'라는 표현이 자주 등장했던 것을 기억할 필요가 있습니다.

미국은 연준의 도움 없이 돈을 빌릴 수 있을까?

이제 금리가 시간의 방에서 나왔다고 생각해봅시다. 2023년까지 금리가 오르지 못할 것이라고 생각하던 투자자들의 생각이 그 전에 오를 수도 있을 것이라는 쪽으로 바뀝니다. 그런데 왜 2009년에는 금리 인상에 대한 기대가 있었는데도 실제로 금리를 올리는데 6년이라는 시간이 더 걸린 것일까요? 이 질문에 대답하기 위해서는 앞서 언급했던 포물선 운동의 C단계를 다시 생각해봐야 합니다. C단계는 추가적인 자산 매입은 하지 않지만 재투자는 계속하면서 연준의 자산은 계속 유지되는 상황이라고 했습니다. 그리고 2009년 사례를 통해서 보면 금리를 인상하기 위해서는 반드시 C단계까지 가야 합니다. 그런데 C단계를 연준이 아니라 미국 정부의 입장에서 생각해보면 이렇게 표현할 수 있지 않을까요? "미국 정부가 연준의 도움을 전혀 받지 않고, 시장에서 돈을 빌릴 수 있다"라고 말이죠. 그래서 C단계로 갈 수 있는지를 알기 위해서 미국 정부의 생각을 아는 것이 중요합니다.

미국 정부의 생각을 알아야 하는 또 다른 이유는 제가 ××은행에서 돈을 빌리는 상황과는 달리, 미국 정부는 좀 더 힘이 세기 때문입니다. 미국 정부의 생각을 이해하려면 예산을 짜는 곳으로 가봐야 합니다. 미국에는 CBO라 부르는 미국의회예산처Congressional

Budget Office가 있습니다. 의회예산처는 예산에 관한 객관적인 정보를 산출해 상·하원 의원 및 예산위원회에 제공할 목적으로 설치된 곳이기 때문에 미국 정부의 생각과 처지, 그리고 앞으로의 계획까지 짐작할 수 있는 가장 좋은 곳입니다. 2021년 3월에 발표된 CBO의 예산 보고서 가장 첫 번째 그래프를 보면 미국의 GDP 대비 국가 부채의 규모와 앞으로의 전망이 나와 있습니다.[4]

미국의 GDP 대비 국가 부채 규모는 제2차 세계대전이 종료됐던 1946년 106%로 최고치를 기록한 이후 지속적으로 감소했습니다. 감소하게 된 이유는 뒤에서 설명하겠습니다. 그리고 1970년대 중

▶ **미국 GDP 대비 국가 부채 규모**

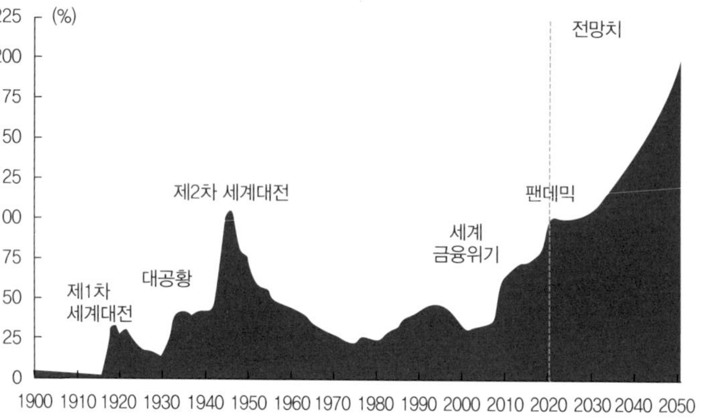

자료: https://www.cbo.gov/publication/57038#_idTextAnchor000

반 23.2% 수준을 저점으로 해서 지속적으로 늘어나기 시작했는데요, 이 비중은 글로벌 금융위기를 극복하는 과정에서 한번 크게 증가합니다. 2007년에 35% 수준이었는데 금융위기를 수습하는 과정에서 70%까지 2배나 증가하게 됩니다. 그러던 것이 2020년 코로나19 위기를 극복하는 과정에서 또 한 번 크게 증가해 이제는 100%를 넘어서게 됐습니다. 더 놀라운 사실은 CBO가 이 비중이 지속적으로 증가해 2050년에는 200%를 넘긴다고 전망한다는 것입니다. 물론 CBO의 전망은 이러한 사태가 오는 것을 막으려면 어떻게 해야 하는지를 고민해야 한다는 의미에서 활용될 수도 있지만, 어쨌든 미국 정부가 발행하는 국채 규모가 줄어들 가능성은 거의 없다고 봐야 하겠습니다.

미국 정부의 생각을 알아봤으니 이를 통해서 연준의 자산이 어떻게 될지도 간단히 계산해볼까요? 이를 추정하기 위해서는 2020년에 미국 정부가 발행한 채권의 규모 중 연준이 사준 미국 국채의 비중을 알아보면 되는데, 그 비중은 57% 수준입니다(참고로 IMF의 발표에 따르면 일본은행BOJ은 75%였고 유럽중앙은행ECB은 71%였습니다). 최근에 해외에서 미국 국채를 사주는 비중이 줄어들고 있다고 하는데, 그런 우려는 잠시 내려놓고 2020년 수준 정도만 사준다고 가정해봅시다. 미국 정부는 연간 1조 달러 수준의 적자가 발생하는 것으로 알려져 있습니다. 그런데 바이든 정부는 취임 후 1조

9000억 달러 규모의 부양책을 통과시켰고 여기에 추가로 3조 달러 수준의 인프라 투자도 하겠다고 발표했습니다. 단순히 계산해도 1+1.9+3을 하면 약 6조 달러 수준인데, 여기에 57%를 곱해주면 3조 달러가 넘죠. 현재 연준의 자산이 7조 5000억 달러 수준이니 단순 더하기만 해도 10조 달러는 넘어야 된다는 계산이 나오네요. 참고로 현재 수준으로 연준의 자산이 늘어나게 되면 1년 동안 약 1조 5000억 달러 수준의 증가가 이루어질 것 같습니다(참고로 그중에서 3분의 2만 미국 국채고 3분의 1은 모기지 채권입니다). 미국 정부 입장에서는 해외에서 돈을 더 끌어오든지 아니면 연준이 더 사주든지 해야 할 것 같습니다. 어쨌든 이 간단한 계산을 통해서도 알 수 있는 것처럼 당분간 연준의 자산이 줄어들기는 어려울 것 같습니다.

정책 거부감이 사라졌다

2008년 금융위기 당시와 지금 상황에는 다른 점이 또 하나 있습니다. 바로 '정책에 대한 거부감'인데요. 당시 버냉키가 시작했던 양적완화 정책에 대한 사회적 거부감이 얼마나 컸는지는 연준의 자산 증가세에 굴곡이 많다는 것을 통해서 알 수 있습니다. 만

약 거부감이 없었다면 연준의 자산은 반듯하게 쭉 증가했을 것입니다.

당시 양적완화 정책에 대한 거부감은 버냉키의 자서전에 소개된 일화를 통해서도 알 수 있습니다. 미국 금융경제의 대명사가 월스트리트Wall street라면 메인스트리트Main street는 실물경제를 의미합니다. 버냉키는 자신이 '메인스트리트 출신'임을 강조했습니다. 그리고 서브프라임 사태의 악몽이 아직 사라지지 않았던 2009년 3월, 그의 고향인 딜런에 내려가서 다음과 같은 발언을 합니다.

"저는 메인스트리트 출신입니다. 그곳이 제 배경입니다. 또한 저는 월스트리트에서 일한 적이 없습니다. 제가 월스트리트에 관심을 가지는 이유는 하나뿐입니다. 바로 월스트리트에서 일어나는 사태가 메인스트리트에 중요하기 때문입니다."[5)]

버냉키는 당시 연준이 비판 여론을 의식해서 돈을 푼 것이 아니라 실물경제를 살리기 위해서라는 점을 강조하며 어린 시절 가난하게 자란 자신의 경험까지 이야기했죠. 그만큼 당시에는 연준이 양적완화를 통해 월스트리트를 돕는 데 대한 거부감이 있었다는 것을 반증합니다.

하지만 이번엔 달랐습니다. 연준의 자산이 빠른 속도로 늘어나는 동안 불만의 목소리는 들리지 않았지요. 제가 생각하는 가장 큰 이유는 돈의 '목적지'가 달랐기 때문입니다. 금융위기 당시 연준이 풀었던 돈의 목적지는 위기의 원인 제공자였던 은행을 포함한 '금융기관'이었습니다. 그래서 양적완화로 풀린 돈이 실물경제를 살리지 못하고 자산 가격만 상승시켰다는 비판을 받을 수밖에 없었지요. 하지만 코로나19 이후 연준의 자산 증가의 주요 목적지는 월스트리트가 아닌 메인스트리트 즉, 기업과 가계로 향했습니다. 연준의 자산 증가는 정부의 지출 확대를 가능하게 해주었고 미국 정부는 국민들에게 직접 돈을 주었습니다. 돈을 받은 국민이 이런 정책을 비판하긴 어려울 수밖에 없겠지요.

이효석 아카데미

게임스탑 사태가 주는 시사점

앞서 소개한 게임스탑 이슈는 '정책 거부감'이라는 측면에서도 생각거리를 던져주는 문제입니다. 게임스탑 이슈를 일부 중·소형주의 이상 주가 급등 현상이나 유동성 때문에 개인 투자자들이 잠깐 흥분한 것이라고 폄하하는 의견이 있는데, 저는 그렇지 않다고 봅니다. 이유는 간단한데요, 저라면 이렇게 변동성이 높고 고평가된 주식을 살 수 없을 것 같기 때문입니다. 즉, 이렇게 위험한 주식을 사는 사람에게는 돈을 벌려는 욕심을 넘어 뭔가 다른 이유가 있다는 얘기입니다.

실제로 게임스탑 주식이 급등할 당시 월스트리트베트 홈페이지에 게시된 글에서 힌트를 찾을 수 있습니다. 게임스탑 주식을 용감하게 샀던 젊은 투자자들은 2008년 금융위기 당시 어린아이였습니다. 그들은 금융권의 잘못으로 금융위기가 왔는데, 왜 우리 가족이 고통을 받고 아버지가 일자리를 잃어야 했느냐고 성토합니다. 그리고 2008년 글로벌 금융위기는 끝났지만 실제로 처벌을 받은 사람은 한 명도 없었다는 점도 그들이 분노하는 이유입니다. 결국 2008년 금융위기 당시에 겪었던 가족의 상처와 금융권에 대한 불신과 분노가 게임스탑 사태의 원인 중 하나라는 분석이 설득력을 갖는 거죠. 하지만 아이러니하게도 이들이 게임스탑 주식을 산 돈의 출처는 정부의 지원금입니다. 바로 이 점 때문에 2008년 금융위기와 달리 이번 코로나19 위기를 극복하는 과정에서 진행된 부양책에 대한 미국 국민들의 거부감은 크지 않았다고 봅니다.

그럼에도 여러 불만들은 여전히 잠재되어 있다고 할 수 있습니다. 왜냐하면 코로나19를 극복하는 과정에서 생긴 불평등 문제는 전혀 해결되지 않았고 오히려 더 심화됐기 때문이죠. 게임스탑 사건은 앞으로도 이러한 문제가 다양한 모습으로 발현될 가능성을 보여주는 사례입니다. 양극화 심화 문제는 앞으로도 잠재적 불안 요인으로 작용할 수 있습니다.

05

마이너스 금리 채권이 갖는 두 가지 의미

채권 가격의 상승과 채권 금리의 하락

지금까지 통화량이 증가하게 된 '배경'에 대해 긴 설명을 했습니다. 그럼 이제 통화량 증가가 왜 자산 가격 상승으로 이어졌는지를 설명해야겠죠. 독자 분들의 흥미를 위해서 '마이너스 금리로 거래되는 채권'에 대한 이야기부터 시작해볼까 합니다.

전 세계에서 마이너스 금리로 거래되는 채권의 규모는 약 18조 달러입니다. 2014년까지만 해도 마이너스 금리로 거래되는 채권은 하나도 없었지만 지금은 18조 달러나 됩니다. 참고로 미국의

GDP는 약 20조 달러이며 앞서 설명한 연준의 자산은 2020년에 많이 늘어서 7조 달러입니다. 18조 달러가 얼마나 큰 규모인지 감이 오나요?

지금부터 이처럼 엄청난 규모의 채권이 마이너스 금리로 거래되고 있다는 사실이 갖는 두 가지 의미를 알아보겠습니다. 시작에 앞서 우선 채권이 무엇인지부터 쉽게 설명해보도록 하죠. 채권은 A가 B에게 돈을 빌려주고 받은 종이쪽지입니다. 이 종이쪽지를 차용 증서라고 하는데 'B는 A에게 이자를 얼마 주고 원금은 언제까지 갚을 것인지'에 대한 내용이 적혀 있습니다. 다음 사례를 통해서 채권의 가격이 어떻게 결정되는지 알아봅시다.

A는 B에게 100만 원을 빌려주면서 매년 5만 원(5%)의 이자를 받기로 했습니다. 금융시장에서는 이 이자를 쿠폰Coupon이라고 합니다. 그리고 원금 100만 원은 2년 후에 돌려주기로 했습니다. 그럼 A는 B에게 돈을 빌려주고 종이쪽지를 받는데, 이때 A는 B에게 채권을 샀다고 표현합니다. 신문에 '연준이 미국 국채를 매달 1200억 달러씩 사고 있습니다'라는 기사가 있다면 이렇게 해석이 가능합니다. '연준(A)이 미국 정부(B)에게 돈을 빌려주고 종이쪽지(국채)를 받았다'라고 말이죠. 그러던 중 A에게 갑자기 돈이 필요한 상황이 생겼습니다. 그래서 A는 시장에 나가서 B에게 받은 종이쪽지(채권)를 팔기로 합니다. 다행히 C가 그걸 사주기로 했는데 C는 이걸

얼마에 사야 적절한지 고민에 빠집니다. "얼마에 사야 할까요?"에 대한 대답이 채권의 가격을 결정하는 과정입니다.

만약 은행에 예금하면 받을 수 있는 금리가 5%라고 가정해봅시다(①). 은행의 예금금리를 채권시장에서는 만기수익률Yield to Maturity, YTM이라고 표현합니다. 같은 5%라면 은행에 넣어두는 것과 B에게 이자를 받는 것은 똑같은 상황이 되겠죠. 때문에 A는 C에게 100만 원을 받고 종이쪽지를 넘길 수 있습니다(여기서는 B가 돈을 안 주고 도망갈 리스크는 고려하지 않았습니다. 금융시장에서는 이를 신용위험Credit risk이라고 하지요).

이제 좀 더 극단적인 상황을 가정해봅시다. 앞으로 그런 날이 올 수 있을지 모르겠지만 은행 예금금리가 10%인 상황을 말이죠(②). 이 경우에 C는 A에게 좀 더 싸게 종이쪽지를 넘기라는 이야기를 할 수 있습니다. "은행에 넣어두면 1년에 10만 원씩 이자를 주는데, 그 종이쪽지를 들고 있으면 5만 원밖에 못 받으니 100만 원보다 싸게 넘겨"라고 말이죠. 예금금리가 올라가니까 종이쪽지의 가격이 하락했네요.

이번엔 반대의 상황을 가정해볼까요? 은행 예금금리가 0%가 된 상황을 말이죠(③). 이번에는 A가 고자세가 되어 C에게 이렇게 말합니다. "은행에 돈 넣어봤자 이자 한 푼 못 받지만 이 종이쪽지를 들고 있으면 매년 5만 원씩 받을 수 있어. 만기가 돌아오는 2년 후까지 이자를 총 10만 원 받을 수 있으니 110만 원은 줘야 될 것 같은데?"라고 말이죠. 금리가 0%인 상황이 되니 채권의 가격은 앞으로 받을 수 있는 이자와 원금을 그냥 더한 값이 됐네요.

채권이 무엇이고, 채권의 가격이 어떻게 결정되는지를 이해했다면 이제 '마이너스 금리'로 거래되는 채권에 대한 이야기를 해봅시다. 앞에서 소개한 예시를 보면 채권의 가격은 예금금리가 낮아질수록 비싸지는 것을 알 수 있습니다. 극단적으로 금리가 0%라면 채권 가격은 원금과 이자를 모두 더한 110만 원이 된다고 했습니다. 이때 D라는 사람이 나타나서 이 채권을 향후에 받을 수 있는 원금과 이자를 모두 더한 110만 원보다 더 큰 금액(예를 들어 115만 원)을 주고 사겠다고 하면 어떻게 될까요? 이처럼 종이쪽지(채권)를 가지고 있을 때 받을 수 있는 원금과 이자를 모두 더한 값보다 더 큰 금액으로 거래되는 채권(④)을 '마이너스 금리로 거래되는 채권'이라고 합니다.

▶ **금리에 따라 변하는 채권 가격**

	채권의 원금 + 이자	예금금리 (or 시장금리)	채권 가격
①	110만원	5%	100만 원
②	110만원	10%	100만 원 이하
③	110만원	0%	110만 원
④	110만원	마이너스 금리 ←	110만 원 이상

많은 투자자들이 마이너스 금리로 거래되는 채권이라고 하면 그 채권(종이쪽지)을 들고 있을 때 이자를 받는 게 아니라 이자를 토해내야 하는 거냐고 질문합니다. 그렇지 않다는 것을 알려면 채권에서는 시장금리가 결정되면 가격을 계산할 수도 있지만 반대로 가격이 결정되면 금리를 역으로 산출할 수도 있다는 사실을 알아야 합니다. ④번처럼 마이너스 금리 채권은 그 채권을 들고 있을 때 받을 수 있는 돈(원금+이자)을 모두 더한 값(110만 원)보다 채권 가격이 더 높은 가격으로 거래될 때 역으로 산출한 금리라고 볼 수 있습니다. 이런 상황을 본 투자자들은 이렇게 이야기하겠죠. "우와, 채권을 이렇게나 비싼 가격에 사간다고? 그럼 금리는 마이너스라는 이야기군."

돈을 저장할 공간이 부족하다?

지금부터는 D의 입장에서 한번 생각해봅시다. 도대체 D는 왜 받을 수 있는 돈이 110만 원밖에 안 된다는 것을 뻔히 알면서도 더 큰 금액을 주고 종이쪽지를 샀을까요?

일반적으로 무엇을 산다는 것은 '투자'입니다. 주식투자, 채권투자, 부동산투자 모두 무엇인가를 구매한다는 뜻이지요. 그런데 조금만 생각을 바꿔보면 다른 방식으로도 해석이 가능합니다. 투자는 '돈이라는 물건을 주식/채권/부동산과 같은 상품에 저장하는 것'이라고요. 좋은 공간에 저장해두면 돈이라는 물건의 가치가 더 커지고, 안 좋은 공간에 저장해두면 돈의 가치가 하락하게 됩니다. 그렇다면 이제 '저장 공간' 개념을 대입해서 D의 입장을 다시 생각해봅시다. D는 돈을 저장할 공간을 찾기 위해 다양한 곳(주식, 채권, 부동산 등)을 검토해봤을 겁니다. 그리고 가장 좋은 곳에 돈을 저장했겠죠. 그런데 좋은 저장 공간을 더 이상 찾을 수 없는 상황이 됐는데도 돈이 남아 있다면 어떻게 해야 할까요? 그렇습니다. D는 돈을 저장할 곳이 더 이상 없기 때문에 울며 겨자 먹는 심정으로 마이너스 금리 채권에 투자하고 있는 것입니다. 아마 이 글을 읽는 많은 분들이 이런 생각을 했을 겁니다. "뭐? 나는 돈이 없어서 이렇게 힘든데 저장할 공간이 없을 정도로 돈이 많다고?!"

마이너스 금리 채권이 갖는 의미를 이해했다면 이제 조금만 더 구체적으로 들어가봅시다. 도대체 마이너스 금리로 거래되는 채권이 얼마나 많이 늘어났는지 말이죠. 다음 페이지에 나오는 그래프는 전 세계에서 마이너스 금리로 거래되고 있는 채권 원금의 합입니다.

2014년까지만 해도 마이너스 금리로 거래되는 채권이라는 게 존재하지 않았습니다. 앞서 든 예시의 D가 돈을 저장할 좋은 공간

▶ **마이너스 금리로 거래되는 채권의 원금 합** (단위: 조 달러)

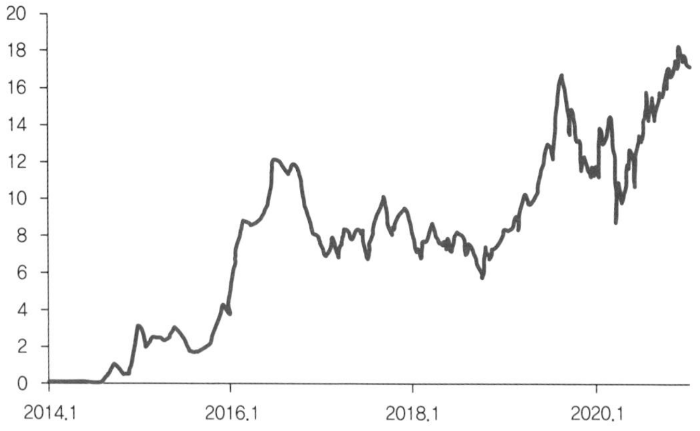

자료: Bloomberg

을 찾을 때 아무리 좋지 않은 곳이라도 돈의 가치가 줄어드는 상황까지 가정할 필요는 없었다는 얘깁니다. 그런데 2015년부터 마이너스 금리 채권의 규모가 조금씩 늘어나더니 2019년 가을에는 17조 달러까지 상승합니다. 당시 국내에서도 '마이너스 금리'에 대한 관심이 크게 증가했는데, 이유는 우리나라를 떠들썩하게 만들었던 '해외 금리연계형 파생결합펀드DLF 사태' 때문입니다. '독일 금리가 마이너스가 되지만 않는다면 4~5%의 수익률을 올릴 수 있는 상품'에 투자했다가 독일 금리가 마이너스에 진입하면서 투자자들이 큰 손실을 보게 된 사건이죠. 이 사건 이후 한동안 마이너스 금리에 대한 관심은 크게 줄었었는데 어느새 마이너스 금리 채권은 2019년 가을 당시보다 더 증가한 18조 달러가 됩니다. 재미있는 사실은 전체 투자 등급 채권 중에서 마이너스 금리로 거래되는 채권의 원금이 차지하는 비중은 2019년 30% 수준에서 27%로 오히려 감소했다는 사실입니다. 이유는 너무 간단한데요. 2020년에 전체 투자처에서 채권의 규모가 무려 17%나 증가했기 때문입니다. 이 상황은 이렇게 이해할 수 있습니다. 저장 공간이 17%나 늘었는데 여전히 돈을 저장할 공간이 없어서 마이너스 금리로 거래되는 채권이 이렇게 많은 거라고요.

돈이 많이 풀렸다는 이야기는 익히 들었지만 이 정도일 줄은 몰랐습니다. 그렇다면 이렇게 마이너스 금리로 거래되는 채권은 어떻게 자산 가격을 상승시키게 되는 걸까요?

국제금융협의회Institute of International Finance, IIF에 따르면 2020년 말 기준 전 세계의 총부채는 281조 달러이며 2019년에만 24조 달러가 증가했다고 합니다. 정부의 부채가 12조 달러 증가했고, 기업과 은행, 가계도 각각 5조 4000억 달러, 3조 8000억 달러, 2조 6000억 달러 증가했습니다. 부채가 증가했다는 것은 누군가에게는 저장해둬야 하는 돈이 생겼다는 의미지요. 이제야 왜 저장 공간이 부족해졌는지 이해가 되네요.

마이너스 금리 채권은 중력의 크기

마이너스 금리에 대한 관심이 한참인 상황에서 《블룸버그》는 「17조 달러의 마이너스 수익 부채로부터 이익을 얻는 방법」[6]이라는 제목의 기사를 통해서 마이너스 금리 채권으로 돈 버는 법을 소개합니다. 복잡하게 설명되어 있지만 쉽게 말하면 '마이너스 금리 채권으로 돈을 조달(마이너스 금리 채권이 있다면 그 채권을 빌려서 시장에 파는 방식으로 현금을 조달할 수 있습니다)해서 아직 금리를 주는 채권에 투자하면 된다'는 초등학생도 생각해낼 수 있는 방법입니다. 이러한 상황은 마치 좀비를 연상케 합니다. 마이너스 금리 채권을 좀비라고 가정하면, 플러스 금리 채권은 '아직도 금리를 주는 인간'인 셈이죠. 좀비 비유가 너무 무섭다면 중력으로 이해할 수도 있을 것 같습니다. 마이너스 금리 채권의 규모를 중력의 크기로 비유하는 것이죠.

우선 수익률과 자산 가격이 반대로 움직인다는 것을 이해해야 합니다. 상가의 임대수익률을 한번 생각해봅시다. 10억 원짜리 상가의 연간 임대료가 5000만 원이라면 임대수익률은 5%겠죠? 그런데 임대료는 그대로인데 상가의 가격이 20억 원으로 올랐다고 가정해봅시다. 그러면 임대수익률은 2.5%(=5000만 원/20억 원)로 낮아집니다. 이처럼 수익률은 자산 가격과 반대로 움직입니다. 그리고 마이너스 금리 채권이 18조 달러나 존재한다는 것은 플러스 금리 채권 또는 플러스 임대수익률, 플러스 배당수익률을 갖는 모든 자산의 수익률을 끌어내리는 강력한 중력으로 작용한다는 의미지요. 과거에 유행했던 만화 「드래곤볼」에서 주인공 손오공은 중력이 지구의 10배나 되는 '시간의 방'에서 훈련을 합니다. 중력이 클수록 아래로 끌어당기는 힘이 크기 때문에 훈련 효과가 커지고 손오공은 전투력을 단기간에 크게 올릴 수 있었습니다. 18조 달러나 되는 마이너스 금리 채권의 존재는 다른 자산의 기대수익률을 아래로 끌어당기는 강력한 힘입니다. 그런데 또 수익률이 아래로 내려가려는 힘이 강하다는 얘기는 그만큼 자산 가격이 위로 올라가려는 힘도 강하다는 것을 의미합니다.

이효석 아카데미

비트코인으로 보는 저장 공간 부족의 사례

이 책이 나왔을 때 비트코인 가격이 얼마일지 모르겠지만 이 글을 쓰는 동안 비트코인 가격이 6만 달러를 넘었습니다. 저는 이제 금융 전문가라면 "난 비트코인 관심 없어"라는 말로 피해갈 수 없다고 생각합니다. 왜냐하면 전 세계 자산 중에서 1조 달러를 넘는 자산은 비트코인

(1조 1000억 달러)을 포함해서 여덟 개밖에 없기 때문입니다.

▶ **전 세계 자산 시가총액 순위**

1	금	10.9조 달러	5	아마존	1.6조 달러
2	애플	2조 달러	6	은	1.4조 달러
3	아람코	1.9조 달러	7	알파벳	1.3조 달러
4	마이크로소프트	1.8조 달러	8	비트코인	1.1조 달러

자료: 8marketcap.com

이 책에서 비트코인을 다루지는 않기 때문에 저장 공간이라는 관점에서만 생각해봅시다. 최근 세계 최대 자산운용사인 블랙록BlackRock의 CIO가 "현금 일부를 비트코인 등 가상화폐로 보유하는 것이 타당해 보인다"고 말했습니다. 오늘날 비트코인의 변동성이 매우 높은 것은 사실이지만 사람들이 '가치 저장소Storehouses of value'를 찾고 있기 때문을 그 이유로 꼽았죠. 블랙록 CIO가 가치 저장소를 언급했다는 사실은 상당히 흥미롭게 다가옵니다.

사실 비트코인에 대한 미국의 시각 변화를 확인할 수 있었던 사건은 2020년 10월에 벌어졌습니다. 미국의 온라인 전자결제 업체인 페이팔Paypal에서 비트코인 결제를 허용할 것이라고 밝혔기 때문이죠(2021년 5월 현재 결제 서비스를 시작했습니다). 이후, 비트코인에 대한 관심은 조금씩 확산되기 시작했으며 테슬라의 일론 머스크Elon Musk가 1조

5000억 원 규모의 비트코인을 매수했다는 사실이 알려지면서 관심은 더욱 커졌습니다. 하지만 사실 머스크 이전에도 투자의 구루라고 할 수 있는 투자자들이 연초부터 하나둘 비트코인에 대한 생각을 이야기하기 시작했습니다. 비트코인에 대해서 대단히 보수적인 입장이었던 레이 달리오는 2021년 초에 (비트코인 전문가가 아니라는 점을 이야기하면서) "여윳돈이 있으면 비트코인을 사라"고 조언했습니다. 물론 "투자금의 80%를 잃어도 되는 여유가 있다면"이라는 조건을 붙이면서 말입니다. 그리고 가치 투자자로 잘 알려져 있는 하워드 막스Howard Marks 역시 아들의 의견을 빌려 비트코인에 대해서 긍정적인 시각을 살짝 내비쳤습니다.

비트코인과 관련된 흥미로운 사실 하나만 더 소개하겠습니다. 크립토퀀트CryptoQuant라는 회사에서는 전 세계 비트코인의 위치를 추적해 데이터를 제공해주고 있습니다. 이 회사의 자료에 따르면 전 세계 거래소가 보유 중인 비트코인의 총량은 2020년부터 꾸준하게 줄어들고 있다고 합니다. 거래소에 있는 비트코인은 채굴될수록 늘어나야 하는데 줄어든다니 특이한 현상이죠. 아마도 비트코인을 누군가 자꾸 가져가기 때문에 나타나는 현상으로 보입니다. 언론에 따르면 범인은 자체적으로 수탁고를 보유한 미국의 기관들로 추정됩니다. 대표적으로 코인베이스Coinbase라는 회사를 뽑을 수 있고, 머스크의 테슬라도 여기에 포함되는 게 상식적이겠죠. 그리고 이들 기관들은 비트코인이 디지털 자산으로 인정받으리라 예측하는 것 같습니다. 여전히 비트코인에 대한 우려

▶ **전체 거래소가 보유 중인 비트코인 총량**

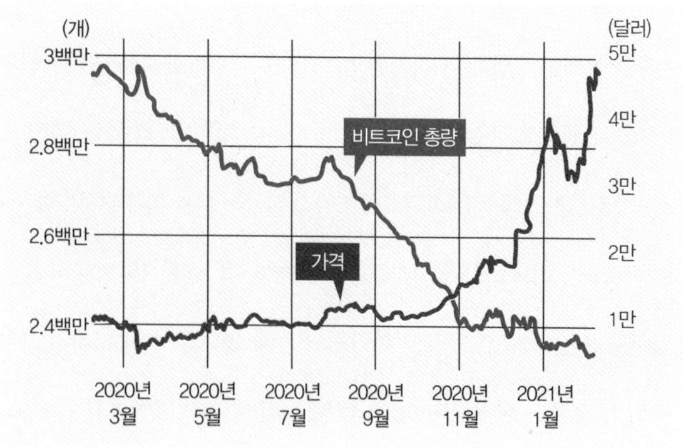

자료: CryptoQuant

의 목소리가 많지만 어쨌든 전 세계 거래소가 보유한 비트코인이 줄어들고 있다는 사실은 비트코인 가격이 상승하는 여러 가지 이유 중 하나라고 할 수 있겠습니다.

비트코인 가격이 이미 크게 상승한 상황에서 비트코인 가격을 전망할 수는 없습니다. 다만 금융시장 내에 떠도는 비트코인에 대한 잘못된 해석에 대해서는 짚고 넘어가야 하겠습니다. 사람들이 가장 많이 하는 실수 중 하나가 비트코인 가격의 움직임을 달러나 금리에 연관 지어 생각하는 것입니다. 예를 들어 '달러 약세 전망 때문에 비트코인이 상승했다' 또는 '금리가 상승하면 비트코인이 하락할 것이다'처럼 말이죠. 그런데 이건 틀린 해석이라고 생각합니다. 이유는 간단한데요, 아직 대부분의 투자자들이 비트코인을 '자산'으로 인정하고 있지 않기 때문입니다. 지금 비트코인의 가격을 움직이는 변수는 달러도 아니고, 금리는 더더욱 아닙니다. 현재 비트코인의 가격을 움직이는 가장 중요한 요인은 두 가지입니다. '투자자들이 비트코인을 자산으로 인정하는 정도'와 '저장할 곳 없는 돈이 앞으로도 얼마나 더 늘어날지'입니다. 비트코인 가격을 전망하려면 이 두 가지를 먼저 고려해봐야 할 것입니다.

06

한국 기업이 달라졌다

한국 증시가 저평가 받는 이유

지금까지의 내용을 정리해봅시다. '지금 왜 투자를 해야 하는가'를 설명하기 위해 먼저 통화량이 크게 증가할 수밖에 없는 이유에 대해서 자세히 알아봤습니다. 그리고 마이너스 금리 채권에도 돈이 넘쳐나는 상황을 통해 통화량이 도대체 얼마나 늘어났는지도 살펴봤습니다.

투자의 관점에서 가장 중요한 원칙 중 하나는 '많을수록 가치가 하락하고 귀할수록 가치가 높아진다'는 것입니다. 이처럼 통화량이 증가하면 돈의 가치는 하락하겠죠? 여기까지 이해했다면 자산 가격이 상승할 수밖에 없다는 논리는 어느 정도 설명이 된 듯합니다. 하지만 손뼉도 마주쳐야 소리가 나는 것처럼 우리나라의 기업이 별로면 주가 상승으로 이어지긴 어려울 테죠. 이번에는 한국 주식시장에 대한 이야기를 간단하게 해보도록 하겠습니다.

'코리아 디스카운트'는 한국 주식시장이 다른 나라에 비해 저평가 받고 있음을 의미하는 용어입니다. 많은 투자자 분들이 한국 시장이 저평가 받는 이유를 설명하면서 북한과의 지정학 리스크나 재벌 중심 대기업의 지배구조를 이야기합니다. 저는 좀 다른 접근을 해보려고 하는데요, 우선 코스피가 비싼지 싼지를 판단하기 위해서는 명확한 기준이 필요합니다. 예를 들어 "코스피는 과거 5년 동안 거래된 밸류에이션 밴드 하단에 있다"라는 표현은 예전의 코스피에 비해서 저평가됐다는 뜻입니다. 하지만 "코스피는 신흥국에 비해서 저평가 받고 있다"는 이야기는 다른 나라에 비해서 우리나라 주가가 싸다는 의미죠. 그렇다면 한국 주식시장은 정말 신흥국에 비해서 싸다고 할 수 있는지 알아봅시다.

우선 추정치를 기준으로 신흥국과 코스피의 12개월 포워드 PER(향후 12개월 예상 실적 기준 PER) 추이를 보면 싸다고 이야기할 만합니다. 지난 13년 동안(2008~2020년) 코스피는 약 75% 이상의 구간에서 신흥국에 비해 낮은 PER로 거래됐습니다. 전체 기간 동안

▶ **신흥국과 코스피의 12개월 포워드 PER 추이**

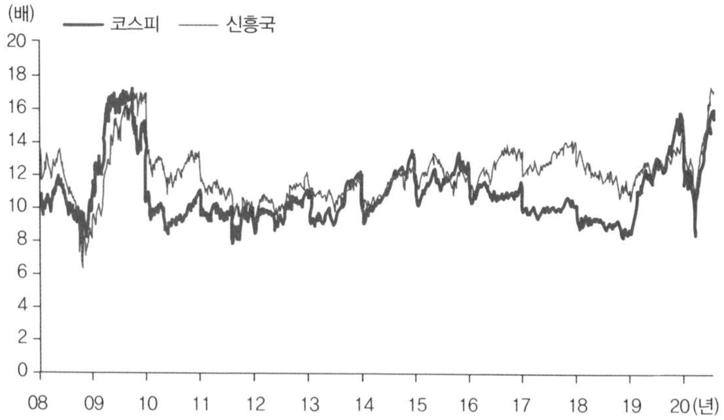

자료: Quantiwise, SK증권

코스피는 평균적으로 10.9배에 거래된 반면, 신흥국은 12.0배에 거래됐으니 9.1% 저평가 받고 있다고 할 수 있겠네요.

그런데 여기서 잠깐, PER이 무엇인지 짚고 넘어가 봅시다. PER은 주가수익비율로, 시장에서 생각하는 기업의 가치(시가총액)를 이 기업이 1년 동안 벌어들이는 순이익으로 나눈 값입니다. PER은 크게 두 종류가 있는데요. 과거의 이익으로 나누면 트레일링Trailing PER이라고 하고, 미래에 벌 것으로 예상되는 이익으로 나누면 포워드Forward PER이라고 합니다. 일반적으로 가장 많이 사용되는 PER은 시가총액을 향후 1년 동안 벌 것으로 예상되는 이익으로 나누는 12개월 포워드 PER입니다. 과거의 순이익이 아니라 미래의 순이익 전망치로 나누는 포워드 PER이 더 많이 사용되는 이유는 주가가 원래 미래를 반영하는 성격을 띠기 때문입니다. 따라서 미래에 실적이 개선되리라는 기대가 있다면 주가가 좋습니다. 반대로 현재의 펀더멘털은 양호하지만 향후 전망에 대한 우려가 있다면 주가는 부진할 수 있습니다.

그런데 문득 이런 의문이 듭니다. 내년에 이 회사가 돈을 얼마나 벌지 어떻게 알 수 있지? 네. 맞습니다. 12개월 포워드 PER이 적절한 밸류에이션 방법이 되려면 미래의 순이익 전망치를 '믿을 수' 있어야 합니다. 자, 이제 신흥국에 비해 코스피가 9.1% 저평가됐다는 말이 정말 맞는지 확인하기 위해 과거 코스피의 순이익 전망치가 어떻게 바뀌었는지를 다른 나라와 함께 비교해보면서 확인해보겠습니다. 우선 미국부터 시작할까요?

다음 페이지의 그래프는 미국의 S&P500의 순이익 전망치를 보여주고 있습니다. 연초에 비해서 연말에 순이익 전망치가 크게 변하지 않는다는 것을 알 수 있습니다. 그럼 신흥국을 한번 볼까요? 신흥국은 미국에 비해서 확실히 변동성이 크다는 사실을 알 수 있습니다. 그리고 전반적으로 연초에는 높은 실적을 예상하지만 시간이 갈수록 추정치가 낮아지는 현상을 볼 수 있죠.

마지막으로 한국입니다. 제가 단순 비교를 위해서 신흥국과 원

▶ S&P500 연초 이후 연간 순이익 전망치 변화(2008~2020년)

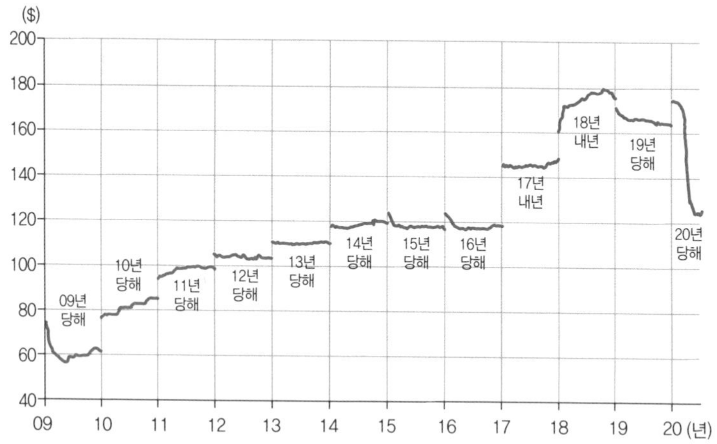

자료: Bloomberg

▶ 신흥국 연초 이후 연간 순이익 전망치 변화(2008~2020년)

자료: Bloomberg

▶ **코스피 연초 이후 연간 순이익 전망치 변화(2008~2020년)**

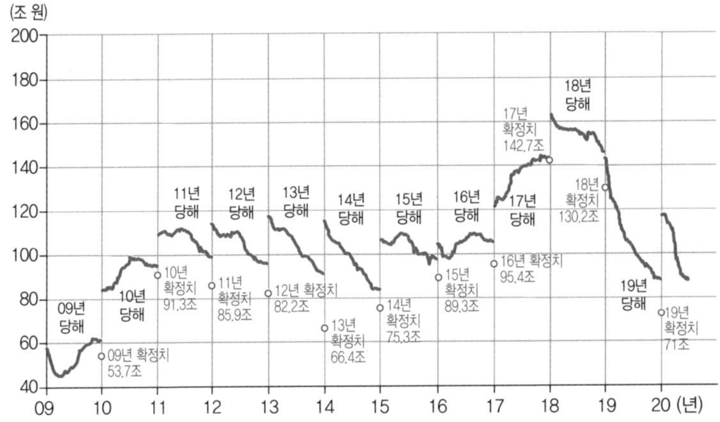

자료: Bloomberg

쪽 스케일을 똑같이 했다는 점을 감안해서 봐주세요.

그래프를 보고 어떤 생각이 드시나요? 신흥국에 비해서도 한국의 실적 추정치 변동폭이 매우 크다는 것을 알 수 있습니다. 코스피의 순이익 전망치를 보면 '백조(100조)가 되고 싶은 미운 오리'가 떠오릅니다. 왜냐하면 연초 전망치를 기준으로 하면 2011년부터 매년 순이익 전망은 100조 원 이상이었지만 그 꿈이 달성된 것은 2017년이 처음이었기 때문이죠. 2008년 금융위기에서 회복되는 구간이었던 2009년과 2010년에만 연초 대비 순이익 추정치가 상향 조정됐으며 2011~2016년까지 6년 연속으로 순이익 추정치가 하향 조정됐는데, 그 폭은 무려 -21.2%, -28.1%, -43.7%, -35.1%, -16.2%, -9.1%였습니다. 인정하고 싶지 않지만 미국은 물론이고 신흥국에 비해서도 한국의 실적 변동폭이 너무 크다는 사실을 인정할 수밖에 없겠습니다. 이렇게 되면 12개월 포워드 PER을 구할 때 분모에 들어가는 실적 추정치에 대한 신뢰가 심각하게 의심되네요. 그럼 해외 투자자들이 볼 때는 어떨까요?

제가 개인적으로 해외 투자자들의 시각을 알 수 있었던 경험을 들려드리겠습니다. 2014년 6월, 저는 CFA 협회에서 주관한 세미나에 참석했습니다. 당시 앤드류 스토츠Andrew Stotz라는 분이 발표를 했는데 이 분은 전 세계 애널리스트들의 추정치를 분석하는 일을 하는 사람입니다. 이 분이 세미나를 시작하기 전에 "나는 한국에 꼭 한 번 와보고 싶었다"는 말씀을 하더군요. 그러면서 한국의 애널리스트는 어떻게 매년 실적 추정치가 하향 조정되는데도 이토록 긍정적인 시각을 유지할 수 있는지 정말 궁금했다고 꼬집었습니다.[7]

당시 그는 2013년의 예를 들면서 "연초에 순이익이 118조 원 정도 될 거라고 했다가 연말에는 91조 원까지 낮아졌고, 마지막에는 66조 원까지 하락했는데 어떻게 2014년에 115조 원을 벌 것으로 기대할 수가 있냐"고 물었습니다. 그래서 이 분은 한국 사람들은 정말 희망에 차 있어서 길거리에서도 모두 웃고 다닐 줄 알았다고 하더군요. 그 말을 듣고 정말 얼굴이 화끈거렸던 기억이 납니다.

▶ **코스피 실적 추정 및 연초 대비 순이익 추정치 변화** (단위: 조 원)

	연초 추정치	연말 추정치	연말 대비 연초 추정치	확정치	연초 추정치 대비 확정치	연말 추정치 대비 확정치
'08년	75.38	48.19	−36.1%	34.58	−54.1%	−28.2%
'09년	57.87	61.24	5.8%	53.71	−7.2%	−12.3%
'10년	84.23	95.64	13.5%	91.32	8.4%	−4.5%
'11년	108.95	99.47	−8.7%	85.86	−21.2%	−13.7%
'12년	114.33	96.39	−15.7%	82.19	−28.1%	−14.7%
'13년	118.00	91.42	−22.5%	66.43	−43.7%	−27.3%
'14년	115.92	84.02	−27.5%	75.27	−35.1%	−10.4%
'15년	106.54	98.14	−7.9%	89.28	−16.2%	−9.0%
'16년	104.96	105.76	0.8%	95.44	−9.1%	−9.8%
'17년	121.20	144.73	19.4%	142.72	17.8%	−1.4%
'18년	164.05	146.70	−10.6%	130.22	−20.6%	−11.2%
'19년	145.02	88.45	−39.0%	71.00	−51.0%	−19.7%
평균	109.70	96.68	−10.7%	84.84	−21.7%	−13.5%
표준편차	26.3	26.0	0.17	27.3	0.21	0.07

자료: Quantiwise, SK증권

이처럼 코스피의 순이익 전망치의 변화 폭이 큰 이유는 애널리스트의 낙관 편향이 심하기 때문만은 아닙니다. 저는 더 큰 원인으로 코스피에 포함된 업종의 상당 부분이 글로벌 경기에 민감한 섹터의 비중이 높기 때문이라고 봅니다. 경기에 대한 기대가 극적으로 바뀌었던 2020년 순이익 전망치의 변화를 보면 경기 민감 업종

▶ **업종별 시가총액/매출액 비중, 순이익 하향 조정폭(2020년 기준)**

	코스피	필수소비재	소재	산업재	반도체
시총 비중	-	3.4%	7.6%	12.2%	28.5%
매출액 비중	-	3.8%	11.9%	21.6%	10.2%
순이익 하향 조정폭	-26%	-0.9%	-42.2%	-37.2%	-13.4%

자료: Quantiwise, SK증권

에 대한 추정이 얼마나 어려운지 알 수 있습니다. 코스피의 2020년 연간 순이익 전망치는 연초 대비 -26% 하향 조정됐는데 업종별로 보면 필수 소비재는 -0.9%에 그친 반면, 소재업종은 -42%, 산업재는 -37% 하향 조정됐습니다. 소재·산업재 등 경기에 민감한 섹터가 코스피에서 차지하는 비중은 시가총액 기준으로 19.8% 수준이고 매출 기준으로는 33.5% 수준입니다. 소재·산업재의 시가총액 비중이 가장 높았던 2007년의 34%에 비하면 크게 낮아지긴 했지만 여전히 높은 비중을 차지하고 있죠. 만약 반도체 업종까지 경기 민감주에 포함시킬 경우, 시가총액에서 이들 업종이 차지하는 비중은 48.3%까지 상승합니다. 이것이 코스피의 실적 추정이 어려운 진짜 이유입니다.

결론을 정리해보겠습니다. 한국 시장이 저평가를 받고 있는지 확인하기 위해서 12개월 포워드 PER이라는 개념을 소개했습니다. 그리고 이 값을 구하기 위해서는 분모에 1년 후 실적에 대한 전망치가 들어가는데, 안타깝게도 코스피의 실적 추정치는 해외 투자자들이 보기엔 믿기 어려울 것 같다는 이야기도 했습니다.

숫자로 정리해보면 연초 추정치 대비 확정치를 기준으로 코스피는 2008년 이후 평균적으로 21.7% 하향 조정됐고, 신흥국은 13.8% 하향 조정됐습니다. 그럼 처음에 이야기했던 코스피가 신흥국 대비 12개월 포워드 PER을 기준으로 9.1% 정도 저평가 받고 있다는 이야기는 틀렸다고 할 수 있겠네요. 코리아 디스카운트의 진짜 원인은 '코스피 실적 추정치의 변동성이 큰 것'이라고 볼 수 있습니다.

2021년 한국의 수출 성적표가 보여준 사실

코리아 디스카운트의 원인 중에서 한국 기업들의 실적을 예상하기도 어렵고 변동성도 크다는 점을 설명했습니다. 그런데 2021년 1월에 발표된 한국의 수출 성적표는 의외의 결과였습니다.[8]

매달 조업일수가 다르기 때문에 투자자들은 월별 수출보다 일평균 수출에 더 주목하는데요, 2020년 12월 수출에서 일평균 수출은 7.9% 증가한 21억 4000만 달러로 3개월 연속 전년 대비 증가했습니다. 그리고 10월 +5.4%, 11월 +6.4%에 비해서 증가 폭이 더 커졌다는 점도 긍정적이죠. 품목별로 보면 15개 주요 품목 중 11개 품목이 플러스 증가율을 기록하는 등 고른 회복세를 보여주었습니다. 그런데 제가 생각하기에 가장 긍정적이었던 부분은 수출 단가가 5개월 연속 상승했다는 점입니다. 이는 우리나라 수출 품목 중 고부가가치 신성장 품목(예를 들어 OLED, 의료기기 등)이 크게 성장했기 때문입니다.

게다가 질적으로도 좋아졌습니다. 우리나라 대기업들은 글로벌 가치사슬에서 반도체·철강·화학 등 중간재를 만드는 역할을 하고 있습니다. 이 때문에 한국의 수출은 위기 땐 더 어렵고 호황일 땐 더 좋은 모습을 보이는 편이죠.

예를 들어 애플이 아이폰의 판매가 예상보다 좋아서 생산을 30% 늘리기로 했다고 해볼까요? 그럼 아이폰에 들어가는 부품 주문은 30%보다 조금 더 많이 해야 할 겁니다. 불량이 생길 경우를 대비해야 하니 말입니다. 당연히 아이폰 부품을 만드는 데 들어가는 부품은 좀 더 많이 만들어야겠죠? 그러니 중간재 비중이 높은 나라일수록 글로벌 경제에 직접적으로 영향을 받습니다. 경제가 좋을 때는 함께 좋아지지만 글로벌 교역량이 줄어드는 위기 상황에서는 더 크게 안 좋아질 수도 있다는 점을 기억해야 합니다. 이를 '채찍 효과'라고도 하는데요. 애플이 채찍을 처음 움직이는 곳이라면 중간재를 만드는 회사는 채찍의 끝부분에 비유할 수 있습니다. 어쨌든 수출 자체의 진폭이 크다는 것은 앞서 설명한 것처럼 국내 기업의 실적을 예상하기도 어렵고 변동성도 크기 때문에 코리아 디스카운트가 생겼다는 사실과 연결됩니다.

실제로 글로벌 교역이 감소했던 세 번의 사례(2001년 닷컴 버블, 2009년 금융위기, 2019년 보호무역)에서 글로벌 교역량은 -0.4%, -12.1%, -0.1% 감소한 반면, 우리나라의 수출은 각각 -12.7%, -13.9%, -10.4%나 감소했습니다. 하지만 코로나19 위기를 겪었던 2020년에는 완전히 다른 양상을 보였는데 글로벌 교역량(-9.2% 감소)에 비해서 국내 수출의 감소 폭이 -5.4%로 더 작았습니다.

이 수출 감소의 의미를 이해하기 위해 잠시 글로벌 금융위기 당시와 비교해봅시다. 글로벌 금융위기 때는 당시 세계경제 성장률(2009년 -0.1%)에 비해서 교역량의 감소(-10.4%)가 훨씬 컸습니다. 그런데 2020년 코로나19 위기는 서비스업을 중심으로 발생했고 선진국을 중심으로 빠르게 소비가 회복되면서 교역량 역시 생각보다 빨리 회복이 됐습니다. 쉽게 말해 선진국에서 필요한 물건을 우리나라를 포함한 신흥국에서 만들어서 보내줘야 했다는 것이죠. 결과적으로 2020년 글로벌 경제 성장률은 -4% 중반 수준(IMF 10월 전망 기준)으로 2009년 대비 큰 폭의 감소를 보이겠지만 교역량은 2009년과 비슷한 수준(-10.4%)으로 감소할 전망입니다. 성장률은 크게 낮아졌지만 교역량의 감소 폭이 비슷하다는 이야기는 전 세계적으로도 금융위기에 비해서 교역량이 선방했다는 뜻입니다. 그러니 우리나라의 수출이 전 세계 교역량보다 덜 감소했다는 것은 매우 큰 의미를 가집니다.

그 배경을 생각해보면 교역이 회복되는 과정에서 첫째, 중국과 우리나라가 코로나19를 잘 극복하면서 글로벌 생산기지로서의 역할이 커졌다는 점과 둘째, 선진국 소비가 내구재 중심으로 회복되면서 사실상 언택트뿐 아니라 우리나라 대부분의 업종(반도체, 제약·바이오, 가전, 전기차, 화학 등)이 코로나19의 수혜를 받았다는 점이 주요 원인입니다.

이효석 아카데미

전 세계 투자자들이 한국 수출 데이터를 기다리는 이유

전 세계 금융시장이 주목하는 경제지표는 미국에서 가장 많이 발표됩니다. 매월 첫째 날 발표되는 ISM 제조업 지수는 주식시장에 가장 큰 영향을 주고, 매월 첫 번째 금요일에 발표되는 비농업 고용자 수는 금리와 연준의 정책에 가장 크게 영향을 줍니다. 그런데 우리나라가 발표하는 지표 중 전 세계가 주목하는 지표가 있다는 사실을 아시나요? 바로 한국의 수출 지표입니다. 실제로 글로벌 대표 투자은행인 골드만삭스가 전 세계 증시를 예측하는 데 사용하는 10개의 선행지표 중 하나로 한국 수출 지표를 뽑을 정도입니다. 전 세계가 한국의 수출 지표를 주목하는 이유는 크게 두 가지입니다. 첫째, 정말 빨리 집계되어 나옵니다. 12월 수출 데이터가 1월 1일에 바로 발표되니 하루라도 빨리 경제 상황을 알고 싶어 하는 투자자들에게 인기가 높을 수밖에 없겠지요. 최근엔 월별로 지표가 발표될 뿐 아니라 매월 10일과 20일, 두 번에 걸쳐 잠정치를 발표하면서 신뢰도는 더 높아지는 추세입니다. 둘째, 한국 경제는 중간재의 비중이 높아 글로벌 경기에 가장 민감하게 반응합니다. 전 세계 경제가 코로나19의 영향에서 이제 막 벗어나고 있는 상황이기 때문에 현재 상황에서 한국의 수출 지표가 어떤 결과를 내놓는지에 시장의 관심이 집중될 수밖에 없지요.

글로벌 경제에 영향을 많이 받을수록 실적의 변동성이 큰데, 높은 변동성이 디스카운트의 원인이라면 이렇게 생각할 수도 있겠네요. '외부 요인과 관계없이 이익을 낼 수 있는 회사의 비중이 높을수록 높은 밸류에이션을 받을 수 있다'고 말입니다. 다음 페이지의 그래프는 코스피 내에서 산업별 비중이 어떻게 바뀌었는지 보여줍니다.

2010년에는 건설, 조선, 기계 등 산업재의 비중이 16.9%였고,

금융 업종도 15.2%, 철강·화학 등 소재 업종의 비중도 13.6%였습니다. 하지만 2020년 말 기준으로 해당 업종의 비중은 크게 낮아졌습니다. 산업재의 비중은 16.9%에서 8.3% 수준까지 낮아졌으며 금융업종의 비중도 15.2%에서 6.3%까지 낮아졌습니다. 반면 2010년에는 1.9%로 비중이 미미했던 바이오 업종의 비중이 13%까지 높아졌고, 언택트·통신 비중이 8.4%까지 증가했습니다. 이차전지 비중도 7.4%까지 증가했습니다. 이는 코스피에서 외부 변수의 영향을 크게 받는 업종의 비중이 줄어들었다는 것을 의미합니다. 다시 말해 코스피에 포함된 기업들의 이익 추정이 과거보다는

▶ **코스피 내 산업 비중 변화(2010년 vs. 현재)**

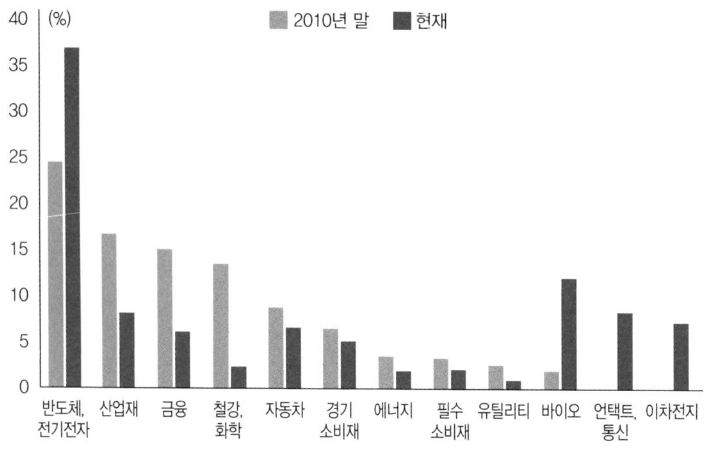

자료: Quantiwise, SK증권

쉬워졌고 변동성도 크지 않다는 의미죠.

여기서 잠깐! 강조하고 싶은 중요한 포인트가 있습니다. 외부 변수의 영향을 받는 경기 민감주는 안 좋고, 외부 변수와 관계없는 주식만 좋은 주식이라고 오해할 필요는 없다는 것입니다. 앞서 채찍 효과라는 단어를 통해서도 설명했듯이 경기 민감주도 경제가 좋아지기 시작하면 매우 빠른 속도로 상승해 좋은 주식이 될 수 있습니다. 다만 이처럼 업종의 비중이 바뀌었다는 점을 강조한 이유는 실적의 '변동성'이 낮아지는 것이 곧 밸류에이션을 높게 받을 수 있다는 논리로 연결되기 때문입니다.

▶ 연도별 시가총액 순위 및 당해년도 수익률

2010년

(단위: 10억 원, %)

순위	기업명	연말 시가총액	연간 수익률
1	삼성전자	139,787.1	18.8
2	POSCO	42,460.0	−21.2
3	현대차	38,218.0	43.4
4	한국조선해양	**33,668.0**	**155.3**
5	현대모비스	**27,694.3**	**66.4**
6	LG화학	**25,912.0**	**71.1**
7	신한지주	25,085.2	22.5
8	KB금융	23,181.1	0.5
9	삼성생명	20,500.0	신규 상장
10	기아차	**20,117.3**	**152.4**

2017년

순위	기업명	연말 시가총액	연간 수익률
1	삼성전자	328,943.0	41.4
2	SK하이닉스	**55,692.2**	**71.1**
3	현대차	34,363.1	6.8
4	POSCO	28,989.6	29.1
5	NAVER	28,677.5	12.3
6	LG화학	**28,589.9**	**55.2**
7	KB금융	26,508.3	48.1
8	현대모비스	25,601.4	−0.4
9	삼성생명	24,900.0	10.7
10	삼성바이오로직스	**24,547.2**	**145.7**

2020년

순위	기업명	연말 시가총액	연간 수익률
1	삼성전자	483,552.4	45.2
2	SK하이닉스	86,268.3	25.9
3	LG화학	**58,168.1**	**159.5**
4	삼성바이오로직스	**54,652.3**	**90.8**
5	셀트리온	**48,464.2**	**102.0**
6	NAVER	**48,047.0**	**56.8**
7	삼성SDI	**43,184.1**	**166.1**
8	현대차	**41,024.3**	**59.3**
9	카카오	**34,446.0**	**153.7**
10	삼성물산	25,790.4	27.2

자료: Quantiwise, SK증권

07

먼저 출발한 사람들, 최적의 투자처를 찾아 떠나다

일드 헌터에서 알파 헌터로

개인 투자자들은 왜 주식에 투자를 할까요? 최근 투자자들이 적극적으로 주식투자를 하는 또 하나의 이유는 코로나19 이후 최적의 투자처를 찾아가고 있기 때문이라고 생각합니다. 그렇게 생각하는 이유를 지금부터 설명해보겠습니다.

첫째, 코로나19 이후 투자할 수 있는 투자처가 바뀌었습니다. 코로나19가 발생하기 전인 2019년까지 투자자들이 가장 많이 찾는 상품은 '중위험·중수익 상품'이었습니다. 그런데 코로나19 위기를 전후로 대표적인 중위험·중수익 상품들이 배신을 하기 시작했습니다. 분명히 '독일 금리가 마이너스가 되지만 않으면', '유가가 마이너스가 되지만 않으면' 4~5% 수준의 중수익을 보장해주겠다고 했는데 안타깝게도 일어나지 않았어야 하는 이벤트들이 현실화되고 말았던 것입니다. 뿐만 아니라 일부 사모펀드들은 환매가 중단되는 사건이 발생하기도 했지요. 투자자들은 자신들이 그동안 중위험·중수익인 줄 알고 투자했던 상품이 '고위험·중수익 상품'이었다는 것을 알게 됐습니다. 예상치 못한 초유의 사태가 만든 현상이었죠. 이를 그림으로 표현하면 다음 페이지의 그래프에서 볼 수 있듯이 효율적 투자선Efficient frontier이 오른쪽으로 이동했음을 의미합니다.

둘째, 투자자들의 위험선호도 자체가 바뀌었습니다. 코로나19 이후, 금리에 대한 투자자들의 인식은 완전히 바뀐 것 같습니다. 금리가 2~3% 수준이면 이보다 조금 더 높은 금리를 찾아서 4~5% 정도 되는 상품에 투자하는 것이 현명한 투자일 수 있습니다. 저는 이러한 투자자들을 수익률을 찾아다닌다는 의미에서 일드 헌터Yield hunter라고 부릅니다. 하지만 코로나19 이후 금리가 너무 낮아져버렸습니다. 게다가 기존에는 '언젠가 오르겠지 싶은 저금리'였다면 이제는 '당분간 절대 오를 리 없는 저금리'가 됐습니다. 저는 그래서 금리가 시간이 느리게 흐르는 '시간의 방'으로 들어간 것이라고 표현하곤 합니다.

정말 금리가 시간의 방으로 들어갔다면 그래서 앞으로 상당 시간 동안 금리가 오르지 않을 것이라는 생각을 더 많은 투자자들이 하게 된다면, 어떤 선택이 합리적일까요? 결국 조금 위험하더라도 좀 더 높은 수익률을 찾아서 떠나는 투자자들이 많아지지 않을까요? 저는 이러한 현상을 일드 헌터와 반대의 개념으로 '알파 헌터'라고 부릅니다. 어차피 나의 30대 혹은 40대에는 금리가 오를 것 같지 않으니 약간 높은 금리를 찾는 소극적인 의미의 일드 헌터가 아니라 알파를 찾기 위해 노력하는 적극적인 투자자가 되겠다고 생각하는 사람들이 많아질 수밖에 없다는 얘기입니다. 이는 무차별 곡선Indifference curve의 기울기가 완만해진다는 것을 의미합니다.

▶ **코로나19 전과 후 바뀐 투자 환경**

	용어 정의	코로나19 이전 세상	코로나19 이후 세상
효율적 투자선	현존하는 모든 투자자산으로 포트폴리오를 구성했을 때 기대수익률 및 리스크 관점에서 가장 좋은 투자처를 잇는 곡선	왼쪽	오른쪽으로 이동
무차별 곡선	투자자의 효용이라는 관점에서 위험 선호도를 반영했을 때 무차별한 점들의 집합	위험 회피 (일드 헌터)	위험 선호 (알파 헌터)
최적의 투자처	무차별 곡선과 효율적 투자선이 만나는 점. 현재 존재하는 투자자산 중에서 투자자들의 위험 선호도를 반영한 최적의 투자처	중위험 중수익	고위험 고수익 + 무위험 자산

이러한 투자 환경과 투자자들의 위험 성향 변화를 그림으로 표현하면 아래와 같습니다.

중요한 것은 코로나19 이후의 세상으로 투자 환경이 바뀌면서 최적의 투자처도 바뀌고 있다는 점입니다. 과거 최적의 투자처에 비해서 현재 최적의 투자처는 '좀 더 위험하지만 높은 수익률이 기대되는 곳'이 될 가능성이 높습니다. 따라서 지금 주식투자를 새롭

▶ 코로나19 이후 바뀐 최적의 투자처 도식화

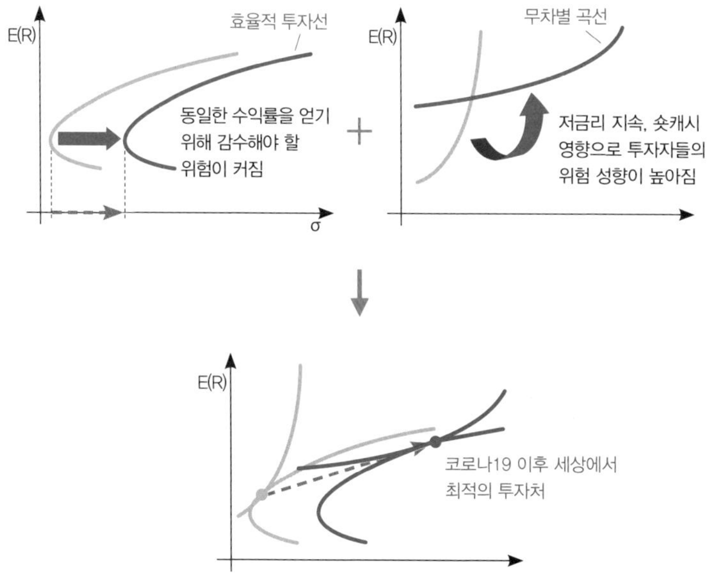

자료: SK증권

게 시작하는 분들은 '최적의 투자처를 찾아가는 합리적 의사결정'을 하고 있다고 이해할 수 있습니다. 따라서 앞으로도 알파 헌터가 되려는 투자자들은 더 많아질 가능성이 큽니다.

제3장

디플레이션, 성공적인 투자를 위한 기본 개념

최근 금융시장에는 버블에 대한 우려가 참 많습니다. GMO 공동 설립자이자 최고 투자 전략가인 제러미 그랜섬Jeremy Grantham은 뉴욕 증시에 대한 우울한 전망을 내놓았습니다. 「마지막 춤을 기다리며Waiting for the last dance」라는 제목의 보고서를 통해 "병적으로 투기적인 투자자들의 행동 속에서 증시가 공정 가격을 벗어나 위태로운 랠리를 이어가고 있다"면서 이를 연준도 막지 못할 거라고 경고했습니다.[1]

사실 저 역시 미국 일부 기업들의 밸류에이션을 보면 지나치게 고평가됐다는 생각이 듭니다. 그래서 많은 분들이 "도대체 이 랠리는 언제 끝날까?", "만약 끝이 난다면 어떤 이름이 붙을까?"라는 질문을 합니다. 하지만 그 끝이 언제일지는 아무도 모르고, 알 방법도 없다는 데 투자의 대가들 대부분이 동의하고 있습니다. 끝을 모른다면 대신 이 길고 긴 랠리가 '시작'된 근본 원인이 무엇이었는지 고민해보면 어떨까요? 그 질문에 대답을 할 수 있다면 끝에 대한 힌트도 알 수 있을 테니 말입니다.

만약 제가 현재의 랠리가 다 끝난 후, 제 딸에게 이 랠리에 대한 이야기를 한다면 이렇게 시작할 것 같습니다. "옛날에 아주 무시무시한 디플레이션이 있었단다. 그래서 디플레이션을 막기 위해서 전 세계가 힘을 합쳐서 돈을 풀었지. 디플레이션의 반대인 인플레이션을 만들어보기 위해서 말이야. 그런데 생각보다 디플레이션이 워낙 강력해서 막을 수가 없는 거야. 그래서 돈을 더 풀었는데, 인플레이션을 만들기 위해서 풀었던 돈 때문에 오히려 디플레이션을 강화시키는 사생아(파괴적 혁신 기업, 좀비 기업)들까지 나와버렸지 뭐야. 결국 디플레이션 압력은 더 커졌고 이를 막기 위해 풀린 돈 역시 더 커져만 갔지. 그 과정에서 자산 가격만 너무 크게 상승해버렸는데 이 과정에 동참하지 못한 사람들의 박탈감이 정말 컸단다. 결국 이 이야기는 ○○○의 승리로 끝나고 말아. 그런데 그 결과가 나올 때까지는 정말 오랜 시간이 걸렸단다."

제가 이 이야기를 통해서 말씀드리고 싶은 포인트는 다음과 같습니다.

- 모든 랠리의 시작은 디플레이션 때문이었다.
- 디플레이션을 막기 위해 다양한 방법이 동원됐지만 디플레이션이 쉽게 해결되지 않는다는 것이 문제였고, 이 때문에 통화량은 더 늘어나게 된다.
- 결국 자산 가격만 계속 상승하는 아이러니한 상황이 지속되는데, 여기서 가장 중요한 것은 인플레이션이 이길지 디플레이션이 이길지가 아니라 결론이 나는 데 시간이 많이 걸린다는 점이다.
- 디플레이션을 막기 위해서 연준은 돈 뿌리기를 멈추지 않을 텐데, 그 이유는 연준의 부양책 때문에 인플레이션이 오더라도 디플레이션 압력은 지속되기 때문이다.

자, 그럼 지금부터 디플레이션에 대한 이야기를 시작해보겠습니다. 이 포인트를 기억하면서 함께 차근차근 나아가보도록 하죠.

08

30년간 이어진 인플레이션과의 싸움

2020년, 연준이 바뀐 진짜 이유

2020년 1월, 존 윌리엄스John Williams 뉴욕 연방은행NY Fed 총재는 신년사를 시작하기 전에 이런 질문을 받았습니다. "30년 후 연준의 통화정책은 어떤 모습일 것 같습니까?" 생각에 잠긴 그는 이렇게 이야기를 시작합니다.

"30년 후는 모르겠고 30년 전을 생각해봅시다. 30년 전인 1989년 뉴질랜드 중앙은행은 인플레이션 억제를 목표로 삼기 시작했습니다.[2] 이후로 각국 중앙은행의 목표는 인플레이션을 막는 것이 됐고 실제로 어느 정도 효과도 있었습니다."

그런데 여기서 윌리엄스는 중요한 질문을 합니다. "우리가 지난 30년 동안 인플레이션이랑 싸워왔는데 이제는 존재하지 않는 인플레이션과 계속 싸워야 할까요?"[3)]

그는 낮은 인플레이션의 이유가 구조적인 요인들(인구구조, 낮은 생산성 증가, 안전자산에 대한 지속적인 수요) 때문이며 단기간에 해결되긴 어려울 것 같다는 의견을 제시했습니다. 그런데 여기서 더 주목해야 할 점은 이 연설이 코로나19로 전 세계적인 혼란이 시작되기 전에 진행됐다는 사실입니다.

코로나19 이전에도 이미 연준 내부적으로는 인플레이션과 싸우는 것에 대한 회의감이 있었다는 얘기입니다. 그러던 와중에 코로나19가 터졌고 이로 인한 경제 충격은 연준 의원들에게 '이제는 정말 인플레이션과는 그만 싸워도 되겠다'라는 생각을 할 수 있도록 자신감을 준 것 같습니다. 좀 더 구체적으로 연준 의원들 생각의 흐름을 따라가봅시다. 다음 페이지의 그래프는 미국의 실질성장률과 잠재성장률을 보여줍니다. 그리고 실질성장률과 잠재성장률의 차이는 면적으로 표현됩니다. 이 두 GDP 간의 차이를 아웃풋갭Output gap이라고 부릅니다.

쉬운 설명을 위해 『디플레 전쟁』의 저자 홍춘욱 박사님의 설명을 재구성해보도록 하겠습니다.[4)]

▶ 미국의 실질성장률과 잠재성장률 간의 갭

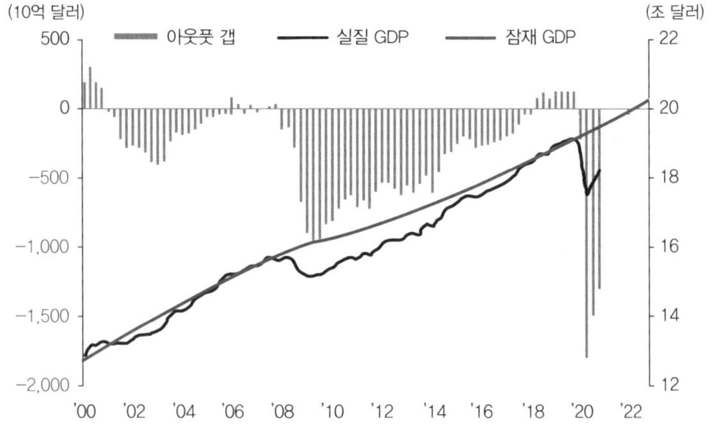

자료: Bloomberg, SK증권

현대자동차의 자동차 생산용량은 약 700만 대입니다. 그런데 코로나19 때문에 2020년에는 500만 대밖에 팔지 못했습니다. 이러면 재고가 200만 대 남습니다. 앞서 소개한 경제용어와 연결해보면 700만 대는 잠재성장률이고, 500만 대는 실질성장률입니다. 그리고 재고로 남은 200만 대는 아웃풋 갭이라고 할 수 있지요. 다행스럽게도 현대차가 2021년에는 자동차를 750만 대나 팔았다고 가정해봅시다. 이때 인플레이션이 올 수 있을까요? 다시 말해 일부 고가 자동차가 아니라 일반적인 자동차의 가격을 현대차가 올릴 수 있을까요? 가격을 올리는 일은 쉽지 않습니다. 이유는 아직도 재고가 150만 대(200만 대 + 700만 대 − 750만 대)나 남아 있기 때문입니다. 비슷한 상황이 2018년 미국에서도 벌어졌습니다. 앞의 그래프에서 보는 것처럼 실질성장률이 잠재성장률을 넘어서면서 당시에도 인플레이션 우려로 긴축에 대한 요구가 커졌죠. 하지만 재고의 개념을 생각해보면 한 번 플러스가 된 것보다는 누적의 개념이 중요함을 알 수 있습니다. 이는 아웃풋 갭의 면적이 중요하다는 것을 의미합니다. 즉, 긴축을 서두를 필요가 없다는 얘기지요.

자, 이런 상황에서 팬데믹이 발생했습니다. 매우 빠른 회복이 예상되지만 그럼에도 불구하고 면적은 또 한 번 커지게 됐지요. 이미 연준 의원들 사이에서 인플레이션이랑 싸워야 하느냐는 근본적인 질문이 나오고 있다는 점을 감안하면 인플레이션에 대한 연준의 태도가 완전히 바뀌었다는 것도 충분히 이해할 수 있습니다.

평균물가목표제가 갖는 진짜 의미

2020년 8월 27일, 잭슨홀 컨퍼런스에서 파월 연준 의장이 연설을 통해 통화정책의 큰 변화를 발표했습니다.[5] 통화정책의 변화는 매우 신중하게 이루어졌습니다. 이미 2018년 11월부터 통화정책의 큰 틀을 검토하겠다고 공표했고 15번의 공청회와 세미나를 통해서 의견 수렴하는 절차를 가졌을 정도였으니까요. 이렇게 2012년에 재정됐던 「장기목표 및 통화정책 전략 지침」이 8년 만에 수정됐습니다. 많은 투자자 분들에게 평균물가목표제Average Inflation Target, AIT 도입으로 알려져 있는 연준의 이번 정책 변화는 크게 두 가지로 요약할 수 있습니다.

첫째, 고용 관련 기준을 '괴리Deviations'에서 '미달Shortfalls'로 바꾸었습니다. 완전고용 수준에서 멀리 떨어지지 않도록 하겠다는 의미의 '괴리'는 완전고용에 미달하는 경우와 완전고용을 넘어서는(과잉) 회복을 모두 포함하는 개념으로 이해할 수 있습니다. 과거에는 고용이 부진한 상황뿐만 아니라 너무 좋아지는 경우도 관리했다는 얘기죠. 그런데 이제는 완전고용 수준 이상으로 확대될 수도 있다는 점을 강조한 셈입니다.

예를 들어 연준이 실업률 목표치를 6%로 정했다고 해봅시다. '괴리'를 신경 쓰겠다는 얘기는 실업률이 6%를 넘어서 경제가 안 좋아지는 상황을 막겠다는 의미기도 하지만 반대로 실업률이 6%보다 낮아져서 경기가 과열되는 상황도 막겠다는 의미를 담고 있었습니다. 그렇다면 이제 '미달만 신경 쓰겠다'는 것은 어떤 의미일까요? 우선 실업률이 6%를 하회할 정도로 경제가 좋아지긴 어려우니 애초에 그런 걱정을 할 필요가 없다는 판단일 수 있습니다. 이는 아무리 부양책을 과하게 써도 고용 측면에서는 경기가 과열

될 가능성이 낮다는 뜻이니 경제 참가자 입장에서는 상당히 무서운 이야기가 아닐 수 없습니다. 첫 번째가 너무 과한 해석이라면, 이런 해석도 가능합니다. 실업률이 6%를 하회할 정도로 경기가 과열되더라도 이때 생길 수 있는 부작용 정도는 크게 걱정하지 않아도 된다고 판단했다는 것이죠. 다시 말해 연준은 '고용이 너무 좋아져서 생길 수 있는 부작용(대표적으로 인플레이션)은 덜 걱정하겠다'고 선언한 것입니다. 어떤 해석이 맞느냐와 상관없이 연준이 고용 관련 기준을 수정했다는 그 자체만으로도 강력한 부양 의지를 보여줬다고 할 수 있습니다.

둘째, 물가와 관련된 전략을 "장기적으로 2%를 달성하겠다"에서 "장기간에 걸쳐 평균 2% 물가를 달성하겠다"로 수정했습니다. 이는 앞서 언급했던 아웃풋 갭의 면적을 염두에 둔 정책이라고 이해할 수 있습니다. '평균 2%'라는 말은 과거의 상황도 반영하겠다는 의미니까 말입니다. 쉽게 설명해 '반에서 수학 점수가 90점을 넘는 사람이 한 명만 있으면 상을 주겠다'에서 '반평균이 90점을 넘어야 상을 주겠다'로 조건을 바꾼 것이라고 할 수 있죠. 이렇게 되면 수학을 잘하는 친구뿐만 아니라 수학을 못하는 친구의 성적도 중요해집니다. 이러한 예시를 평균물가목표제에 적용해보면 어떻게 될까요? 이제 한 해 2% 인플레이션 달성은 의미가 없습니다. 과거 2%에 도달하지 못했던 것까지 생각하면 그만큼 평균 2%

에 도달하기 어렵게 만드는 것이라고 할 수 있죠. 2021년에도 역시 시장의 관심은 '걱정할 수준의 인플레이션'이 나타날지 여부에 집중되어 있습니다. 그런데 이러한 걱정을 미리 알았는지 연준은 2020년 8월에 이야기해둔 것이죠. 반평균 성적이 90점을 넘으려면 한 명만 90점을 맞아서는 부족하다고 말입니다. 평균물가목표제의 도입은 2021년 한 해에 나타날 인플레이션이 아니라 과거에 2%가 안 됐던 기간도 고려해야 한다는 점을 의미합니다.

정리하면 지금 세계경제는 인플레이션이 나타나기 매우 어려운 상황입니다. 그리고 이는 구조적인 요인에서 비롯했습니다. 뒤집어 이야기하면 그만큼 디플레이션 압력이 크다는 것을 의미하기도 하지요.

이효석 아카데미

잠재성장률과 인플레이션

잠재성장률은 "인플레이션을 유발하지 않는 범위에서 가장 많이 성장할 수 있다면 얼마나 성장할 수 있나?"에 대한 대답이라고 할 수 있습니다. 따라서 실질성장률이 잠재성장률보다 낮으면 인플레이션이 유발되지 않습니다. 반대로 실질성장률이 잠재성장률을 넘어서면 인플레이션이 생길 수 있습니다.

이는 물컵에 담긴 물에 비유하여 설명할 수 있습니다. 컵의 높이가 잠재성장률이라면 실제 물이 담겨 있는 높이가 실질성장률입니다. 물이 컵에 다 차지 않으면 아무런 문제가 없지만, 물이 넘쳐버리면 문제가 생기는 것처럼 실질성장률이 잠재성장률을 넘을 경우에만 인플레이션이 생긴다는 것이죠. 실업률에도 NAIRU(Non-Accelerating Inflation Rate of Unemployment)이라는 비슷한 개념이 있습니다. NAIRU는 인플레이션을 유발하지 않고 도달할 수 있는 가장 낮은 실업률입니다. 그리고 이 둘 간의 차이를 '슬랙(Slack)'이라고 표현합니다. 사실 슬랙은 일상 생활에서도 많이 활용될 수 있습니다. 자동차를 예를 들어볼까요? 엔진에 무리가 되지 않는 수준에서 달릴 수 있는 최대 속도를 물컵의 높이라고 한다면, 물이 담겨 있는 높이를 실제 속도라고 할 수 있을 겁니다.

2021년 4월 초, IMF는 세계 경제성장률 전망치를 국가별로 조정했습니다. 세계 경제성장률 전망치를 6%로 상향 조정했으니 상황은 좋아졌지만, 이상하게도 보고서의 제목은 "불균등한 회복의 관리Managing divergent recovery"였습니다. 뭔가 신나는 제목이라기 보다는 걱정이 담긴 듯한 느낌입니다. 실제로 보고서에는 선진국과 신흥국, 그리고 국가별로 성장률이 너무 차이가 나서 이걸 어떻게 관리해야 하는지에 대한 고민이 담겨 있었습니다. IMF는 경제성장률 전망을 하면서 GDP 갭(잠재성장률과 실질성장률의 차이)도 함께 계산해주었는데요. 2023년까지 GDP 갭이 플러스를 기록할 것이라고 예상된 국가는 미국과 캐나다뿐이었습니다. 다른 국가들은 2020년 코로나19에 큰 폭의 마이너스 GDP 갭을 기록했음은 물론이고, 2023년까지도 플러스로 돌아서지 못할 것이라

▶ **주요 선진국들의 GDP 갭**

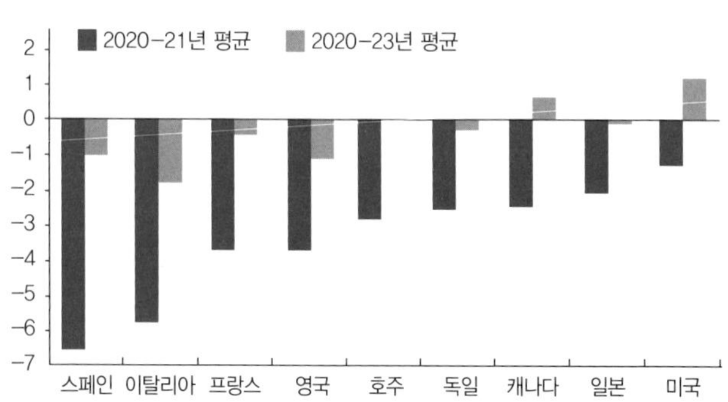

자료: IMF

고 전망했습니다. 이는 돈을 많이 뿌린 것만으로 전세계적으로 걱정할 수준의 인플레이션이 올 수도 있다는 우려를 무색하게 합니다.

서머스와 블랑샤르의 변심

개인적으로 저는 인플레이션을 걱정하기보다 과감한 재정정책의 필요성을 강조했던 전 재무장관 래리 서머스Larry summers와 전 국제통화기금IMF 수석 이코노미스트 올리비아 블랑샤르Olivier Blanchard의 논리가 참 마음에 들었습니다. 그리고 많은 분들이 두 학자의 의견을 통해 재정정책의 필요성을 주장하기도 했습니다. 그런데 2021년 2월 갑자기 이 두 분의 생각이 바뀝니다. 코로나19가 발생하기 이전부터 과감한 재정정책의 필요성을 언급했던 두 분이 갑자기 인플레이션을 걱정하기 시작한 겁니다.

특히 서머스는 파월 연준 의장과 재닛 옐런Janet Yellen 재무장관이 물가 리스크를 무시하고 계속 부양책을 쓰는 것이 물가를 더 불안하게 만드는 요인이라고 지적했습니다.[6] 많은 투자자들이 서머스의 물가 경고를 진지하게 받아들였습니다. 올리비아 블랑샤르도 마이너스 GDP 갭이 완전히 축소될 때까지 부양책을 지속해야 된다는 점을 강조해왔는데 이분도 2021년 2월 바이든 정부의 부양책이 가져올 인플레이션을 우려하기 시작했습니다. 그의 주장은 "돈을 푸는 건 좋은데, 내가 언제 이렇게 많이 풀라고 했니?"입니다.

블랑샤르의 계산에 의하면 미국의 잠재성장률 1.7%와 2019년 미국의 GDP 2.5% 감소를 감안한 마이너스 GDP 갭은 약 4.2% 수준인 약 9000억 달러에 불과한데 2020년 12월에 집행한 9000억 달러 규모의 부양책에 추가로 1조 9000억 달러가 더 투입되면 마이너스 GDP 갭이 충분히 커버되고도 남는다는 것이지요.[7] 앞서 설명한 예시에 적용하면 재고가 150만 대 남아 있지만 돈의 가치가 더 떨어져서 가격이 올라간다는 논리입니다. 추가적으로 블랑샤르는 1960~1967년에 미국 정부가 추진한 부양책 때문에 인플레이션이 6%까지 갑자기 상승했던 사례를 소개하기도 합니다. 고용이 회복되면 인플레이션이 온다는 '필립스 곡선(물가 상승률과 실업률이 반비례 관계임을 나타내는 곡선)' 이야기도 했지요.

이처럼 인플레이션과 디플레이션에 대한 논란은 현재 매우 뜨거운 상황입니다. 과연 어떤 결과로 이어질지는 지켜봐야겠지요. 뭐가 됐든 투자의 관점에서 가장 중요한 포인트는 '결론이 날 때까지 시간이 많이 걸린다'는 겁니다. 그렇게 생각하는 이유는 서머스와 블랑샤르가 이야기했듯이 인플레이션을 유발하는 힘도 세지만 그만큼 디플레이션을 유발하는 힘도 만만치 않기 때문입니다.

09

인플레이션은 대체 어디로 갔을까?

돈을 풀었는데 인플레이션이 오지 않은 이유

앞서 설명한 것처럼 연준의 정책에 매우 큰 변화가 생긴 데는 '구조적인 변화'가 있었습니다. 그런데 정말 많은 분들이 궁금해하는 주제가 있습니다. "돈을 이렇게나 많이 풀었는데 도대체 왜! 왜! 왜! 인플레이션이 안 온다고 하는 것이죠?"입니다. 언제부터인지 "돈을 너무 풀면 당연히 인플레이션이 오지 않느냐"라는 지극히 자연스러운 질문이 유치하다는 소리를 듣게 되는 것 같습니다. 본격적으로 디플레이션에 대해서 알아보기 전에 인플레이션에 대한 생각부터 정리해봅시다.

미국 연준에서는 'FOMC'라고 부르는 연방공개시장위원회 회의를 1년에 여덟 번 진행합니다. 이 회의 결과에 따라서 금융시장이 큰 변화를 보이기도 하고 이 회의를 통해서 많은 투자자들이 힌트를 찾으려 노력하죠. 누가 뭐래도 금융시장에서 가장 중요한 이벤트 중 하나라고 할 수 있습니다. 2020년 12월 회의가 끝나고 파월 연준 의장이 했던 이야기를 정리해보면 그가 인플레이션에 대해서 어떤 생각을 갖고 있는지를 알 수 있습니다.

But what inflation is, is a process whereby they go up year upon year upon year upon year. And if—given the inflation dynamics that we've had over the last several decades, just a single, single sort of price-level increase has not resulted in ongoing price-level increases.

And that, that was—the problem back in the 1970s was, it was the combination of two things. One, when unemployment went down and resources got tight, prices started going up. But the second problem was that that—that that increase was persistent, there was a level of persistence.

So if prices went up 6 percent this year, they'd go up 6

percent next year, because people would internalize. I mean, really, really, that's what happens is, people internalize that they can raise prices, and that it's okay to pay prices that are going up at that rate. So that was the inflation—those are the inflation dynamics of that era.[8]

영어로 되어 있어서 깜짝 놀랐겠지만 걱정하지 마세요. 정말 쉽게 설명하겠습니다. 딱 세 가지 키워드만 알면 됩니다. 바로 'process(과정)', 'persistent(지속적인)', 'inflation dynamics'입니다.

첫째, 인플레이션은 '과정'이라고 했습니다. 이를 강조하기 위해서 파월은 'year upon'이라는 단어를 여러 번 반복해서 사용했어요. 우리말로 바꾸면 인플레이션은 올해도, 내년에도, 내후년에도 매년 지속되어야 한다는 뜻입니다.

둘째, 인플레이션이 있었던 1970년대를 예로 들면서 '지속적인'이라는 단어를 사용했습니다. 1970년에는 실업률은 떨어지고 임금은 상승하는데 전체적으로 리소스는 부족한 상황이어서 가격이 '지속적으로 올라가는' 인플레이션이 나타났다는 것입니다. 파월이 생각하는 '걱정해야 할 정도의 인플레이션'에 붙어야 할 적당한 수식어는 '지속적인'인가 봅니다.

셋째, 인플레이션에도 '다이나믹스'가 있다고 했네요. 올해도 물건의 가격이 6% 상승했는데 내년에도 또 6% 상승하면 사람들이 '어차피 내년에 또 오를 테니 그냥 지금 사야지' 하고 생각하게 됩니다. 그렇게 되면 이러한 사람들의 행동 때문에 가격이 또 상승하게 되지요. 이러한 선순환의 고리를 파월은 '인플레이션 다이나믹스'라고 표현한 것 같습니다. 그런데 파월은 1970년에 있었던 인플레이션 다이나믹스가 지금은 없는 것 같다는 설명도 덧붙였습니다. 그렇다면 1970년에는 대체 무슨 일이 있었는지 한번 살펴볼까요?

니프티 피프티가 우리에게 던지는 교훈

니프티 피프티Nifty 50는 1969년부터 1973년까지 미국 주식시장에서 집중적으로 상승했던 50개의 소수 종목들을 지칭하는 단어입니다. 니프티Nifty의 뜻이 '매력적인'이라는 데서 알 수 있듯 이들 종목의 별명은 '기관 투자자들의 애인' 또는 '한 번 사면 절대 팔지 않는 주식'이었다고 합니다.

대표적인 니프티 피프티 종목에 해당하는 디즈니Disney의 PER은 76배였고 맥도날드McDonald는 81배, 폴라로이드Polaroid는 97배였습니다. 당시 S&P500의 PER이 19배 수준이었다는 것을 감안하면 니프티 피프티 종목들이 얼마나 대단했는지를 짐작할 수 있습니다. 그리고 니프티 피프티의 주가 상승은 실적 개선보다는 밸류에이션의 상승, 즉 리레이팅Re-rating 때문이었다는 것도 짐작할 수 있습니다.

그런데 니프티 피프티 안에 대단한 성장주뿐만 아니라 우리도 잘 아는 코카콜라, 맥도날드, P&G가 포함됐다는 것은 니프티 피프티 장세의 본질이 성장이 아닌 '쏠림'이라는 사실을 드러내줍니다. 그래서 당시 상황을 설명하는 글을 보면 "내가 투자한 기업은 실적도 나쁘지 않은데 주가는 왜 이렇게 형편없는 수준에서 벗어나지 못하는 것이냐"는 불만을 쉽게 찾아볼 수 있습니다.

안타깝게도 니프티 피프티의 결말은 해피엔딩이 아니었습니다. 1973년부터 시작된 조정 과정에서 이들 종목들의 주가는 처참할 정도로 빠르게 하락했습니다. 1974년 저점까지 절대 수익률을 기준으로 보면 코카콜라는 -56%, 맥도날드는 -63%, 디즈니는 -76%나 하락했으니까요. 게다가 와튼 경영대학원 교수인 제러미 시겔Jeremy Siegel의 분석에 따르면 1972년 12월에 고점을 기록한 니프티 피프티 종목의 단순 평균 밸류에이션이 S&P500의 평균 밸류에이션까지 회복하는 데 무려 20년의 시간이 걸렸다고 합니다.[9] 시작은 화려했으나 끝은 처참했다고 말할 수 있겠네요.

최근 주식시장을 보면 니프티 피프티 시절이 떠오른다고 이야

▶ 나프티 피프티의 수익률 변화

기업명	1970년 저점($)	1973년 고점($)	절대 수익률(%)	1974년 저점($)	절대 수익률(%)
코카콜라	1.333	3.083	131.28	1.333	−56.76
제너럴 일렉트릭	0.63	1.533	143.33	0.627	−59.1
존슨 앤드 존슨	778	2.661	242.03	1.588	−40.32
맥도날드	0.228	1.839	706.58	0.669	−63.62
화이자	0.562	0.929	65.3	0.487	−47.58
필립 모리스	0.227	1.007	343.98	0.598	−40.59
P&G	1.257	3.585	185.2	2.375	−33.75
3M	4.676	10.585	126.37	6.375	−39.77
월트 디즈니	0.436	2.073	375.46	0.483	−76.7
제록스	11.916	25.25	111.9	12.187	−51.73

자료: Bloomberg, SK증권

▶ 니프티 피프티 주식이 S&P500의 평균 밸류에이션까지 회복하는 데 걸린 시간

자료: Nifty–Fifty Revisited

기하는 분들이 많습니다. 그만큼 주식시장이 좋다는 뜻이기도 하지만 일부 종목에 대한 쏠림 현상도 계속 확인되기 때문이죠. 그렇다면 화려하게 시작했다 처참한 결론으로 이어진 스토리를 보면서 우리가 주목해야 될 부분은 니프티 피프티가 '왜' 끝났는지 확인하는 것이 되겠습니다. 그리고 그 이유는 앞서 파월이 언급한 '지속적인 인플레이션'과 관계가 있습니다.

인플레이션이 어디로 갔는지에 대한 대답을 찾다가 갑자기 1970년대에 있었던 니프티 피프티 이야기를 한 이유가 뭘까요? 파월 의장이 이야기했던 '지속적인 인플레이션'이 있었던 마지막 시점이 바로 1970년대이기 때문입니다. 이렇게 이야기하니 왠지 인플레이션이 니프티 피프티를 끝낸 결정적인 이유구나 하는 느낌이 오시죠? 지금부터 그 내용을 설명해보겠습니다.

니프티 피프티가 있었던 1969년부터 1973년까지 유가는 3달러 수준에서 일정하게 유지됐습니다. 그런데 1973년 10월 제4차 중동전쟁이 터지자 유가는 바로 12달러까지 상승합니다. 여기서 중요한 것은 '제4차' 중동전쟁이라는 것입니다. 중동전쟁은 그전에도 세 차례나 있었지만 유가는 큰 변화가 없었기 때문이죠. 그렇다면 제4차 중동전쟁이 있었던 1970년대 초반에 무슨 일이 있었기에 유가가 이렇게까지 급등했던 것인지를 알아봐야 합니다.

1968년 파리에서 열린 OECD 회의에서 미국 원유시장의 미묘한 변화가 시작됐습니다. 당시 미국은 "원유 생산 능력의 100%를 가동할 것이다"라고 선언했습니다.[10] 1960년대까지만 해도 자국의 석유 산업을 보호하기 위해서 석유 수입 물량을 제한해도 될 정도로 여유가 있었던 미국인데, 뭔가 변화가 일어났던 것이죠. 『황금의 샘』의 저자인 대니얼 예긴Daniel Yergin은 이 상황을 다음과 같이 표현했습니다.

"미국의 가동률이 100%에 이르자 석유시장의 수호자였던 미국은 더 이상 석유 무기화에 대항할 수 없게 됐다"

쉽게 이야기하면 미국이 더 이상 기름이 남아서 여유를 부릴 수

▶ 유가 상승이 불러온 인플레이션의 시작

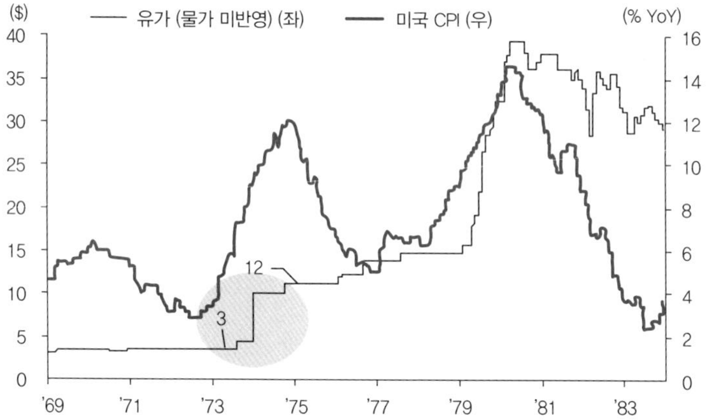

자료: Bloomberg, SK증권

있는 상황이 아니라는 것입니다. 실제 미국의 원유 생산량을 살펴보면 1971년을 기점으로 지속적으로 하락했지만 소비량은 빠르게 증가했음을 확인할 수 있습니다. 아마 당시 미국 사람들은 이렇게 생각했을 겁니다. "어? 이상하다 왜 이렇게 생산량이 계속 줄지? 그런데 소비량은 너무 빨리 늘어나는데?"라고 말이죠. 그런 상황에서 제4차 중동전쟁이 터졌고 이는 결국 유가 급등으로 이어졌습니다. 참고로 유가는 1980년, 무려 40달러까지 상승합니다. 이쯤 되면 파월 의장이 말한 '지속적인 인플레이션'이 뭔지 대충 알 수 있겠죠?

▶ 미국 원유 생산량 vs. 원유 소비량

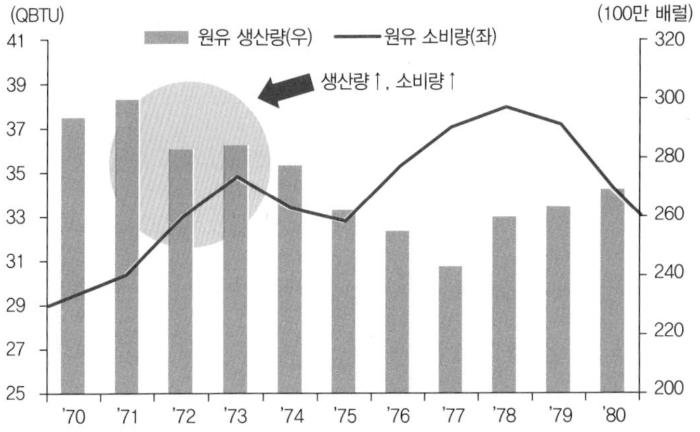

* 1QBTU는 약 3개월간 미국뉴욕주의 모든 산업과 자동차, 가정 등에 공급할 수 있는 에너지양

자료: EIA, SK증권

유가 상승으로 시작된 인플레이션은 연준의 행동도 바꾸기에 이릅니다. 연준은 이후 인플레이션과 싸우기 위해 금리를 공격적으로 인상하기 시작하죠. 이 과정에서 1972년 3.3%에 불과했던 기준금리가 1980년에는 17.6%까지 상승합니다. 10년 만기 금리도 사정은 비슷했는데 1972년에 6% 초반이던 금리가 1980년에는 16%까지 급상승합니다. 이 과정에서 높은 밸류에이션을 인정 받았던 니프티 피프티 종목들의 주가는 버틸 수가 없게 됐죠.

이효석 아카데미

유가, 얼마나 올랐고 또 얼마나 오를까?

2020년 4월, 원유 역사상 오랫동안 기억에 남을 대형 사건이 터졌습니다. 코로나19로 수요가 크게 감소하리라는 전망 때문에 유가가 하락하기 시작하더니, 급기야 저장할 공간마저 부족할 정도로 원유가 넘쳐난다는 소식이 전해지면서 유가가 '마이너스'를 기록했습니다. 마이너스 유가는 '내가 돈을 줄 테니 제발 원유를 가져가기라도 해달라'는 의미입니다. 다급해진 OPEC+(OPEC과 러시아 등 비회원 산유국들의 모임)은 1000만 배럴 수준의 대규모 감산 계획을 발표했고 이후 사우디의 자발적 감산까지 이어지면서 유가는 안정을 찾았습니다. 백신 보급 이후 예상보다 빠른 경기 회복 기대감이 반영되며 미국 서부텍사스원유WTI 기준으로 이제는 60달러 넘어서는 수준까지 상승했습니다.

그런데 원유 선물시장에서 확인할 수 있는 유가 상승에는 한 가지 중요한 특징이 있습니다. 다음 페이지의 그래프는 원유 선물시장에 반영된 유가입니다. 현재 시점(색깔 선)과 6개월 전(검정색 선)에 각각 당시 생각하는 유가 전망이 반영되어 있습니다. 예를 들어 6개월 전에는 2021년 초 유가가 40달러 수준이며 2030년이 되면 55달러까지 상승할 것이라고 전망했네요. 그런데 유가가 60달러 이상인 현재 시점에는 2030년에 오히려 50달러 정도에 머물 것 같다고 전망하고 있습니다. 한마디로 표현하면 단기 전망은 크게 상승한 반면 장기 전망은 오히려 하락했습니다.

장기 전망이 하락한 이유는 크게 두 가지로 꼽을 수 있습니다. 첫째, 향후 친환경 정책의 영향으로 전기차 보급이 확대되면서 원유 수요가 중장기적으로 감소하리라는 점, 둘째, 공급 과잉 문제(원유 생산국이 여전히 많다는 문제)가 해소되지 않았다는 점입니다. 반대로 부정적인 장기 전망은 단기 유가 상승에 도움이 될 수 있습니다. 장기적으로 유가가 하락할 것이라는 기대가 형성되면 추가적인 투자를 하지 않기 때문이죠. 실제로 미국의 셰일 기업들은 과거 유가 상승기에 비해서 생산량을 공격적으로 늘리지 않고 있습니다.

하지만 유가가 지속적으로 오르기도 어려운 환경입니다. 지금은 약

▶ **원유 선물시장의 중장기 유가 전망**

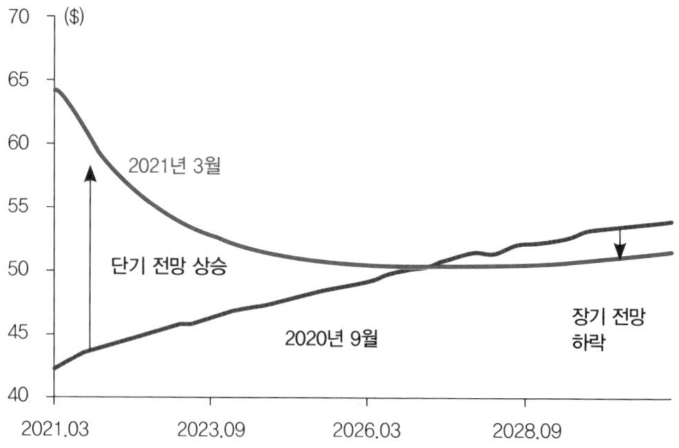

자료: Bloomberg, SK증권

700만 배럴 수준으로 감산이 이루어지고 있지만 유가가 이렇게 오르게 되면 산유국들이 생각을 바꿔먹을 수도 있기 때문이죠. 실제로 OPEC+ 회의에서는 감산했던 규모를 다시 얼마나 늘릴지를 고민하고 있습니다. 유가가 너무 낮아서 힘들 때는 다 같이 협조하는 게 가능하지만 유가가 오른 상황에서는 대열에서 이탈하는 국가가 생길 수 있다는 점이 리스크로 작용합니다.

지금까지의 내용을 정리해볼까요? 파월은 인플레이션을 '지속적으로 진행되는 과정'이라고 이야기했습니다. 지속적인 인플레이션이 있었던 때는 1970년대였습니다. 1970년대에 니프티 피프티라는 소수의 종목이 집중적으로 상승했다가 크게 하락했죠. 니프티 피프티가 끝이 난 이유는 유가 상승으로 시작된 금리 상승 때문이었습니다. 투자 의사결정을 하는 데 인플레이션과 금리가 얼마나 중요한 역할을 하는지 알 수 있는 사례라 하겠습니다.

두 종류의 인플레이션

앞서 설명했듯이 오늘날 통화량이 크게 증가하고 있다는 것은 명백한 사실이고 앞으로도 당분간 통화량은 더 증가할 수밖에 없습니다. 다음 페이지 그림에서 보듯이 통화량의 증가와 화폐가치의 하락은 동의어에 가깝습니다. 다만 화폐가치의 하락이 인플레이션으로 바로 이어지지 않고 서로 다른 결과를 가져오기도 합니다. 제품의 개수가 통화량이 늘어나는 만큼 늘거나 수요가 그만큼 감소할 경우, 화폐가치가 하락하더라도 제품 가격은 상승하지 않을 수 있습니다. 반면, 개수가 한정적이고 수요가 있는 자산의 경우에는 화폐가치의 하락을 그대로 반영할 가능성이 큽니다. 이렇게 인플레이션 없이 자산 가격만 상승하는 부작용은 2008년 금융위기 이후 지속적으로 제기된 문제기도 합니다.

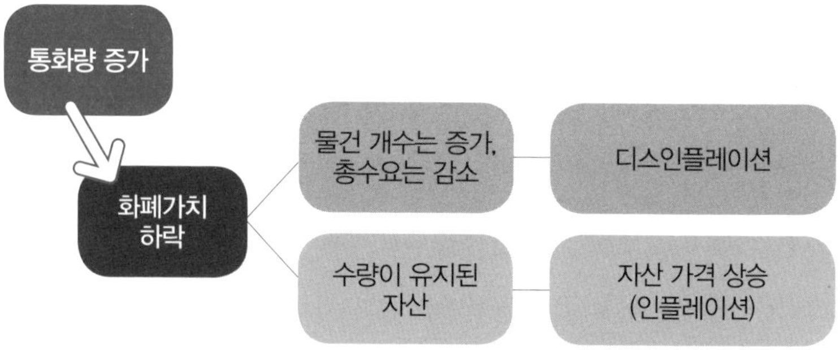

쉬운 설명을 위해서 앞서 예시로 제시한 제품을 생활 비용Cost of living이라고 하고, 자산 가격의 상승을 화폐가치 하락으로 구분해보겠습니다.[11] 생활 비용은 말 그대로 생활을 위해 필요한 비용이며 '교환 가치의 변화'를 의미합니다. 인플레이션은 화폐가치의 하락을 의미하고요.

'걱정할 수준의 인플레이션은 없었다'고 이야기할 때 투자자 분들의 하는 가장 많은 질문은 "아니, 집값이 이렇게 오르고 주식도 오르고 심지어 비트코인까지 오르는데 왜 인플레이션이 없다고 하는 거냐?"입니다. 이 질문에 대한 답을 가장 잘 설명해줄 수 있는 지표를 하나 소개하려고 합니다. 바로 뉴욕 연은에서 매달 발표하는 UIG라는 지표인데요.[12] 이 지표는 앞서 소개한 생활 비용과 화폐가치 하락 두 가지 개념을 가장 잘 구분하여 설명해줍니다. UIG는 크게 두 가지로 나눌 수 있습니다. 첫째, 'price only' 지표이고, 둘째는 'full data' 지표입니다. 간단하게 소개하면 price only는 223개의 가격을 반영하여 산출한 지표로 소비자물가에 가깝습니다. 반면 매크로 및 금융시장 데이터를 포함한 346개의 데이터를 종합적으로 반영한 full data는 인플레이션의 개념에 가깝다고 할 수 있습니다. 아래 그래프를 통해 과거 흐름을 보면 full data(A)의 변동성이 price only(B)에 비해서 크다는 것을 확인할 수 있습니다. 이유는 금융 변수들의 변동성이 실제 물가의 변화보다 크기 때문입니다. 그리고 음영 처리가 된 부분은 미국 경제의 경기침체 구간을 의미합니다.

▶ **Full data(A) 변동성 〉 Price only(B) 변동성**

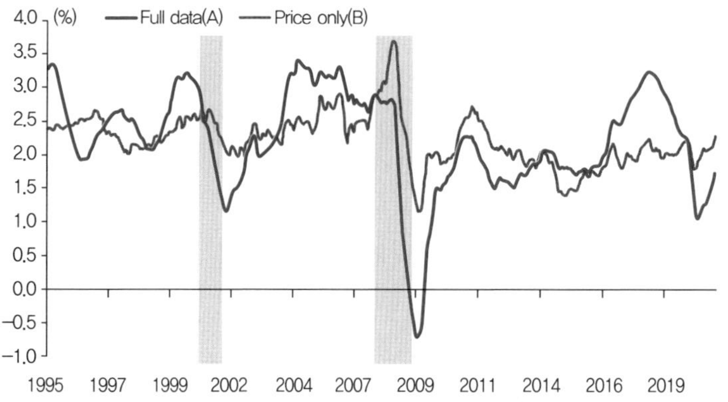

자료: NY Fed

좀 더 확실한 분석을 위해서는 full data(A)에서 price only(B)를 뺀 값의 추이를 보면 됩니다. 아래 그래프를 보시죠.

▶ A-B 값이 상승할수록 금융자산의 상승 속도가 물건 가격 상승을 초과

자료: NY Fed

이 값이 위쪽으로 올라가는 것은 물건의 가격보다 금융자산 가격의 상승 속도가 빠르다는 의미입니다. 반대로 아래로 갈수록 금융자산의 하락 폭이 물건 가격의 하락 폭보다 크다는 것을 의미하지요. 2008년 금융위기를 지난 이후, 지속적으로 금융자산의 가격 상승 폭이 물건 가격의 상승 폭보다 컸음을 알 수 있습니다. 이때 나왔던 이야기가 "연준에서 돈을 너무 많이 풀어서 경기는 좋아지

지 않는데 자산 가격만 상승한다", "월가만 배부르고 우리는 이게 뭐냐"는 비판이었습니다. 2017년에 접어든 이후, 자산 가격의 상승 속도가 둔화되기 시작하면서 'A-B' 값은 조금씩 하락하기 시작했습니다. 공교롭게도 마이너스로 진입한 시점은 2020년 1월이었는데, 이는 코로나19 영향으로 글로벌 경기가 일시적인 침체에 빠지기 직전이었습니다. 이렇게 보면 2000년 이후 세 번의 경기침체를 모두 예상했다고 볼 수 있겠네요.

어쨌든 2020년 초 전 세계 금융자산은 코로나19의 영향으로 급하게 조정을 받으면서 'A-B' 값 역시 크게 하락했습니다. 하지만 금융시장이 진정된 이후, 이 값은 서서히 상승 중입니다. 만약 새로운 사이클의 시작이라면 생각보다 긴 시간 동안 이런 현상이 나타날 수도 있을 것 같습니다. 만약 그렇다면 당분간 애석하게도 물건 가격보다 자산 가격의 상승 속도가 빠르다는 말인데, 이 역시 지금 투자를 하지 않으면 안 되는 또 하나의 이유라고 할 수 있습니다.

이효석 아카데미

자산 가격 상승 vs. 물건 가격 상승

인플레이션이라는 단어도 어려운데 UIG라는 생소한 용어까지 등장해서 더 놀란 분도 있을지 모르겠습니다. 이 내용도 좀 쉽게 설명해보겠습니다. 앞서 통화량의 증가는 화폐가치의 하락을 의미한다고 했죠? 이를 시소에 비유해보면 시소의 왼쪽 부분에 통화량 증가라는 코끼리가 쾅 하고 떨어지는 겁니다. 그럼 반대쪽에 있는 코끼리가 하늘로 올라가는 거죠. 통화량이 늘어난다고 해서 늘어나는 자산이 아니라면, 화폐가치의 하락을 반영하면서 자산 가격은 크게 상승할 수 있습니다. 반대로 물건 가격은 무게가 훨씬 많이 나가는 코끼리에 비유할 수 있습니다. 왼쪽 코끼리(통화량 증가)가 쾅 하고 떨어지더라도 오른쪽 코끼리가 너무 무거워서 위로 올라가지 못하는 상황이라는 것이죠. 오른쪽 코끼리가 무거워진 이유가 뒤에서 설명할 '디플레이션의 무게'라고 할 수 있습니다.

2021년 인플레이션에 어울리는 수식어는 무엇인가

워낙 통화량이 빠르게 증가하다 보니 자산 가격의 상승 속도가 빨라지고 있습니다. 끝까지 오르지 못할 것만 같았던 유가도 상승하고 있는 상황이고요. 그렇다면 지금부터 우리가 고민해야 할 문제는 앞으로 우리가 보게 될 인플레이션에 어울리는 수식어를 찾는 일입니다.

먼저 원유 선물시장에서 그 힌트를 찾을 수 있습니다. 162 페이지에 나왔던 원유 선물시장의 중장기 전망 그래프를 다시 한 번 보시죠. 그래프를 통해서 확인할 수 있는 것처럼 6개월 전의 유가에 비해서 단기 전망은 상승했지만 장기 전망은 오히려 하락했음을 알 수 있습니다. 중장기적으로 전기차가 확대되고 친환경 에너지가 부각되면서 원유에 대한 수요는 줄어들 것이라는 전망이 반영됐다고 볼 수 있겠지요. 아마도 당분간 인플레이션에 대한 논란은 지속될 가능성이 높습니다. 하지만 2021년에 확인될 인플레이션에는 결국 '선별적'이라는 수식어가 붙으면서 마무리될 것 같습니다.

1960년 이후 미국의 소비자물가의 장기 추이를 살펴보면 1980년에 13.5%를 기록한 뒤 지속적으로 하락하고 있음을 알 수 있습니다. 그리고 최근 30년 동안은 2% 수준에서 안정적으로 움직였

▶ **미국 인플레이션 중장기 흐름**

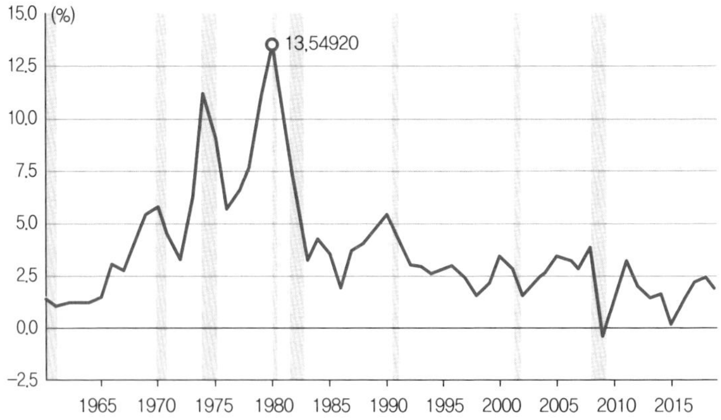

자료: https://fred.stlouisfed.org/series/FPCPITOTLZGUSA

네요. 많은 사람들이 그동안 인플레이션이 없었으니 드디어 2021년부터는 '지속적인 인플레이션'이 나타나는 게 아닌가 걱정과 우려를 하는 것 같습니다. 물론 그럴 가능성도 배제할 순 없겠죠. 하지만 제가 여기서 강조하고 싶은 메시지는 '인플레와 디플레의 싸움은 그렇게 단기간에 끝나지 않을 것'이라는 점입니다. 그 이유는 디플레이션 압력이 너무 크다는 데 있습니다. 지금부터는 디플레이션에 대한 이야기를 시작해보겠습니다.

10

디플레와 인플레의 싸움은 끝나지 않았다

디플레이션 유발자들

제2장에서 통화량이 증가하는 근본적인 이유는 디플레이션의 악순환을 끊어내기 위한 어쩔 수 없는 선택에서 비롯됐다고 설명했습니다. 하지만 통화량 증가에 따른 부작용도 생각해봐야 합니다. 통화량이 증가하면 낮은 금리가 유지되는데, 저금리가 지속되면 유니콘과 좀비 기업이 생깁니다. 겉으로 보기에 정반대인 이 두 그룹은 아이러니하게도 똑같이 디플레이션을 발생시킵니다. 또한 통화량이 증가하면 양극화가 심화되는 문제도 생깁니다. 결과적으

▶ 디플레이션의 악순환

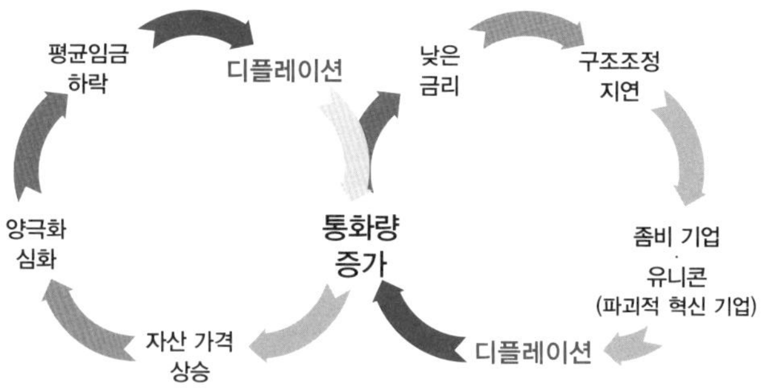

자료: SK증권

로 통화량이 증가하는 과정에서 생긴 부작용은 또다시 디플레이션을 유발하는데, 이는 다시 통화량을 늘려야 한다는 논리로 활용될 수 있습니다. 이러한 흐름을 저는 '디플레이션의 악순환'이라고 이야기하는데요. 여기서는 디플레이션의 악순환을 만드는 디플레이션 유발자들에 대한 이야기를 통해 인플레와 디플레의 싸움이 오래 걸릴 수밖에 없는 이유를 생각해보려고 합니다.

디플레이션의 악순환 ①: 좀비 기업

앞의 '디플레이션의 악순환' 그림에서 오른쪽 악순환의 고리를 먼저 살펴봅시다. 각국 중앙은행이 양적완화를 통해서 통화량을 늘리는 이유는 장기금리를 낮게 유지하여 자산 가격 하락을 막는 것에 있다고 제2장에서 이야기했습니다. 경기침체 환경에서 나타나는 끔찍한 악순환(경기 둔화 → 대출 상환 압력 증가 → 자산 가격 하락 → 담보가치 하락)의 연결 고리를 끊어 내기 위해서는 우선 자산 가격 하락부터 막아야 된다는 논리죠. 그런데 문제는 낮은 금리가 유지될수록 구조조정 역시 지연된다는 데 있습니다. 그리고 구조조정 지연은 수많은 좀비 기업 양산으로 이어지게 됩니다.

좀비 기업은 ① 이자 부담 능력이 낮고 부채비율이 높아 사업을 영위하기 어려움에도 불구하고 ② 낮은 이자율로 신용을 조달하고 있는 기업을 의미합니다. 쉽게 말하면 이자를 내지 못해서 진작 망했어야 할 기업인데 금리가 낮으니 어떻게든 이자는 내면서 좀비처럼 죽지 않고 버티는 회사를 말하죠. 그렇다면 우선 좀비 기업이 생기는 이유부터 좀 더 자세히 알아봅시다. 국제결제은행BIS의 이코노미스트인 라이언 배너지Ryan Banerjee는 오랜 시간 동안 좀비 기업에 대한 연구를 진행했는데 그는 좀비 기업이 양산되는 가장 큰 이유로 은행이 제 역할을 하지 못하고 있다는 사실을 지목합니다.

예를 들어 은행이 A 기업에 100억 원을 대출해줬다고 가정해봅시다. 그러던 어느 날 은행은 A 기업의 영업 환경이 점점 악화돼 예전처럼 이익을 내지 못한다는 걸 알게 됩니다. 아무리 분석을 해봐도 A 기업이 원금 100억 원을 상환할 수 있는 능력이 없어 보입니다. 그렇다면 은행은 A 기업의 대출자산을 부실 처리 해야겠죠? 하지만 은행은 A 기업을 부실 처리 하지 못합니다. 왜냐하면 이자는 내고 있으니까요. 과거처럼 금리가 높았을 때는 이자를 내지 못해서 부도 처리가 됐을 텐데 지금은 금리가 너무 낮으니까 이자는 꼬박꼬박 잘 내는, 하지만 이익은 전혀 증가하지 않는 기업을 좀비 기업이라고 합니다. 누가 이름을 지었는지 모르겠지만 (안타깝게도) 현재의 수많은 기업의 상황을 잘 설명해주고 있다고 해도 과언이 아닌 듯합니다.

이러한 좀비 기업의 증가는 디플레이션 압력을 키웁니다. 간단하게 생각해봐도 알 수 있죠. 예를 들어 A라는 제품을 만드는 수많은 기업이 있다고 해봅시다. 그중에 상당수는 가동률을 60% 수준만 유지하고 있는 좀비 기업입니다. 가동률을 좀 올리고 싶어도 A제품의 가격이 너무 낮아서 주저하고 있었는데, 마침 연준에서 돈을 풀어서 A제품 가격도 올라갔다고 해봅시다. 그럼 아마도 대기하고 있던 좀비 기업이 다 같이 달려들어서 A제품을 생산하기 위해 가동률을 높이겠죠? 그러면 다시 A제품 가격은 원상태로 돌아올 수밖에 없습니다.

정말 그런지 확인하기 위해서 비랄 아차르야Viral Acharya 뉴욕대

스턴경영대학원 교수의 최근 논문 「좀비 신용과 인플레이션Zombie credit and (dis-)inflation」[13]의 내용을 잠깐 살펴보겠습니다. 아차르야는 2012~2016년 동안 유럽 지역 12개 국가, 65개 산업에서 116만 개 기업의 데이터와 소비자물가지수를 분석했습니다. 정말 유럽의 좀비 기업이 인플레이션에 영향을 미쳤을까요? 결과적으로 좀비 기업 비율이 높은 상위 10% 국가/산업의 소비자물가 상승률은 하위 10%에 비해 0.23%p 낮은 것으로 나타났습니다. 즉, 좀비 기업이 많을수록 물가 상승률이 낮다는 것이죠(오른쪽 그림). 유럽중앙은행에서 본격적으로 양적완화를 시작했던 2012년부터 유럽 내 좀비 기업 비중은 2012년 평균 4.5% 수준에서 2016년에는 6.7%까지

▶ 유럽의 좀비 기업 비중 및 인플레이션 추이 (왼쪽)
좀비 기업 비중에 따른 국가별 인플레이션 차이 (오른쪽)

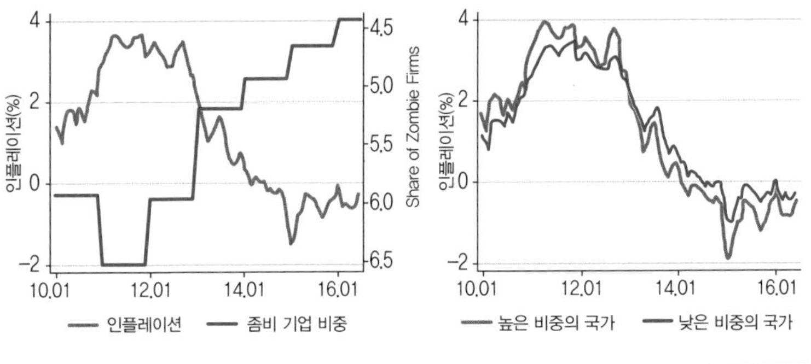

자료: Viral V. Acharya(2019)

크게 증가했습니다. 반면, 물가 상승률은 3%대에서 0%대로 하락하면서 반대의 상관관계가 뚜렷하게 나타났습니다. 이 정도면 좀비 기업의 증가가 물가 상승률에 부정적인 영향을 줄 가능성이 크다는 결론을 내도 되지 않을까요?

디플레이션의 악순환 ②: 유니콘 기업

앞서 설명한 좀비 기업은 인플레이션을 일으키기 위해 통화량을 늘리는 과정에서 생겨난 사생아 같은 느낌의 기업이라고 할 수 있습니다. 그런데 통화량이 증가하면서 생긴 기업에는 이런 좀비 기업만 있는 것이 아닙니다. 왠지 세련된 느낌을 주는 '유니콘 기업'도 사실 저금리 덕분에 때문에 생겼다고 볼 수 있습니다. 유니콘 기업은 기업가치가 10억 달러(약 1조 원) 이상인 스타트업을 전설 속의 동물인 유니콘에 비유하며 생겨난 말인데요, 이들 기업은 대부분 파괴적 혁신 기업인 경우가 많습니다. 그런데 아이러니하게도 이러한 파괴적 혁신 기업들이 '디플레이션'을 만들어냅니다. 어째서 그런지 최근 뉴욕증권거래소에 상장하며 전 국민의 주목을 받은 쿠팡과 시장의 가장 큰 주목을 받고 있는 테슬라의 사례를 통해서 살펴보겠습니다.

쿠팡: 아마존 키즈에서 쿠팡 키즈까지

쿠팡이 미 증시에서 100조 원의 가치를 인정받으며 국내 기업 중 시가총액 2위까지 올라왔다는 사실도 중요하지만 매크로의 관점에서는 쿠팡과 같은 파괴적 혁신 기업이 만들어내는 '디플레이션 압력'을 이해하는 것이 더 중요할 수 있습니다. 크게 세 가지 관점에서 시사점을 정리해보겠습니다.

첫째, 좋은 디플레이션에 대한 이야기입니다. 쿠팡과 같은 기업은 '아마존 키즈'라고 부를 수 있습니다. 이들 기업들은 기존 사업자들과는 여러 가지 측면에서 많이 다른데요. 기존 사업자들은 번 돈의 일부만 투자하고, 남는 돈은 혹시 모를 미래를 대비해서 유보하는 전략을 택합니다. 이를테면 몸을 사리면서 일하는 사람에 비유할 수 있겠네요. 반면, 쿠팡과 같은 아마존 키즈는 몸을 사리지 않고 으스러질 때까지 일하는 사람에 비유할 수 있습니다. 순이익의 일부가 아니라 적자를 내면서까지 투자를 밀어붙이니 말입니다. 상장을 앞두고 제출한 쿠팡의 재무제표에는 자본잠식이라고 쓰여 있습니다. 자본잠식이란 기업 적자가 누적되어 잉여금이 마이너스가 되면서 납입했던 자본금보다 자본 총계가 적은 상태를 의미합니다. 일반적으로 자본잠식은 기업의 매출이 줄어들면서 발생하지만 쿠팡의 경우에는 매출이 급증하면서도 적자가 누적됐다는 것이 특징입니다. 이 숫자를 본 제가 떠올린 이미지는 '온 몸이

상처투성이가 됐지만 괴물처럼 성장한 사람'이었습니다. 그만큼 고객을 더 확보해 매출을 늘리기 위해서 전력을 다했다는 뜻이지요(쿠팡이 잘했다고 칭찬하는 글이 아니니 오해하진 말아주세요. 그냥 전력을 다해 달려왔다는 뜻입니다).

어쨌든 이번 IPO를 통해서 쿠팡은 5조 원 규모의 엄청난 자금을 조달하게 됩니다. 그렇다면 쿠팡은 이제 이 돈으로 무엇을 할까요? 주주들에게 배당을 줄까요? 아니면 으리으리하고 멋진 쿠팡 사옥을 지을까요? 어떤 투자를 할지 알 수는 없지만 김범석 회장의 인터뷰를 통해 추론을 해보면 아마도 이 돈 역시 다시 과감하게 투자될 가능성이 높습니다. 그래서 소비자들에게 더 낮은 가격에 더 좋은 서비스를 제공하려고 하겠지요. 그렇게 하지 않으면 기존 기업들이 가진 파이를 빼앗아 올 수 없으니 말입니다. 파괴적 혁신 기업이 된다는 것은 이처럼 제품 가격을 낮추는 효과를 가져오기 때문에 디플레이션 압력을 만들어낸다고 할 수 있습니다.

둘째, 나쁜 디플레이션에 대한 이야기입니다. 쿠팡이 (잠시) 100조 원의 가치를 인정받을 수 있었던 이유는 PSR이라는 새로운 밸류에이션 방법이 적용됐기 때문입니다. 쿠팡의 2020년 매출은 전년 대비 90% 성장한 13조 원 수준이었습니다. 그리고 2022년에는 25조 원까지 매출이 증가할 것으로 예상됩니다. 25조 원의 매출에 PSR 4배를 적용하면 100조 원이 나옵니다. '왜 하필 4배인가요?'라고 묻는다면 '아마존이 4배니까요'라고 이야기할 수 있을 것 같습니다. 즉, 글로벌 투자자들은 쿠팡이 한국의 아마존이 될지 여부를 두고 쿠팡의 가치를 산정했을 가능성이 큽니다.

이처럼 높은 밸류에이션을 부여한 투자자들이 쿠팡에게 요구하는 것은 '나중에 아마존처럼 해당 산업의 지배적인 위치까지 올라가서 돈 많이 벌어'일 테죠. 투자자들의 기대처럼 쿠팡이 정말 산업 내 지배적인 사업자가 될지는 아무도 알 수 없습니다. 다만 확실하게 알 수 있는 것 하나는 쿠팡과 같은 아마존 키즈들은 지배적 사업자가 될 때까지 끊임없이 가격을 낮추는 혁신을 계속하리라는 점입니다. 어쨌든 그 결과 기존의 사업자가 사업을 그만둬야 하는 상황이 벌어지면 이때부터는 '나쁜 디플레이션'이 시작됩니다.

이효석 아카데미

PSR 밸류에이션이 갖는 의미

PER과 PBR은 많이 들어봤지만 PSR 밸류에이션은 다소 생소한 개념이기 때문에 잠깐 설명을 드리겠습니다. 일단 PER은 기업의 가치를 회사가 버는 돈(순이익)을 기준으로 평가하는 밸류에이션 방법입니다. 어떤 회사가 1년에 100억 원을 버는데 1000억 원의 가치를 인정받고 있다면 PER은 10배인 것이지요. 그리고 PBR은 기업이 그동안 벌어서 모아둔 돈(자기자본)을 기준으로 평가하는 밸류에이션 방법론입니다. 위 회사가 그동안 사업을 해서 모아둔 돈이 1000억 원 있다고 해봅시다. 그동안 이 회사가 매년 10% 정도는 벌어서ROE 시가총액을 1000억 원으로 인정해주면 PBR이 1배가 됩니다.

PSR 밸류에이션이 등장하는 이유는 PER이나 PBR로 설명할 수 없는 회사의 가치를 평가하기 위해서입니다. '회사가 아직은 돈을 벌지도 못하고 쌓아둔 돈도 없지만 그렇다고 평가를 마음대로 할 수는 없으니 뭔가 좋은 방법이 없을까?' 고민하다가 생각한 것이 PSR입니다. 이 회사가 만들어내는 '매출'을 기준으로 생각하는 방법인 거죠.

예를 들어 쿠팡의 2021년 매출이 25조 원까지 성장할 것 같으니 매출에 PSR 4배를 적용하면 100조 원 정도의 가치가 있겠다는 식으로 말입니다. 자, 그럼 PSR 4배가 얼마나 비싼 것인지를 생각해봅시다. 우선 PSR 1배인 A회사의 매출이 1000억 원이라고 가정해보죠. 일반적으로 순이익률은 매출의 5% 정도 되니, 순이익은 50억 원 정도 되겠죠. PSR이 1배이니까 이 회사의 시가총액은 매출과 같은 1000억 원일 겁니다. 그러면 PER은 무려 20배가 됩니다(1000억/50억 = 20배). 그러니까 PSR 1배는 PER로는 20배라는 의미네요. 그것도 지금은 돈을 못 벌지만 나중에는 벌 것까지 생각해서 후한 가정을 넣었는데도 말입니다. 그렇다면 아마존이나 쿠팡이 받고 있는 PSR 4배는 PER을 기준으로 무려 80배를 의미합니다. 이러니 말도 안 되는 밸류에이션이라는 이야기가 나오는 거죠(쿠팡의 예상 매출에 따라서 PSR 값은 달라질 수 있지만 약식 계산을 위해서 2021년 매출 전망을 25조 원으로 가정했습니다).

그런데 이런 질문도 필요할 것 같습니다. 그렇다면 미국 기업들의 PSR은 어느 정도일까요? 우리가 잘 알고 있는 애플은 7배입니다. 구글은 7.5배이고, 마이크로소프트는 11.6배입니다. 엔비디아나 테슬라는 20배 수준입니다. 제가 PSR 4배도 비싸다고 했는데 20배가 넘는 회사도 있군요. 실제로 S&P500 기업 중 PSR이 4배를 넘는 기업은 전체 기업의 40%나 됩니다.

자, 이쯤 되면 이런 질문을 할 수 있을 것 같습니다. "이렇게 말도 안 되는 밸류에이션이 어떻게 가능한 거지?" PSR 밸류에이션은 그 기업이 해당 산업에서 아마존처럼 독점적 지위를 유지하는 기업으로 성장하리라고 가정합니다. 그래야 의미 있게 돈을 벌 테니 말이죠. 그러나 모든 기업이 독점적 지위를 얻으리라는 가정은 그 자체로 모순입니다. 어쩌면 이렇게 말도 안 되는 밸류에이션 방법론이 결국 파국에 이르는 시점은 모든 기업이 독점적 지위를 얻을 수 없다는 것을 시장이 깨닫게 되거나, 누군가 독점적 지위를 얻었으나 예상하는 이익이 나지 않는 상황이 왔을 때가 아닐까 하는 생각이 듭니다. 그때가 언제가 될지 아무도 모른다는 것이 문제지만 말입니다.

셋째, 쿠팡과 같은 기업이 계속 나올 수 있는 '이유'에 대한 이야기입니다. 쿠팡이 지금까지 위험했던 고비들을 넘기면서도 계속 사업을 이어올 수 있었던 이유는 아마존의 사례가 있었기 때문입니다. 쿠팡은 한국의 아마존이라는 평가를 받으며 뉴욕증권거래소에 상장하게 된 것이지요. 성공적으로 상장을 하는 모습을 본 수많은 스타트업들은 쿠팡을 벤치마크해서 파괴적 혁신 기업이 되기 위해 노력할 것입니다. 이번엔 '쿠팡 키즈'가 되겠네요. 이들 기업은 기존 사업자들에게 지속적으로 위협적인 존재가 됩니다.

저금리의 장기화는 투자하기 좋은 환경을 의미합니다. 그리고 저금리가 지속된다는 의미는 그만큼 성장이 귀하다는 말이지요. 이런 환경에서는 쿠팡과 같이 매출이 급성장하는 기업에게 과도할 정도로 높은 가치를 주는 투자자들이 생길 수밖에 없습니다. 이러한 현상은 좀 더 길게 보고 투자를 할 수밖에 없는 벤처캐피탈 투자에서 더 뚜렷하게 확인됩니다. 쿠팡의 IPO 성공이 국내 벤처투자 업계에 큰 의미를 갖는 이유도 여기에 있습니다. 쿠팡의 성공을 보며 많은 기업들이 나도 쿠팡처럼 되어야겠다고 생각했듯이 투자자들도 쿠팡 같은 회사에 투자해야겠다고 생각할 테니 말입니다. 결국 저금리, 저성장이라는 메가 트랜드가 추세적으로 바뀌지 않는다면 당분간 아마존 키즈와 쿠팡 키즈들이 만드는 디플레이션 압력은 지속될 전망입니다.

테슬라: 2만 5000달러짜리 전기차

테슬라 이야기를 시작하기에 앞서 인플레이션에 대해 다시 짚어보겠습니다. 여기서 중요한 질문은 "사람들이 인플레이션을 싫어하는 이유는 무엇일까요?"입니다. 이유는 너무 간단한데, 짜장면 가격이 갑자기 2~3배 오를 정도로 지나친 인플레이션이 오면 먹고살기가 힘들어지기 때문입니다. 그래서 연준이 인플레이션을 두려워하는 진짜 이유는 '생활 비용' 때문입니다. 통화량 증가 때문에 먹고살기가 힘들어지면 안 되니까요. 그런데 이 생활 비용을 측정하는 방법은 소비자물가CPI이며, 생산자물가PPI와는 다른 개념이라는 것도 알아야 합니다. 소비자물가는 소비자가 구입하는 상품과 서비스의 가격 변동을 측정하기 위한 지표입니다. 생산자물가는 기업 간에 거래되는 재화와 서비스를 대상으로 측정한 물가지수죠. 쉽게 말하면 생산자가 물건을 만들기 위해 사와야 하는 제품의 가격을 계산한 값이라고 할 수 있습니다.

제가 짜장면을 만드는 중국집 사장이라고 해봅시다. 열심히 장사를 하던 어느 날, 밀가루와 양파 가격이 급등하고 있다는 뉴스가 들립니다. 짜장면을 만드는 데 필요한 재료들의 가격이 올라간다는 말인데, 이를 전문 용어로 생산자물가라고 합니다. 안 그래도 손님이 없어서 고민인데 밀가루 가격까지 올라가면 짜장면 하나 팔아서 남는 게 없을 것 같아 걱정이 커집니다. 저는 어쩔 수 없이 짜장면 가격을 8000원에서 1만 원으로 올려야겠다고 다짐을 합니다. 그런데 큰 일이 났습니다. 옆에 있는 대형 중국집에서 짜장면 가격을 오히려 8000원에서 5000원으로 내렸다는 겁니다. 재료 가격은 올라가는데 경쟁 가게에서 가격을 내리니 저는 이러지도 저러지도 못하는 난처한 상황에 빠지게 됩니다.

2021년 초 테슬라는 중국에서 모델 Y의 가격을 30%나 인하하겠다는 발표를 합니다. 그리고 수년 내에 2만 5000달러짜리 전기차를 만들겠다고 공언했습니다. 테슬라는 대형 중국집인 셈입니다. 일부에서는 배터리를 포함한 부품 가격 때문에 2만 5000달러짜리 전기차는 절대 불가능하다고 주장합니다. 반대로 가능하다고 생각하는 분들은 테슬라가 전기차를 팔아서 돈을 벌려는 게 아니라 완전자율주행Full Self Driving, FSD 서비스를 팔아서 돈을 벌려고 하는 것이라고 주장하지요. 즉, 테슬라 전기차는 플랫폼일 뿐 그 플랫폼의 사용자가 많아질수록 자율주행 서비스를 구독하는 사람이 많아진다는 논리입니다. 이런 움직임은 미국의 다른 빅테크 기업에서도 나타납니다. 애플이 고가 제품뿐만 아니라 저가형 제품도 내놓는 이유가 결국 애플의 iOS 생태계를 확장시켜서 구독 경제로 가겠다는 의지의 표현이라는 것이죠.

어쨌든 소비자 입장에서는 정말 즐거운 일입니다. 하지만 이 소식을 들은 다른 자동차 회사들은 공포심을 느끼지 않을까요? 테슬라의 2만 5000달러짜리 전기차 소식은 자동차 회사들에게는 이런 선전포고로 들렸을 겁니다. "너희들이 우리(테슬라)보다 더 좋은 전기차를 만들 수 있으면 상관없는데, 만약 그렇지 않다면 2만 5000달러보다 싸게 만들어야 팔릴 거야." 최근 구리 가격, 유가 등 생산자물가가 많이 올랐죠. 문제는 생산자물가가 올랐다고 이것을 소비자물가에 반영하는 과정이 순탄하지만은 않다는 것입니다. 테슬라가 디플레이션을 유발하는 이유는 가격을 낮춰서라도 생태계를 확장하겠다는 이러한 거대 기업들이 제품 가격을 올리지 못하도록 막고 있기 때문입니다.

이효석 아카데미

유니콘 vs. 좀비 기업

파괴적 혁신 기업의 상징인 유니콘과 구조적인 공급과잉의 상징인 좀비 기업은 극단적으로 다른 모습과 성격을 띠고 있지만 아이러니하게도 몇 가지 공통점도 있습니다. 우선 차이점 세 가지를 정리해보겠습니다.

첫째, 좀비 기업은 공장과 설비와 같은 유형자산을 많이 가지고 있는 반면, 유니콘은 플랫폼이나 소프트웨어 등 무형자산을 많이 가지고 있습니다. 제4장에서 설명하겠지만 무형자산은 담보로 인정받기 어렵다는 특징이 있어 은행에서 대출을 받기 어렵습니다. 두 번째 차이점은 자금 조달 방법입니다. 좀비 기업은 대부분 대출로 돈을 빌리지만 무형자산이 많은 유니콘은 주식시장에서 자금을 조달 받습니다. 가장 대표적인 사례가 테슬라와 쿠팡이죠. 테슬라는 2020년 유상증자를 통해서 120억 달러 수준의 자금을 조달 받았고 쿠팡은 IPO를 통해서 약 5조원 규모의 자금을 조달 받았습니다. 셋째, 돈을 빌려준 주체가 다르기 때문에 이들이 추구하는 경영의 방식도 달라집니다. 유니콘은 추가로 자금을 받기 위해서는 끊임없이 성장해야 합니다. 반면, 좀비 기업은 대출과 이자 상환이 우선이기 때문에 성장을 추구하기보다는 안정을 추구하게 되지요.

이렇게 완전히 서로 다른 두 사생아도 세 가지 공통점이 있는데요. 첫째는 돈을 벌지 않는다는 것입니다. 유니콘은 미래 성장을 위해서 현재의 이익을 희생하지만 좀비 기업은 이자를 내고나면 남는 것이 없습니다. 두 번째 공통점은 이들이 생길 수 있었던 원인이 디플레이션을 막기 위해서 뿌린 막대한 규모의 유동성과 저금리 환경에 있다는 점입니다. 엄청난 유동성이 없다면 과연 쿠팡과 같은 회사가 지속적으로 사업을 할 수 있었을까요? 금리가 이렇게 낮지 않았다면 좀비 기업이 지금까지 이자를 내면서 사업을 할 수 있었을까요? 마지막 공통점은 둘다 지속적으로 디플레이션 압력을 만들어낸다는 점입니다. 유니콘은 성장하는 과정에서 가격을 파괴하고 좀비 기업은 가격이 올라가기만 하면 생산을 늘릴 준비가 되어 있기 때문입니다.

	유니콘	좀비 기업
차이점	무형자산	유형자산
	유상증자, IPO	대출
	성장 추구	안정 추구
공통점	돈을 벌지 않는다	
	통화량과 저금리 때문에 계속 커진다	
	디플레이션을 유발한다	

디플레이션의 악순환 ③: 양극화

디플레이션의 오른쪽 악순환 고리를 살펴봤다면 이번엔 왼쪽 고리를 한번 살펴봅시다. 금리인하와 양적완화 등의 통화정책이 양극화에 미치는 영향에 대해서는 아직도 논란의 여지가 많습니다. 왜냐하면 경기 부양책으로 저소득 계층의 임금소득도 증가하기 때문에 오히려 양극화가 완화된다는 주장도 있기 때문이죠. 하지만 직관적으로 생각해봐도 금리인하 또는 양적완화와 같은 경기 부양책은 양극화를 심화시킬 수밖에 없습니다. 양적완화를 통한 자산 가격의 상승 때문에 자산을 가지고 있는 사람들의 부富가 저임금 노동자들의 임금보다 훨씬 빠르게 증가하기 때문이죠.

이와 관련해서는 최근 발표된 아스거 안데르센Asger Andersen의 논문을 통해 중요한 인사이트를 얻을 수 있습니다.[14] 안데르센은 덴마크 가구의 소득 수준에서 정책금리를 인하했을 때 가처분소득이 어떤 형태로 변하는지를 연구했습니다. 소득 수준은 1987년부터 2014년까지의 세금 기록을 활용했다고 합니다. 다음 페이지의 그래프처럼 정책금리를 100bp 인하했을 때 저소득(하위 25%) 가계의 가처분소득은 약 1% 증가, 중위소득(50%) 가계는 1.5% 증가한 반면 고소득(상위 1%) 가계는 5%나 증가했다고 합니다. 가처분소득 증가의 세부 항목을 보면 저소득 가구는 당연히 임금소득이 대부분이었습니다. 자산가치가 부에 미치는 영향을 기준으로 살펴보면 저소득(하위 5%) 가계의 경우 자산 증가는 가처분소득 대비 약 20% 증가했는데 고소득(상위 1%)의 경우에는 약 75%나 증가했다고 하네요.

금리인하와 양적완화와 같은 통화량 증가가 양극화에 큰 영향을 줄 수 있다는 점은 확인했습니다. 그렇다면 양극화 문제는 어떻게 디플레이션에 영향을 줄까요? 예를 들어 전 세계에 100명의 사람들만 살고 있으며 화폐는 총 100만 원만 있는 특이한 상황을 가

▶ **정책금리를 100bp 인하했을 때 소득수준별 가처분소득 변화**

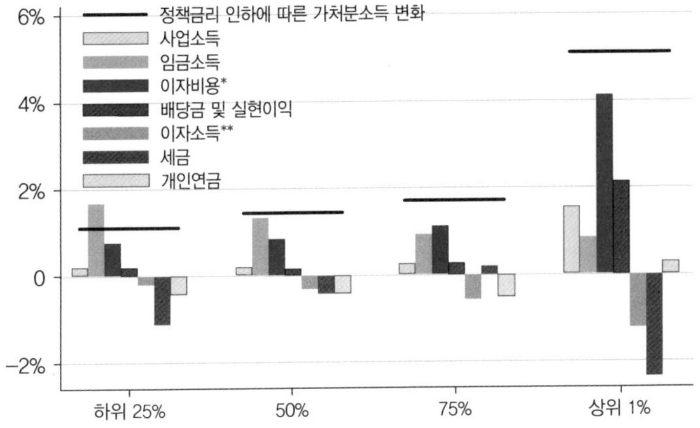

자료: Asger Lau Andersen, Monetary policy and inequality, Dec 2020

* 금리를 인하했기 때문에 이자 지출은 감소, 소득은 증가

** 금리를 인하했기 때문에 이자 소득은 감소, 소득도 감소

정해봅시다. 100명의 사람들이 모두 1만 원씩 들고 있는 경우를 A, 1명이 99만 원을 소유하고 나머지 99명이 1만 원을 나눠 가지고 있는 경우를 B라고 해볼까요? 어떤 경우에 더 많은 소비가 이루어질까요? 당연히 A일 것입니다. 아마존의 제프 베이조스나 테슬라의 일론 머스크가 하루에 10끼를 먹을 수는 없으니 말입니다. 이처럼 소수에게 너무 많은 부가 집중되는 현상인 양극화는 총수요의 감소로 이어져 디플레이션을 유발하게 됩니다.

다시 앞쪽의 '디플레이션의 악순환' 그림으로 가서 왼쪽 연결 고리를 따라가봅시다. 2008년 금융위기를 극복하려는 노력으로(레이 달리오의 표현으로는 '아름다운 디레버리징'을 위해서) 돈을 풀었고 그렇게 통화량이 증가하면서 자산 가격이 상승합니다. 좀 더 정확한 표현은 자산 가격'만' 상승합니다. 이 과정에서 자산을 가진 사람과 그렇지 못한 사람의 부의 차이가 확연히 나타나게 된다고 말씀드렸습니다. 안타깝게도 코로나19를 극복하는 과정에서 진행된 전 세계 중앙은행의 통화량 증가 역시 양극화를 심화시키는 결과를 초래했는데요. 얼마나 상황이 심각한지를 확인하기 위해서 몇 가지 체크를 해보겠습니다. 우선 블룸버그에서 발표하는 억만장자지수Billionaires index를 살펴봅시다. 이 지수는 테슬라의 일론 머스크, 아마존의 제프 베이조스, 마이크로소프트의 빌 게이츠와 같이 전 세계의 부자 순위 500명의 부를 추정하는 지수입니다. 이 지수는 2020년 초 5조 8000억 달러 수준에서 시작해서 코로나19 패닉 상황에서 4조 5000억 달러까지 하락했다가 연말에는 7조 6000억 달러로 끝이 났습니다. 코로나19로 모두가 힘들어 했던 2020년 한 해 동안 전 세계 부자 상위 500명의 부는 31%나 증가했는데 규모로는 1조 8000억 달러나 됩니다. 한화 기준으로는 약 2000조 원으로 우리나라의 GDP와 거의 유사한 수준입니다.

이번엔 상위 1%와 정반대편 쪽 이야기를 해보겠습니다. 구체적인 이야기를 시작하기 전에 2021년 초 제가 「삼프로TV」에 출연해서 양극화에 대한 이야기를 했던 경험을 소개하려고 합니다.[15] 당시 저는 '시장에 대한 명료하지만 슬픈 전망'이라는 제목으로 강의를 했습니다. 제가 개인적으로 운영하는 유튜브 채널에 투자의 기초가 되는 내용들을 강의로 만들어 올리고 있었는데, 어느 날 "정말 열심히 살았는데 회사가 어려워지면서 작년에 해고를 당했다. 늦었지만 지금부터라도 주식투자를 해보려고 하니 제발 도와달라"는 내용의 댓글이 달렸습니다. 「삼프로TV」에서 그 사연을 소개하면서 그만 울컥해버리고 말았습니다. 제가 주목한 것은 시청자분들의 반응이었는데요. 그 영상을 보고 많은 분들이 평소보다 훨씬 더 크게 공감을 해주었기 때문입니다.

반응은 크게 두 가지였는데 첫 번째는 '내가 돈만 벌려고 했지 주변을 돌아보지 못했다'라는 반응이었습니다. 그래서 어떤 분은 이제부터라도 기부할 수 있는 방법을 찾아야겠다는 말씀도 해주었지요. 저는 그만큼 양극화 문제에 대한 공감대가 이미 형성되어 있다는 점과 양극화 개선을 위해 많은 분들이 노력하겠다고 다짐하는 모습을 보면서 희망을 보았습니다. 두 번째 반응은 '그래, 나 정말 힘들다'였습니다. 제가 언급했던 사례의 주인공 이야기가 자기 이야기와 같다는 분들도 많았는데 그만큼 코로나19를 극복하는 과정에서 힘들어진 분들이 많다는 의미가 아닐까 생각됩니다.

코로나19를 극복하는 과정에서 양극화가 심화되기도 했지만 다

비드 푸르체리Davide Furceri 국제통화기금 연구원의 논문에 따르면 과거 팬데믹이 발생했을 때도 항상 시간이 지날수록 양극화가 심화됐다는 것을 알 수 있습니다.[16] 그는 1961년부터 2017년까지 175개국에서 팬데믹 여부에 따른 지니계수 변화를 분석했는데 팬데믹이 발생하고 5년이 지난 이후 지니계수가 1.25%p 추가 상승했다는 것을 확인했습니다. 쉽게 이야기하면 팬데믹이 발생하면 그렇지 않을 때보다 양극화가 심화되는데 그 경향은 시간이 지날수록 더 심해진다는 뜻입니다.

시간이 갈수록 팬데믹에 따른 양극화 정도가 심화되는 이유는 교육 때문일 수도 있습니다. 세계은행의 교육 담당 이사 제이미 사베드라Jaime Saavedra에 따르면 2020년에 최대 17억 명의 학생이 학교를 그만두었다고 합니다.[17] 그리고 그중 6억 명의 학생은 돌아오지 않을 것으로 전망했습니다. 이와 같은 교육의 붕괴가 가져온 '학습 손실'은 어린이의 미래 평생소득을 10조 달러나 감소시킨다는 분석이 나옵니다. 10조 달러면 미국 GDP의 절반에 가까운 규모입니다. 연준의 자산이 7조 8000억 달러(2021년 4월 기준) 수준임을 감안하면 얼마나 큰 규모인지 가늠이 되나요? 이러한 교육 시스템의 붕괴는 시간이 지남에 따라 양극화의 심화라는 결과를 초래할 가능성이 클 수밖에 없습니다.

코로나19 이후, 미국의 노동시장에 나타난 현상 역시 양극화 현

▶ **팬데믹 이후 불평등이 심화되는 경향**

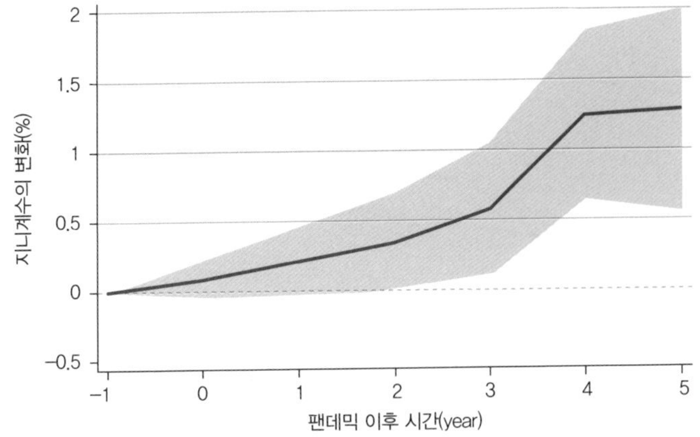

자료: Davide Furceri

상을 극명하게 드러내줍니다. 코로나19 이후 저임금 노동자와 고임금 노동자의 실업률 격차가 너무 커졌다는 것이 사회문제로 떠올랐습니다. 고임금을 받는 집단에서 코로나19로 일자리를 잃은 사람의 비중은 최대 10%였으나 이미 2020년 10월부터는 이전 수준을 모두 회복했습니다. 반면, 저임금을 받는 집단에서는 코로나19로 40%나 일자리를 잃었습니다. 10명 중 4명이 일자리를 잃었다는 이야기인데, 이 데이터를 보고 가장 강경파로 알려진 클리블랜드 연방은행의 로레타 메스터Loretta Mester 총재마저 '고통스럽다Distressing'라는 표현을 쓴 것으로 알려져 있습니다.[18] 문제는 코로나

▶ 미국의 임금 수준에 따른 고용 감소

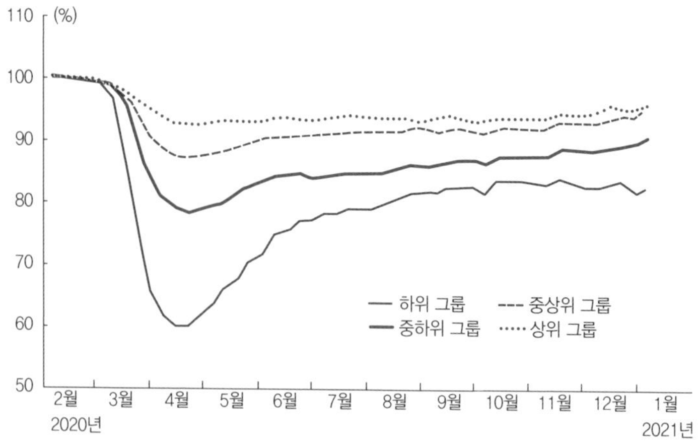

자료: https://www.federalreserve.gov/newsevents/speech/files/powell20210210a.pdf

19가 안정되는 모습을 보이고 있지만 이 그룹의 일자리는 아직 절반밖에 회복되지 못하고 있다는 점입니다.

또 다른 디플레이션 유발자들: AI의 침공

지금까지 디플레이션을 막기 위해 통화량을 늘렸는데 이 과정에서 생긴 부작용들(좀비 기업, 유니콘 기업, 양극화)이 오히려 디플레이션을 만들고 있다는 이야기를 했습니다. 이번에는 왜 AI가 디플레이션을 유발하는지 그리고 AI와 자동화는 어떻게 고용시장에 영향을 주는지에 대해서 설명해보도록 하겠습니다.

우선 AI와 관련한 유명한 명언 중에 '모라벡의 역설Moravec's Paradox'이라는 개념을 소개합니다. 모라벡의 역설은 '인간에게 어려운 일이 AI에게는 쉽고, AI에게 어려운 일이 인간에게는 쉽다'는 걸 뜻합니다. 이게 무슨 말일까요? 예를 들어 5개 국어를 하는 것은 사람에게는 너무 힘든 일이지만 AI에게는 쉽습니다. 비슷한 예로 복잡한 수학 문제를 푸는 것도 사람에겐 너무 어려운 일이지만 한번 학습이 끝난 AI에게는 너무 쉬운 문제입니다. 반면, 식탁을 닦고 바닥 청소를 하는 등 인간이 쉽게 일상적으로 하는 일은 의외로 AI가 하기엔 어려움이 있습니다. 이를 두고 어떤 분은 '인간이 가장 싼 로봇이기 때문이다'라는 슬픈 이야기를 하더군요.

어쨌든 모라벡의 역설은 사람에게 좋은 소식이기도 하지만 나쁜 소식이기도 합니다. 먼저 좋은 소식인 이유부터 설명하면 AI가 생각보다 못하는 일들이 많으니 인간의 일자리가 걱정했던 만큼 빨리 사라지진 않겠다는 것입니다. 하지만 나쁜 소식은 늘어나는 일이 말 그대로 '쉬운 일'이라서 누구나 할 수 있고 그 결과 임금이 높아질 수가 없다는 점입니다. AI가 디플레이션 유발자인 진짜 이유는 AI가 인간의 일자리를 빼앗아갈수록 평균임금은 하락할 가능성이 크기 때문입니다. 많은 사람들이 AI가 사람의 일자리를 빼앗아가는 데 대해 공포심을 느끼고 있는데요, AI가 어떤 일자리를 집중적으로 빼앗아가는지를 세인트루이스 연방은행의 최근 보고서를 통해서 고민해봅시다. 이 보고서에서는 미국의 직업군을 네 개로 나눠 그 직업군별로 고용자 수가 얼마나 늘었는지를 보여주고 있습니다.[19]

두 가지 기준이 있는데 첫 번째 기준은 반복적인지 여부이고, 두 번째 기준은 머리를 써야 하는지 그냥 매뉴얼대로 하면 되는 일인지입니다. 반복적이지만 머리를 써야 하는 사무직이나 세일즈 업무는 '사람에겐 어렵지만 AI에겐 쉬운 일'입니다. 안타깝게도 이 직업군이 AI에게 가장 일자리를 빼앗기기 쉽습니다. 문제는 이 직업군이 우리가 알고 있는 중산층의 일자리라는 사실입니다. 다음 그래프를 보면 실제로 관련 일자리는 거의 늘지 않음을 알 수 있습니다. 반대로 매뉴얼은 있지만 반복되지 않는 업무는 사람에게는 쉽지만 AI에겐 어려운 일입니다. 때문에 이와 관련된 일자리는 AI가 쉽게 빼앗아갈 수 없으며 실제로 일자리도 계속 늘어나고 있습니다. 그래프를 보면 결론은 명확합니다. 반복되는 업무는 그것이 지적 능력을 필요로 하는지 여부와 관계없이 일자리가 늘지 않을 것입니다. 결과적으로 AI와 자동화는 앞으로 사람들의 일자리를 빼앗아갈 가능성이 높고 이는 고용 회복이 그만큼 어려움을 의미

▶ 직업군의 구분

반복 여부	인지 여부	직업 예시
비반복적 업무	인지적 업무	관리자, 전문가
	매뉴얼화된 업무	간호사, 음식 서빙 (사람에겐 쉽지만 AI가 할 수 없는 것)
반복적 업무	인지적 업무	사무직, 세일즈 (사람에겐 어렵지만 AI에겐 쉬운 일)
	매뉴얼화된 업무	건설, 생산, 보수 (로봇으로 대체될 수 있는 일)

자료: St.Louis 연준, SK증권

▶ 직업군에 따른 취업률

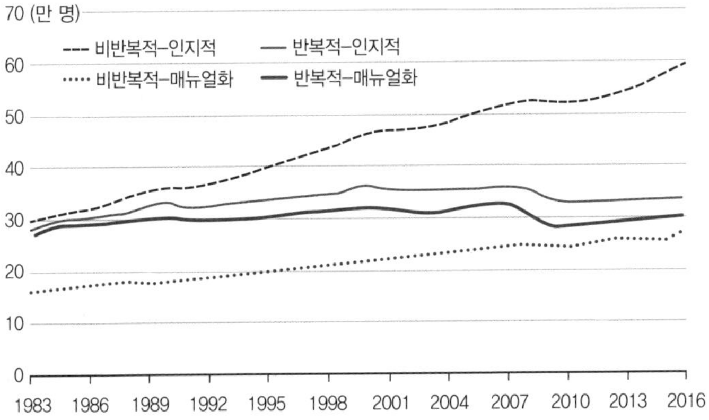

자료: St.Louis 연준, SK증권

합니다.

그럼 여기서 한 발 더 나아가 봅시다. 사실 이번 코로나19 위기를 거치면서 우리 일상의 많은 부분이 바뀌었습니다. 그중에서도 저는 개인적으로 경영진들의 생각이 바뀌었다는 것에 주목합니다. 최근 주변에서 농담으로 "내가 재택근무를 해보니까 내가 없어도 회사가 잘 돌아갈 것 같다는 생각이 들어"라고 말하는 분을 많이 만납니다. 이런 생각은 아마 경영진도 하고 있을 겁니다. 겉으로 그렇게 이야기하진 못하지만 속으로는 '일도 열심히 안 하는 것 같은데 저 친구 그냥 해고할까?'라고 생각할 수 있다는 거죠. 그리고 이런 막연한 생각은 맥킨지에서 전 세계 800명의 경영진을 대상으로 한 설문조사 결과를 통해서 사실로 드러났습니다. 결론적으로 경영진들은 코로나19 이후 디지털화와 자동화 기술을 채택하는 것이 가속화됐다고 응답했습니다. 특히 고용자 간의 협업에서는 85%가 이전보다 도입 속도가 빨라졌다고 응답했습니다.

또 하나의 문제는 일자리가 늘어나는 업종이 있는가 하면 일자리가 빠르게 줄어드는 업종도 있다는 것입니다. 미국의 상황을 가정해서 추가적으로 설명을 해보면 이렇습니다. A라는 사람이 미국의 어떤 호텔에서 근무를 하다가 코로나19가 터진 이후 일자리를 잃었습니다. 1년 동안 힘든 시간을 보낸 그 사람은 백신 보급이 끝나고 일상생활로 돌아가면 원래 일하던 호텔로 다시 가서 일을 할 수 있을 거란 기대를 품습니다. 그런데 안타깝게도 호텔에서는 더 이상 '사람'을 뽑지 않는다고 합니다. 이러한 현상은 국내에서도 나타나는데요. 영화관을 운영하는 모 기업은 코로나19 이전과 비교해 일하던 아르바이트생을 10분의 1로 줄였다고 합니다. 비대면 영업을 위해 키오스크를 도입하면서 큰 효과를 봤고 코로나19에서 정상화되더라도 다시 아르바이트생을 뽑지 않아도 된다고 하더군요. 원래 일하던 업종에서 일자리를 찾지 못한 A는 이제 학원에 가서 코딩을 배워 소프트웨어 엔지니어를 뽑는 회사로 가서 취업을 알아봐야 하는 상황이 됩니다.

극단적인 표현이지만 맥킨지의 연구를 보면 정말 그렇습니다. 다음 페이지의 그림은 일자리가 늘어나는 업종과 줄어드는 업종을 나타냅니다. 일자리가 줄어들 것으로 예상되는 대표적인 업종은 사무지원이나 생산직, 음식 서비스 업종 등입니다. 반면, 일자리가 늘어날 것으로 전망되는 산업은 헬스케어, 기술 관련직 등입니다.

잘 알려졌듯이 코로나19로 저임금 노동자들을 중심으로 전 세계 수백만 명이 일자리를 잃었습니다. 하지만 더 안타까운 사실은 그들이 다시 일자리를 찾을 때는 과거와는 다른 일자리를 찾아야 한다는 점입니다. 맥킨지의 연구에 따르면, 주요 8개국에서 총 1억 명 이상의 근로자가 2030년까지 다른 직업을 찾아야 한다고 합니다. 이는 코로나19 이전에 추정한 수치에 비해서 12%나 많은 숫자이며 특히 선진국에서 뚜렷하게 나타납니다.[20] 이는 코로나19 이후 고용 회복 과정이 순탄치 않으리라는 사실을 의미합니다.

▶ **코로나19 이후 예상되는 1억 명의 직업 이동(2018년~2030년)**

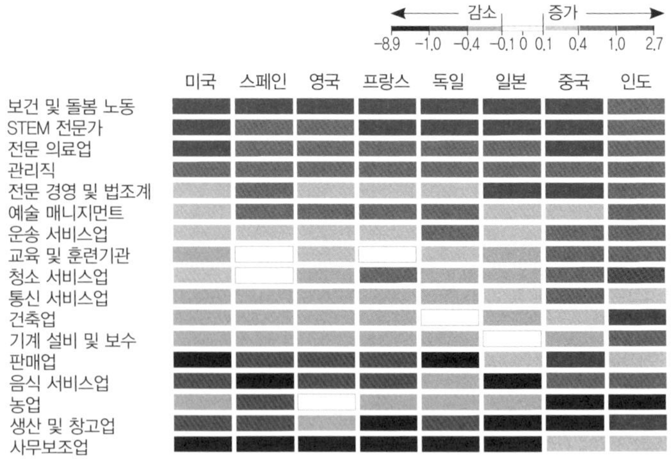

자료: https://www.mckinsey.com/featured-insights/future-of-work/the-future-of-work-after-covid-19#

최근 화제가 되고 있는 스타트업인 클럽하우스Clubhouse를 통해서도 고용 회복의 모습을 유추해볼 수 있습니다. 1조 원 이상의 높은 밸류에이션을 인정 받은 이 스타트업에서 실제로 고용되어 일하는 개발자는 세 명에 불과합니다. 최근 진행되는 성장과 고용이 어떻게 이루어지는지를 여실히 보여주는 사례라 할 수 있습니다.

과거에는 경제가 좋아지면 유형자산(이를테면 공장) 투자가 진행되면서 고용도 이루어지고 인플레이션도 생겼죠. 하지만 온라인 공간에서 투자만 활발히 진행되는 현재의 성장은 고용도 없고 인플레이션도 유발하지 않는다는 특징을 가집니다.

결국, 시간이 관건이다

지금까지 디플레이션에 대해 설명한 제3장의 내용을 정리해보도록 할까요?

2020년 8월에 나타난 연준의 태도 변화는 디플레이션 압력에 대한 연준의 깊은 고민 끝에 나왔습니다. "30년 동안 인플레이션이랑 싸웠는데 결국 인플레는 없었다. 그런데도 계속 싸워야 하나?" 라고 이야기했던 뉴욕 연방은행 총재의 말을 기억해보세요.

평균물가목표제의 도입은 두 가지 의미에서 강력한 부양 의지를 천명한 것이라고 했습니다. 반평균 수학 점수를 이야기하면서 고용에 대한 연준의 시각은 무엇인지, 또 일시적인 물가 상승에 대해서 연준이 어떤 태도를 보일 것인지를 설명했습니다.

인플레이션이 지속적으로 진행될 때만 신경 쓰겠다는 파월 의장의 인식도 언급했습니다. 이와 관련해 '지속적인 인플레이션'이 일어났던 1970년대 니프티 피프티 장세를 살펴봤죠? 화려하게 시작했지만 처참하게 끝난 니프티 피프티 현상에서 우리가 주목해야 할 것은 이 현상이 끝난 '이유'입니다. 제4차 중동전쟁 때문에 시작된 유가 상승이 지속적인 인플레이션으로 이어졌고, 이를 막기 위해 연준이 금리를 올리면서 높은 밸류에이션을 받았던 종목들이 버티지 못하고 무너졌습니다. 그렇다면 지금은 어떤 상황인지를 알아보는 게 중요하겠죠. 특히 지금처럼 인플레이션에 대한 논란이 확산될 때는 '니프티 피프티가 끝났던 당시처럼 주가가 급락하는 것은 아닐까?' 하는 걱정이 커질 수 있는 시점이기 때문입니다.

그래서 중요한 것이 지금의 인플레이션에 어울리는 수식어를 찾는 일입니다. 그리고 지금과 어울리는 수식어는 '지속적인'이 아니라 '일시적인'이 될 가능성이 높다고 봤습니다. 그 이유는 통화량 증가라는 인플레이션 압력과 비슷하거나 혹은 더 큰 디플레이션 압력이 있기 때문이죠.

마지막 꼭지에서는 디플레이션이 오는 걸 막기 위해 통화량을 늘릴수록 디플레이션 압력이 더 커진다는 디플레이션의 악순환에 대해 설명했습니다. 그 중심에는 양극화와 좀비 기업이 있었고요. 유가, 테슬라와 같은 혁신 기업, AI도 디플레이션을 유발하는 요인 중 하나입니다.

제가 한 가지는 확실하게 이야기할 수 있습니다. 앞으로도 이 인플레이션과 디플레이션에 대한 논란은 지속될 거예요. 경제학자들마다 인플레와 디플레를 두고 싸움을 계속할 거라는 이야기죠. 하지만 투자의 관점에서는 지금 당장 결론이 무엇인지 크게 중요하지 않습니다. 우리가 기억해야 할 메시지는 '결론이 날 때까지 시간이 생각보다 오래 걸린다'는 것뿐이죠.

통화량이 너무 증가하면서 막을 수 없는 인플레이션이 오면 연준이 과연 금리를 올릴 수 있을까요? 아니면 결국 디플레이션 압력을 막지 못해 디플레이션에 빠지고 말까요? 이 문제는 쉽게 결론이 나지 않을 것입니다.

그리고 어느 한쪽으로 결론이 날 때까지 연준은 부양책을 멈추지 않을 것입니다. 이것이 이번 장의 결론입니다.

제4장

완전히 바뀐 투자 환경을 이해하라

투자의 세계에서 가장 위험한 네 단어는 'This time is different(이번엔 다르다)'입니다. 아무런 근거 없이 '이번엔 다르다'는 주장을 하면서 버블을 옹호하는 것만큼 큰 비용을 치르는 일도 없다는 의미입니다. 제가 생각해도 이 네 단어는 틀린 것 같습니다. 그렇다면 맞는 단어는 무엇일까요? 'This time is different'가 틀렸다면 'This time is same(이번에도 똑같다)'이 맞을까요? 제가 투자업계로 들어온 지 얼마 되지 않았을 때 만났던 한 분은 주가를 보면서 항상 이런 말씀을 했습니다.

"다 똑같다. 어차피 올라가면 내려오고 내려오면 올라간다."

아마도 그분은 'This time is different'가 위험하다는 생각에 지나치게 매몰되어 'This time is same'만 생각했던 것 같습니다. 물론 달이 차면 기울기 마련이니 결국 제자리로 돌아온다는 생각이 좋은 투자 성과로 이어지는 경우도 많습니다. 하지만 '이번에도 똑같다'는 생각만 해서는 '이번엔 다르다'고 생각하는 것과 비슷한 결과를 얻지 않을까 생각합니다.

저는 정확한 표현은 'This time is same'이 아니라 'Every time is different(항상 다르다)'라고 생각합니다. 왜냐하면 투자 환경은 이번만 다른 게 아니고 항상 달랐기 때문입니다. 코스피에서 시가총액 상위 10개 종목은 매년 바뀌었고 업종의 비중도 바뀌었습니다. 오히려 똑같았던 해는 단 한 번도 없었습니다. 그렇기에 본인의 투자 철학을 유지하는 것과 관계없이 시장의 변화를 이해하기 위한 노력은 항상 필요합니다.

이번 장에서는 오늘날 투자 환경이 어떻게 바뀌고 있는지 살펴보려고 합니다. AI가 금융시장으로 들어오면서 경제를 확인하는 방법이 바뀌었고 무형자산의 중요성이 커지면서 회계가 설명해주지 못하는 것도 과거에 비해 더 많아졌죠. 게다가 기술의 발전이 투자자들의 성향도 바꾸고 있습니다. 이렇게 변화된 투자 환경일수록 본인의 투자 철학을 확실히 세우는 것이야말로 가장 중요한 일이라 하겠습니다. 이 사실을 염두에 두면서 투자 환경의 변화에 대한 이야기를 시작해보도록 하죠.

11

그들이 경제지표를 보지 않는 이유

경제지표는 거짓말이다?

여러분이 누군가에게 "지금 경제가 좋습니까? 안 좋습니까?"라는 질문을 받았다고 생각해봅시다. 도대체 경제를 어떤 방법으로 설명해야 가장 효과적일까요? 어디서부터 어떻게 시작해야 할까요?

가장 좋은 방법은 '경제지표'를 살펴보는 것입니다. 실제로 경제 뉴스를 보면 어떤 날에는 처음 들어보는 A라는 경제지표가 잘 나와서 경제가 좋다고 했다가 다음 날에는 B라는 경제지표가 잘 안 나와서 경제가 안 좋다고 합니다. 어느 쪽이 맞는 말인지 참 판단하기 어렵죠. 이처럼 국가별로 정말 많은 경제지표들이 발표되는데, 이 지표들은 대부분 통계지표입니다. 경제지표에 대한 자세한 설명이 나와 있는 『세계 경제지표의 비밀』이라는 책을 보면 서문에 이런 말이 나옵니다.[1)]

> 세상에는 세 가지 거짓말이 있는데 하나는 거짓말, 두 번째는 터무니없는 거짓말, 그리고 세 번째는 통계다.

경제를 판단하기 위해서 경제지표를 활용해보려고 했더니 경제지표는 통계인데, 통계가 거짓말이라니 시작부터 어렵네요. 거짓말이라고 하는 이유는 통계가 세상을 분석하는 데 꼭 필요한 도구이긴 하지만 통계 분석이 미래를 100% 정확히 맞추지는 못한다는 의미일 것입니다.

어쨌든 통계가 거짓말이라면 우린 어떻게 해야 할까요? 우선 '그래도 가장 덜 거짓말 같은 경제지표'를 찾아야 하겠습니다. 즉, 가장 믿을 만한 경제지표를 말이죠.

여기서 제가 가장 중요하게 생각하는 경제지표 두 개를 소개하도록 하겠습니다.

세상에서 가장 유명했던 경제지표들

우선 경제지표는 크게 두 가지로 구분할 수 있습니다. 하나는 심리Sentiment를 물어보는 지표이고, 다른 하나는 실제Actual 데이터를 물어보는 지표입니다. "경제는 심리다"라는 말처럼 사실 관건은 '사람들이 경제 상황을 어떻게 판단하는지'일 것입니다. 가장 대표적인 심리지표는 'ISM제조업지수'입니다. 참고로 많은 분들이 ISM제조업지수와 PMI제조업지수를 헷갈려 하는데 ISM제조업지수는 미국의 ISMInstitute for Supply Management(공급관리자협회)이라는 유명한 협회에서 만드는 PMIPurchasing Manager's Index지수라고 알고 넘어가면 됩니다. 한마디로 둘 다 PMI 지수입니다. 그렇다면 PMI가 뭔지 알면 되겠네요.

PMI는 각 기업의 구매를 담당하는 분들에게 향후 경제 전망이 어떨지 물어보고 그 값을 취합해서 산출하는 지표입니다. 좀 더 구체적으로 '신규로 물건을 얼마나 만들 것인지', '고용을 얼마나 늘릴 생각인지', '제품을 만드는 데 필요한 자재들의 가격은 올라가고 있는지', '재고는 얼마나 쌓여 있는지' 등의 질문이 포함되어 있습니다. 한마디로 '앞으로 경제가 어떨까요?'라고 물어보는 것이죠. 좋아질 것이라고 응답한 사람이 더 많으면 50 이상이고, 반대의 경우면 50 이하로 발표됩니다. 저는 ISM제조업지수가 세상에서 가장 중요한 지표'였다'고 생각합니다(과거형을 사용한 이유는 뒤에서 설명할게요). 많은 투자자들이 ISM제조업지수를 최고의 경제지표로 인정하는 데는 이유가 있습니다. 역사가 가장 오래됐고 정확해서 주식시장에 대한 예측력이 가장 높기 때문입니다. 그리고 신규 주문, 고용, 물가 등 대부분의 지표가 녹아 있어서 경제 상황을 하나의 숫자로 파악하기 쉽다는 장점도 있습니다.

경제지표의 첫 번째 종류가 '심리'를 묻는 것이고, 두 번째는 '실제 데이터'를 물어보는 것이라고 했죠? 가장 대표적인 실제 데이터는 미국의 비농업 고용자 수Non-farm payroll입니다. ISM제조업지수는 심리를 체크하기 때문에 주가에 미치는 영향이 큽니다. 하지만 연준을 포함한 정부가 심리만을 보고 정책을 결정하진 않죠. 실제로 연준이 정책을 결정할 때 가장 중요하게 보는 지표가 고용지표와 물가지표입니다. 고용지표는 경제와 정책에 영향을 주고 그 결과 금리에 큰 영향을 미칩니다. 그래서 고용지표는 채권 투자자들 사이에서 관심과 인기가 많을 수밖에 없죠.

▶ 과거에 경기를 대표했던 경제지표들

구분	대표 경제지표	설명
심리	ISM제조업지수, 소비심리지수	구매 관리자에게 향후 전망에 대해서 물어보는 심리지표. 주식시장에 대한 설명력이 높다.
실제 데이터	비농업 고용자 수	미국의 고용 상황을 체크하는 실제 데이터. 물가와 연준의 정책에 영향을 많이 주기 때문에 채권 시장에 미치는 영향이 크다.

좀 더 빨리, 좀 더 자주

ISM제조업지수와 비농업 고용자수가 그렇게 중요한 지표라면 발표되기 전에 미리 정보를 입수하면 큰 돈을 벌 수 있지 않을까요? 이런 생각을 하신 분들은 투자 센스가 있는 겁니다. 실제로도 많은 투자자들은 조금이라도 더 빨리, 그리고 좀 더 자주 경제 상황을 알고 싶어 하거든요. 앞서 소개한 버나드 보몰의 저서 『세계경제지표의 비밀』에서도 고용지표가 발표되기 직전의 상황을 묘사하며 투자자들이 얼마나 이 지표를 중요하게 생각하는지 보여줍니다.[2)]

금요일 아침이 오면 이 24명의 사람들은 미국 수도의 심장부인 C 스트리트 3번가에 자리 잡은 매끈한 흰색 석조 건물의 옆문을 통해 한참을 걸어 올라간다. (중략) 무장 경비가 길이 12미터, 폭 3미터 정도의 단조롭고 창문이 없는 L자 형태의 방으로 안내해준다. (중략) 정확히 오전 7시 55분에 정부 관리 한 명이 방 안으로 들어와 전화기를 집어 들고 미국 부통령의 거처인 해군천문대로 전화를 건다. 그러고 나서 벽에 부착된 자물쇠에 열쇠를 끼워 넣어 디지털시계의 정확한 초를 맞춘다. 시간이 정확히 맞춰지면 돌아서서 간결한 공지를 발표한다.

"휴대전화와 기타 통신기기들을 끄고 노트북에서 전화선을 분리하여 주시기 바랍니다."

이제 시작이다. (중략) 무슨 비밀을 보호하기 위해 정부가 이런 행동을 하는 걸까? CIA가 첩보 활동에 대한 비밀 브리핑을 시작하는 것일까? 테러 위협에 대한 최신 정보를 들은 국회조사관들이 모여서 회의를 하고 있는 것인가? 아니다. 이 모든 예방조치는 오직 한 가지 이유 때문이다. 정부가 수치, 통계, 더 정확하게는 경제통계를 이제 막 발표하려는 것이다. 이 방 안에 자리 잡고 있는 방문자들은 전 세계의 언론사들을 대표하는 경제 기자들이며, 이날 아침에 이들이 일하고 있는 장소는 노동국의 기자실이다. 이처럼 엄격하게 비밀을 지키려는 이유는 무엇인가? 그 이유는 이 방 안에 있는 기자들이 미국의 가장 민감한 경제지표 중 하나인 월간 고용현황 보고서를 맨 처음 보게 되는 사람들이기 때문이다.

첩보 영화가 떠오를 정도로 긴박한 상황이 뭔가 했더니 바로 고용지표를 발표하기 직전의 상황이었네요. 이처럼 많은 투자자들이 이 지표에 관심을 가지는 이유는 지표의 결과에 따라서 금융시장(주식/채권/환율)이 큰 영향을 받기 때문이고 그것이 곧 돈으로 연결되기 때문입니다.

예를 들어서 고용지표가 예상보다 훨씬 안 좋게 나오면 금리는 하락할 가능성이 큽니다. 그러니 미리 그 지표를 입수해서 발표 직전에 채권을 많이 사두면 돈을 벌 수 있겠죠. 불법적인 방법으로 지표를 빼낸다면 문제지만 합법적인 방법으로 이런 시도를 하는 것은 문제가 되지 않습니다. 실제로 매월 첫 주 금요일에 발표되는 미 고용지표를 먼저 알고 싶어 하는 사람들을 위해 민간 고용동향 조사업체인 ADP에서는 그 주 수요일에 자체적으로 조사한 숫자를 발표합니다. 더 빨리 알고 싶어 하는 사람에게는 큰 도움이 되겠지요?

그리고 매월 첫날 발표되는 ISM제조업지수를 미리 알기 위해서 글로벌 시장조사 기관인 IHS 마킷IHS Markit에서는 한 달에 두 번씩 자체적인 조사를 통해서 PMI지수를 발표하기도 하지요. 경제 상황을 더 자주 알려주는 겁니다. 마치 대통령 선거 시즌에 이루어지는 설문조사와 비슷합니다. 선거 당일에 결과를 알 수 있음에도 수많은 설문조사 업체에서 설문조사를 하는 이유도 결과를 미리 알고 싶어서라고 볼 수 있지요. 어쨌든 한 달에 한 번 발표되는 ISM제조업지수를 먼저 알고 싶어 하는 사람들의 욕구를 충족시켜준 회사(IHS 마킷)가 한 달에 두 번 PMI지수를 발표했다는 것을 기억해두세요. 잠시 후 '좀 더 빨리, 좀 더 자주'의 끝판왕을 소개할 테니 말입니다.

이효석 아카데미

IHS 마킷의 급성장 배경

시장 정보 제공업체로 익숙한 IHS 마킷은 나스닥 상장 기업으로 티커Ticker(주식 이름을 표시한 약어)는 INFO입니다. 티커가 INFO라니 그만큼 양질의 시장 데이터를 제공해주고 있다는 자신감의 표현으로 생각됩니다. 마킷의 매출은 크게 네 부분으로 구성되어 있는데 PMI지수 등 각종 시장 데이터를 제공해주는 금융 서비스Financial Services 부문, 자동차 판매량 등 운송 관련 데이터를 다루는 트랜스포테이션Transportation 부문, 원유의 수요 전망치, 금 가격 정보 등 원자재와 관련된 데이터를 다루는 리소스Resources 부문, 그리고 다양한 장외거래 시장 정보 등을 제공하는 CMSConsolidated Markets & Solutions 부문입니다.[3]

이 중 가장 눈에 띄는 성장을 보인 부문이 2019년 기준 매출의 40% 가량을 차지하고 있는 금융 서비스 부문입니다. 기대수명의 증가와 함께 노후대비를 위한 국부 펀드, 연금 펀드 등 대형 운용 기금 주체들이 확대되면서 인덱스 펀드를 비롯한 패시브 펀드가 크게 성장하게 됩니다. 자연스럽게 자산 배분의 중요성이 큰 이슈로 대두됐고 관련 시장의 확대로 이어졌죠. 자산 배분에 관심이 늘면서 다양한 자산군에 대한 세밀한 데이터 수요가 증가했고 이를 마킷이 충족시켜주면서 큰 폭으로 성장했습니다. 2016년 4억 4900만 달러(한화 약 5200억 원)에서

2019년 17억 100만 달러(한화 약 2조 원)로 금융 서비스 부문에서만 3배 가까운 폭발적인 매출 증가를 기록했는데 이를 연평균 성장률로 환산하면 60% 수준입니다.

마킷이 가진 큰 강점은 시장 정보에서 비행기, 디스플레이 패널 그리고 원자재에 이르는 방대한 데이터군과 데이터의 높은 신뢰성입니다. 마킷은 이런 신뢰성과 정보력을 바탕으로 팩트세트Fact Set, 블룸버그Bloomberg 등 쟁쟁한 데이터 경쟁자들과 경쟁하고 있지요. 경쟁력과 신뢰성이라는 자체적인 역량에 금융시장의 성장 및 데이터에 대한 수요 증가라는 외부 요인이 합쳐지면서 마킷의 시가총액은 지난 5년 동안 무려 5배나 증가했습니다.

20세기 지표에서 21세기 지표로

다음 내용으로 넘어가기 전에 ISM제조업지수와 비농업 고용자수만큼 중요한 경제지표를 하나 더 소개해보려고 합니다. 바로 미시건 대학교와 컨퍼런스 보드에서 발표하는 '소비심리지수'입니다. 우선 이 지표를 산출하는 과정을 살펴보겠습니다. 우선 총 500명의 일반인을 대상으로 설문조사를 실시합니다. 그런데 계속 똑같은 사람을 대상으로 계속 조사하면 정확도가 떨어질 수 있겠죠?

때문에 매달 조사 대상 중 40%는 새로운 사람으로 바꿉니다. 즉, 지난달에 조사 대상이었던 사람 중 60%는 한 번 더 조사 대상에 포함되지만 나머지 40%는 다른 사람으로 채워진다는 것이죠.

이들 조사 대상자들은 무려 50개의 질문에 대답을 해야 합니다. 50개의 질문에 성심껏 대답해주는 사람을 매달 새롭게 찾는 것도 쉽지 않은 일일 것 같네요. 어쨌든 이들에게 주어지는 질문도 중요한데 질문지는 다음 다섯 개의 핵심 질문들로 구성됩니다.

1. 당신과 당신의 동거 가족들의 생활수준이 1년 전에 비해서 개선됐습니까? 아니면 나빠졌습니까?
2. 당신과 당신의 동거 가족들의 생활수준이 1년 후에 나아질 것이라 생각합니까? 나빠질 것이라 생각합니까? 별 변화가 없을 것이라 생각합니까?
3. 앞으로 12개월 동안 당신의 재정 상황이 좋을 것이라 생각합니까? 나쁠 것이라 생각합니까? 별 변화가 없을 것이라 생각합니까?
4. 앞으로 5년 동안 경제가 계속해서 좋을 것이라고 생각합니까? 아니면 실업이 늘어나며 불황에 이를 것이라고 생각합니까? 별 변화가 없을 것이라고 생각합니까?
5. 다음 질문은 가구, 냉장고, 오븐, 텔레비전 등과 같은 고가

> 의 물건 구입 계획에 관한 질문입니다. 일반적으로 당신은 이런 물건을 구입하기에 지금이 좋은 시기라고 생각합니까? 나쁜 시기라고 생각합니까?

정리해보겠습니다. 미시건 대학교는 매달 발표하는 소비심리지수를 발표하기 위해서 ① 조사 대상을 매달 40%는 바꿔가면서 선정하고 ② 가장 효과적으로 심리를 확인할 수 있는 질문지를 만들어서 그들에게 보낸 이후에 ③ 그들이 성심성의껏 질문에 대답해주기를 기대하면서 답안이 올 때까지 기다렸다가 ④ 조사 대상자들로부터 답이 돌아오면 그 데이터를 다시 정리하는 과정을 거쳐 최종적으로 지표를 발표합니다. 써놓고 보니 뭔가 아날로그 방식의 산출 방법이라 21세기와 맞지 않는다는 느낌이 들지 않나요? 물론 이 과정이 어렵고 힘들다는 것이 이 지표의 가치를 높여줬다는 점에는 저도 동의합니다.

2015년에 사석에서 만난 미국 B운용사의 임원을 통해 들은 이야기는 정말 신선한 충격이었습니다. 제가 "어떤 경제지표를 많이 보는가? 소비심리지표의 중요성에 대해서 어떻게 생각하나?"라고 물어봤을 때 그 분의 대답은 너무 명확했습니다. "그런 아날로그 지표를 왜 보나? 우리 회사에서 일하는 수십 명의 박사급 머신러닝 전문가들이 경제를 더 정확하고 빠르게 알 수 있는 방법을 연구하고 있다.”

맞습니다. 한 달에 한 번씩 ‘냉장고와 오븐과 같이 비싼 제품을 사기에 좋은 시기라고 생각하는지’를 물어보는 것보다 구글에 냉장고의 특정 모델이 검색되는 빈도수가 어떻게 변하는지를 확인하는 게 훨씬 정확할 수 있으니까요. 왜냐하면 질문지를 받은 표본이 아무리 크더라도 미국 전체를 대표하긴 어려울 뿐더러 냉장고나 오븐을 살지 여부를 결정하는 집단을 대표하기는 더욱 어렵기 때문입니다.

만약 “지금 냉장고를 사기에 적당한가?”를 저에게 물어본다면 저는 “아내에게 물어봐야 될 것 같은데?”라고 생각할 것 같습니다. 즉, 질문을 받은 사람들이 답을 할 수 있는 적절한 사람이 아니라면 잘못된 결과가 나올 수도 있다는 것이지요.

반면, 냉장고의 특정 모델을 검색한 사람들은 냉장고를 구매할 의사가 확실하게 있음을 의미합니다. 게다가 이를 ‘실시간’으로 파악할 수도 있죠. 그리고 어떤 모델의 검색 빈도 증감에 관한 데이터가 실제 냉장고 판매와 가장 상관관계가 높은지도 체크할 수 있을 겁니다. 그리고 더 놀라운 사실은 비단 냉장고뿐만 아니라 다른 어떤 제품의 정보든 다 알아볼 수 있다는 점입니다.

참고로 그 임원 분께서는 ‘루이비통 가방 중 특정 모델명의 검색 빈도수’가 경제를 가장 잘 설명해준다고 귀띔하더군요. 갑자기 5년 전에 만난 B운용사 임원 분은 요즘 어떤 지표를 연구하고 계실지 궁금해지네요.

금융시장에 불어온 AI 바람

아까 ISM제조업지수를 먼저 알고 싶어 하는 사람들의 욕구를 충족시켜준 회사 '마킷'이 한 달에 두 번 PMI 지수를 발표했다는 것을 기억해달라고 했죠? 이제 '더 빨리, 더 자주'의 끝판왕을 소개하려고 합니다. 오비탈 인사이트Orbital Insight는 인공위성을 활용해 정보를 만들어 판매하는 회사입니다.[4] 이 회사는 인공위성을 통해 전 세계에 있는 2만 5000개 원유 저장 탱크의 사진을 분석합니다. 2만 5000개 원유 탱크의 사진을 분석한다는 것은 과거에는 상상도 하지 못했을 일이지만 지금은 AI 이미지 인식 기술을 통해서 탱크의 그림자 크기를 측정하는 것이 가능해졌습니다. 탱크의 바깥쪽 그림자를 통해서 탱크의 크기를 알 수 있고 안쪽 그림자의 크기를 통해서 탱크에 저장된 원유의 양도 계산할 수 있습니다. 이는 오비탈 인사이트라는 회사가 전 세계에 저장된 원유의 재고 수준을 거의 실시간으로 파악할 수 있다는 의미입니다. 아마도 이들에게 주간 단위로 발표하는 EIA의 원유 재고 데이터는 전혀 의미가 없어 보일 것입니다.

오비탈 인사이트가 더 주목받은 계기는 2019년 9월에 있었던 사건 때문입니다. 당시 사우디아라비아의 시추 및 탈황 설비에서 테러가 발생했는데 이때 오비탈 인사이트가 전 세계 원유 재고 현황을 정확하게 확인해주었기 때문입니다. 테러 발생 직후, WTI 유가는 53달러에서 65달러까지 20% 이상 급등했지만 원래 가격보다 더 낮은 가격까지 하락하는 데 걸린 시간은 열흘도 채 되지 않았습니다. 사우디아라비아를 제외한 어느 국가의 원유 저장 탱크에서도 재고가 감소하는 것이 확인되지 않았기 때문이죠. 하지만

▶ **오비탈 인사이트가 촬영한 원유 탱크**

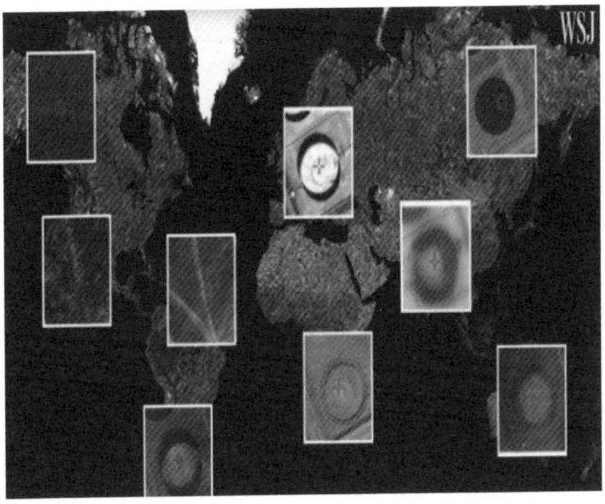

자료: WSJ

유가가 본격적으로 빠지기 시작한 시기는 일주일 후, EIA 재고 발표에서 예상보다 재고가 많이 줄어들지 않았다는 것이 확인된 이후였습니다. 아마도 오비탈 인사이트가 확보한 정보를 미리 알았던 투자자는 먼저 관련 포지션을 구축했을 가능성이 높습니다. 실제로 이 기업은 2016년, 70개의 헤지펀드와 네 곳의 정부 기관에게 이러한 데이터를 제공했다고 알려져 있습니다.

앞으로 AI 기술이 발전할수록 이러한 현상은 더 자연스러워질 가능성이 높겠죠. 바로 그 점이 중요합니다. 모두가 남들보다 '더 빠르고 더 정확한 정보'를 얻고 싶어 하는 상황에서 AI 기술이 이러한 욕구를 현실화시키는 데 도움을 주기 때문입니다. 결론은 '아무리 노력해도 알 수 없는 정보를 누군가는 먼저, 정확하게 알 수 있다'는 사실을 인정해야 한다는 것입니다. 오늘날 경제 상황이라는 정답지가 누군가에게만 먼저 공개되고 있다는 얘기죠. 그럼 이런 상황에서 우리는 어떻게 투자를 해야 하는 걸까요?

이제는 변화를 받아들여야 할 때

지금까지 이야기했던 내용들을 간단히 정리해보겠습니다.

- 경제지표는 거짓말이다!
- 그렇다면 그중에서도 가장 그럴듯한 거짓말을 찾자(ISM제조업지수, 비농업 고용자 수).
- 인간은 더 빨리, 더 자주 알고 싶어 하는 욕구를 갖고 있다.
- 데이터 기술과 AI의 발전으로 답안지가 새고 있다.

정리해보면 ISM제조업지수나 비농업 고용자 수처럼 전통적으로 매우 중요했던 경제지표들이 오늘날 여러 가지 도전에 직면했다는 점을 파악할 수 있습니다. 실제 데이터를 통해서도 ISM제조업지수와 비농업 고용자 수가 과거에 비해 주가와 금리 예측력이 많이 떨어진다는 사실을 확인할 수 있죠. 우선 ISM제조업지수와의 상관관계를 살펴볼까요?

앞서 설명했던 것처럼 ISM제조업지수는 전 세계에서 가장 유명할 뿐 아니라 가장 유용한 지표였습니다. 그 이유는 주식시장에 대한 예측력이 가장 높았기 때문이죠. 미래를 잘 맞추는 점집에 사람들이 모이는 것과 같은 이치입니다. 그런데 최근 이 지표의 예측력은 눈에 띄게 낮아지고 있습니다. 급기야 2018년 1월 이후 2년 동안은 오히려 주가와 정반대의 모습을 보여줄 정도입니다. 쉽게 말하면, ISM제조업지수가 하락하는데도 주가는 계속 상승했다는 이야기입니다. 틀려도 적당히 틀리면 말이 없을 텐데 이렇게까지 반

▶ ISM제조업지수 vs. S&P500지수

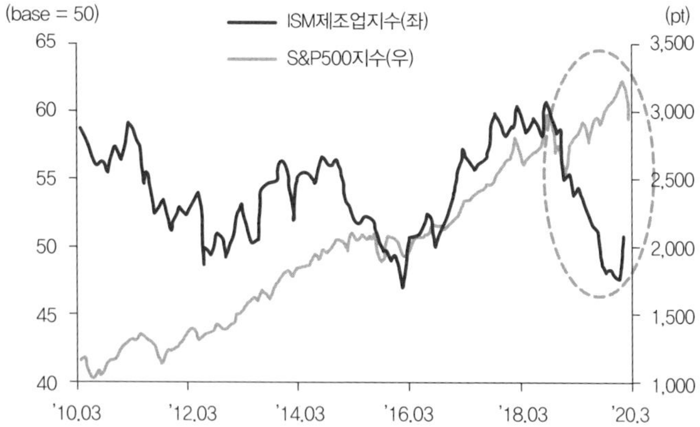

자료: Bloomberg

대로 움직이면 곤란하죠.

이러한 현상을 설명하기 위해서는 우선 그동안 시장에서 비제조업지수보다 제조업지수를 더 중요하게 생각해왔던 이유를 알아야 합니다. 미국 경제에서 서비스업이 차지하는 비중은 80%에 육박하지만 시장에서는 그동안 비제조업(서비스)지수보다 제조업지수를 더 중요하게 생각해왔죠. 이유는 아주 간단합니다. 서비스 업종은 투자에 소요되는 시간이 짧아 제조업보다 경기 변동에 대한 민감도가 낮기 때문입니다. 커피 전문점이나 편의점은 여는 데 길어도 6개월을 넘기지 않습니다. 반면 대규모 정유·화학 공장을 건

설하는 데는 2~3년씩 걸립니다. 수요는 일정한 속도로 증가하는데 공급은 대규모 공장이 완공될 때마다 한 번에 크게 증가한다는 것이죠. 이 때문에 제조업은 경기에 따라서 진폭이 상당히 크게 나타납니다. 이런 이유로 미국 경기에서 제조업이 차지하는 비중이 작음에도 불구하고 ISM제조업지수는 관심을 많이 받을 수밖에 없었습니다.

그런데 이 시점에서 중요한 질문을 하나 해보려고 합니다. "만약 미국 경기에서 제조업이 차지하는 비중이 임계점을 넘어설 정도로 낮아졌다면?" 다음 페이지의 그래프는 미국 경제에서 제조업이 차지하는 비중입니다. 금융위기 이후 지속적으로 낮아져 이제는 전체 GDP에서 차지하는 비중이 11.8%까지 하락했음을 알 수 있습니다. 또한 2018년 이후, S&P500 시가총액 변화에서 MAAAF(마이크로소프트, 애플, 알파벳, 아마존, 페이스북의 앞 글자를 딴 용어)의 비중이 46%를 차지한다는 것도 이러한 변화를 체감케 하지요. 결론적으로 미국 주가를 예측하는 데 제조업 경기는 더 이상 큰 도움이 되지 않고 앞으로도 그럴 가능성이 높습니다.

▶ 미국 경제에서 제조업이 차지하는 비중

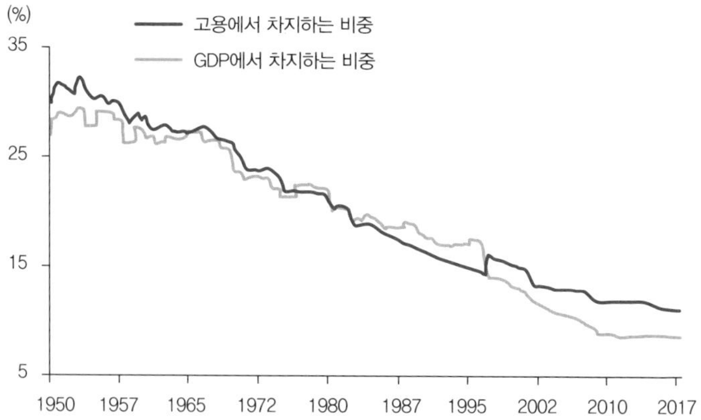

자료: Bloomberg

12

보이지 않는 세상, '무형자산'에 주목하라

애플의 PBR이 의미하는 것

오늘날 전 세계에서 시가총액이 가장 큰 회사는 애플입니다(2021년 2월 기준. 2조 2700억 달러). 따라서 애플의 밸류에이션은 상징적인 의미를 갖는다고 할 수 있습니다. 많은 사람들이 관심을 갖지 않는 작은 종목이 아니라 전 세계에서 가장 큰 시가총액을 갖고 있는 회사라면 정말 많은 사람들의 지혜가 모아져서 만든 가격일 가능성이 크기 때문이죠. 그럼 애플의 밸류에이션을 PBR 기준으로 살펴봅시다. 아이폰이 출시된 2009년 6월 이전 애플의 PBR

은 2~4배 수준이었습니다. 하지만 아이폰이 출시된 이후, 혁신을 이끌며 애플의 PBR은 4~8배 수준까지 아이폰 출시 이전보다 2배 이상 상승합니다. 2015년부터는 아이폰의 매출 비중이 65%에서 50%대까지 낮아졌지만, 그럼에도 2020년 초 애플의 PBR은 16배까지 상승했습니다. 저의 애널리스트 데뷔작이었던 보고서 「보이지 않는 세상에서 투자하는 법」에서 이 내용을 소개했을 때 투자자들의 반응은 '놀랍다'였는데 2021년에 보니 더 놀랍게도 당시보다 2배나 높은 34.6배까지 상승해 있네요.

전 세계에서 시가총액이 가장 큰 회사의 PBR이 34.6배라는 것은

▶ **애플의 PBR 변화**

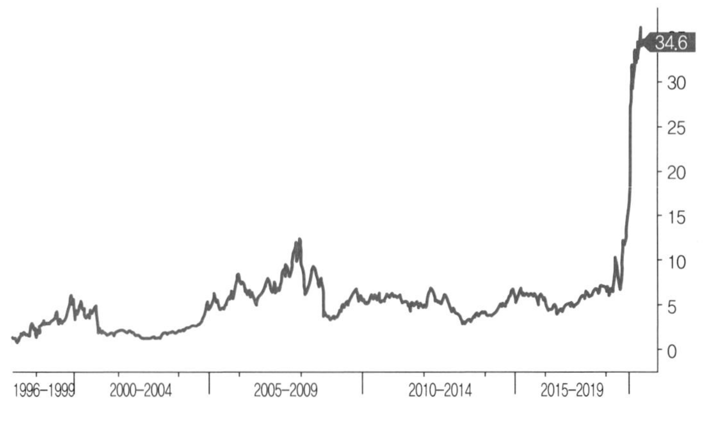

자료: Bloomberg

어떻게 설명할 수 있을까요? PBR은 시가총액(분자)을 장부가치(분모)로 나눈 값입니다. 그렇다면 애플의 PBR이 34.6배인 이유를 설명하기 위해서는 이런 질문이 필요할 것 같습니다. "만약 전 세계에서 가장 가치 있는 기업인 애플의 시가총액(분자)이 옳다면 장부가치(분모)가 틀린 건 아닐까요?"

분모가 틀렸을 가능성을 이해하기 위해서는 무형자산의 개념을 짚고 넘어가야 합니다. 장부가치는 기업이 보유하고 있는 모든 자산을 재무제표에 적힌 값으로 팔 수 있다고 가정하고 우선주를 포함한 모든 부채를 상환하고 남는 금액입니다. 좀 더 쉽게 설명하기 위해서 A라는 사람이 가진 모든 것(집, 자동차, 냉장고, 세탁기 등등)을 모두 다 팔고 은행의 대출을 다 갚는다면 얼마가 남느냐는 질문에 대한 대답이 순자산이라고 할 수 있습니다.

즉, 기업의 모든 자산이 재무제표에 얼마로 적혀 있는지가 관건입니다. 자산은 크게 유형자산과 무형자산으로 나뉩니다. 그렇다면 애플의 자산에서 무형자산은 얼마나 될까요? 2017년 말 기준 애플의 무형자산 비중은 영업권(57억 달러)을 포함하여 총 80억 달러(약 9조 6000억 원)로 총자산 3753억 달러(약 444조 원)의 2.1% 수준에 불과합니다. 마케팅 컨설팅 업체 인터브랜드Interbrand가 평가한 애플의 브랜드 가치가 3230억 달러(약 360조 원)라는 점을 고려하면 너무 심하게 과소평가됐다는 것을 알 수 있지요. 분모가 실제보다 작게 평가됐다면 PBR는 실제보다 높게 계산됐을 수 있습니다.[*5] 애플의 무형자산이 얼마인지 계산하기란 매우 어려운 일입니다(왜 어려운지는 뒤에서 따로 설명 하겠습니다). 어쨌든 회계상으로 애플의 무형자산이 과소평가됐다는 것만큼은 사실이라고 봐야 하겠습니다. 따라서 애플의 무형자산을 재무제표가 정확하게 반영하지 못하고 있다면 PBR이 34.6배라는 점만으로 고평가를 논할 순 없을 것 같네요. 그럼 이제부터 본격적으로 무형자산에 대한 이야기를 시작해보도록 하겠습니다.

이효석 아카데미

'PBR 1배'가 갖는 의미

PBR 밸류에이션은 시가총액을 장부가치로 나눠서 계산합니다. 따라서 주가가 상승할수록 PBR은 높아집니다. 회사의 적정한 PBR을 계산하는 방식은 아래와 같습니다.

* 설명을 위한 단순 계산. 애플의 시가총액이 약 2조 2700억 달러인데, PBR이 34.6배라는 것은 장부가치가 6500억 달러라는 것을 의미. 인터브랜드가 평가한 애플의 브랜드 가치(3230억 달러)를 장부가에 더하면 장부가치는 9730억 달러로 증가하게 되고, 애플의 PBR은 23.3배(2.27/(0.65+0.32))로 낮아짐.

$$PBR = 1 + \frac{(ROE - CoE)}{(CoE - g)} = \frac{(ROE - g)}{(CoE - g)}$$

PVGO Present Value of Growth Opportunity: **성장 기회의 현재가치.**
ROE가 CoE를 넘어서는 순간부터 양의 값을 갖는다.
성장의 가치를 의미하는 PVGO가 양수일 때 적정 **PBR > 1**

조금 어렵지만 이 식이 설명하고 있는 적정 PBR 값은 1+PVGO입니다. 그렇다면 PVGO는 무엇일까요? 이 값은 성장 기회의 현재가치를 의미합니다. 따라서 PVGO가 0보다 작으면 적정 PBR 값은 1 이하가 됩니다. 반대로 PVGO가 0보다 크면 적정 PBR 값이 1보다 커지게 됩니다. 그렇기 때문에 PBR이 1배가 안 된다는 것은 성장 기회가 없는 암울한(?) 주식이라는 의미입니다.

제가 이 글을 쓰고 있는 지금은 코스피의 PBR이 1배를 넘어섰기 때문에 당연하게 느끼는 분이 많을 수 있지만 안타깝게도 코스피는 PBR 1배 이하에서 매우 오랜 시간 동안 머물러 있었답니다. 참고로 당시 PBR 1배는 2450포인트 수준이었는데 2020년 하반기에 무려 세 차례나 PBR 1배를 넘어서려는 시도를 했지만 실패했습니다. 그만큼 PBR 1배를 넘어선다는 것은 쉽지 않은 일이라 할 수 있습니다. 하지만 2020년 11월 미국 대선 불확실성이 끝난 이후 코스피의 PBR이 1배를 막 넘어서면서 주가 상승 속도가 가속화되는 모습을 보이기도 했습니다. PVGO 값이 플러스(+)가 되면서 성장의 가치가 반영되어 선순환 효과를 가져오기 때문으로 보입니다.

무형자산의 중요성이 커지는 이유

자산의 사전적 정의는 '경제적 가치가 있는 유·무형의 재산'이고, 그중에서도 무형자산은 물질적인 형태가 없는 자산을 말합니다. 다음의 표를 보면 무형자산의 종류와 각각의 무형자산을 갖고 있다고 평가되는 기업들을 살펴볼 수 있습니다.

앨러간과 퀄컴은 그들이 가진 특허를 통해서 충분한 수익을 내며 애플과 스타벅스의 브랜드 가치는 고객의 충성도를 이끌어내고 있죠. 아마존과 구글이 만들어내는 R&D와 규모의 경제는 다른 기업들이 따라갈 엄두도 내지 못하게 만듭니다. 무디스의 과점적 지위와 페이스북의 네트워크 효과도 대표적인 무형자산이라고 할 수 있습니다.

그렇다면 왜 무형자산이 중요하고 또 중요해지게 되었을까요? 우선 유형자산이 중요했던 제조업에서 무형자산이 중요한 서비스업으로 경제 구조가 크게 바뀌었다는 점을 알아야 합니다. 미국 경제에서 제조업이 차지하는 비중이 얼마나 크게 감소했는지는 앞

▶ **무형자산의 종류와 해당 기업**

무형자산의 종류	해당 기업
특허	앨러간, 퀄컴
복제 불가능한 자산	유니언퍼시픽, 콤캐스트
관리 및 행정	TJX, 시스코
평판과 브랜드 가치	스타벅스, 애플
R&D 및 규모 경제	아마존, 구글
사용자 및 커뮤니티의 참여	세일즈포스, 워크데이
과점적 지위	무디스, 라스베가스 샌즈
네트워크 효과	페이스북, 비자

자료: Franchise quality score : A metric for intangibles, SK증권

에서 설명한 바 있죠? 미국 경제에서 제조업이 차지하는 비중은 11.5% 수준이지만 고용에서 차지하는 비중은 8.5% 수준에 불과합니다. 사실 고용에서 제조업 비중이 줄어드는 현상은 미국뿐만 아니라 주요 선진국에서 동시에 나타나고 있습니다. 그렇다면 경제에서 제조업의 중요성은 왜 줄어들었을까요? 그 이유는 ① 제조업이 만들어내는 부가가치가 과거에 비해 크게 줄어들었고('스마일 커브Smile curve') ② 그 결과 무형자산으로 투자가 집중되면서 이러한 현상이 가속화되는 경향이 생겼기 때문입니다.

스마일 커브: 신경제에서 부의 창출이 일어나는 곳

제조업이 경제에서 차지하는 비중이 줄어드는 현상을 이해하려

면 '스마일 커브'에 대한 이해가 필요합니다. 스마일 커브는 제품의 수명 주기를 제조 전 단계(연구개발, 브랜드 구축, 디자인)와 제조 단계, 그리고 제조 후 단계(유통, 마케팅, 판매서비스)로 나누었을 때 각각의 가치 사슬별 부가가치의 잠재력을 설명하는 용어입니다.[6] 20세기 유형의 경제에서는 제품 수명 주기에서 제조manufacturing가 가장 큰 부가가치를 만들어냈습니다. 하지만 이제는 제조 전 단계와 제조 후 단계에서의 R&D, 브랜드, 디자인, 유통, 마케팅, 판매·서비스 등 무형자산을 만들어가는 단계에서 중요한 부가가치가 만들어진다는 것이죠. 브루킹스 연구소에서도 이미 2001년, 21세기 신경제에서는 무형의 요소가 부의 창출에 지배적인 역할을 한다는 점을 강조한 바 있습니다.

무형자산에 대한 투자가 유형자산을 압도하는 모습

이처럼 무형자산의 중요성이 커지다 보니 미국의 대표 기업들도 과거에 비해 무형자산에 투자를 집중하고 있습니다. 이러한 현상을 확인할 수 있는 가장 좋은 사례가 미국 5대 기업이 보유한 자산의 변화입니다. 1975년 당시 5대 기업(IBM, 엑손모빌, P&G, GE, 3M)은 유형자산 6000억 달러, 무형자산 1200억 달러를 보유하고 있었죠. 하지만 2018년의 5대 기업(MAAAF)은 유형자산 4조 달러, 무형자산 21조 달러를 보유하고 있었습니다. 5대 기업이 보유하고 있

▶ **스마일 커브**

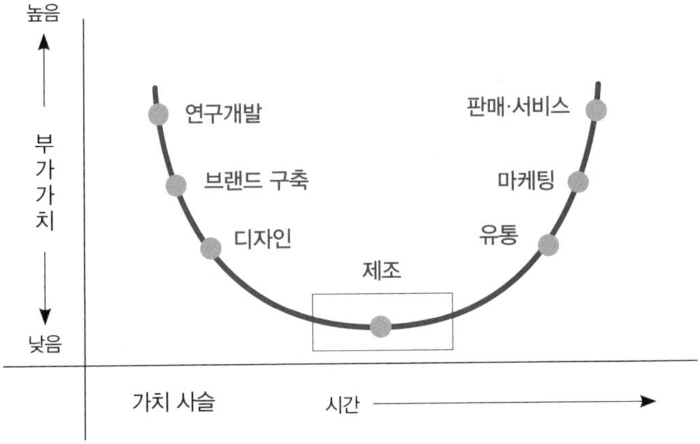

자료: Stan Shin, SK증권

는 유·무형자산을 비교해보면 유형자산은 6000억 달러에서 4조 달러로 6.7배 커졌지만 무형자산은 1200억 달러에서 21조 달러로 무려 175배 커졌다는 것을 알 수 있습니다.[7] 무형자산에 대한 투자는 유형자산과 비교가 안 될 정도로 압도적으로 컸네요.

무형경제의 부작용

이처럼 무형자산의 중요성이 커지고 있다는 사실도 중요하지만 무형자산이 가진 고유의 특성 때문에 생기는 부작용에 대한 우려 또한 커지고 있는 것도 사실입니다. 무형 경제 내에서 상품과 서비

▶ **5대 기업의 연도별 유·무형자산 투자 규모**

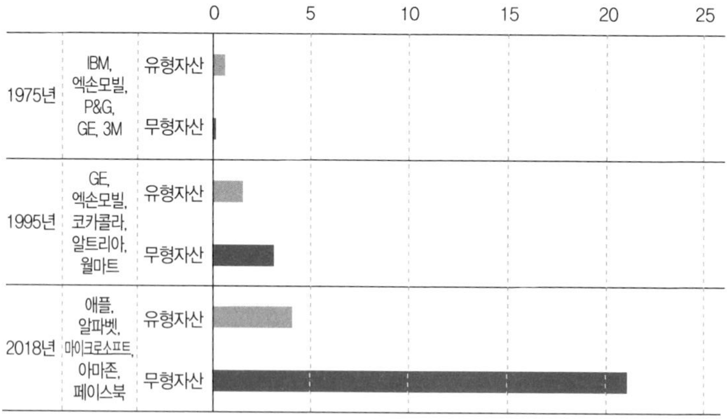

자료: Columbia threadneedle, SK증권

스를 생산하기 위한 한계 비용은 낮지만 제품 혁신이나 시스템 구축을 위해서는 대규모 투자가 요구됩니다. 따라서 이러한 투자를 통해 이미 네트워크를 구축한 대기업들은 지적재산권 보호 규제 등을 통해서 자신들이 구축한 무형자산(지식, 기술)의 확산을 최대한 억제하려고 노력하지요. 게다가 초저금리가 지속되는 과정에서도 대기업에게만 자금 조달이 용이한 환경이 지속되다 보니 금융시장의 접근성이 낮은 소형 및 신규 기업들의 투자는 어려울 수밖에 없습니다.

오른쪽 페이지의 그래프는 OECD 자료인데요, R&D를 가장 많

▶ OECD 주요국들의 무형자산과 유형자산의 GDP 대비 비중

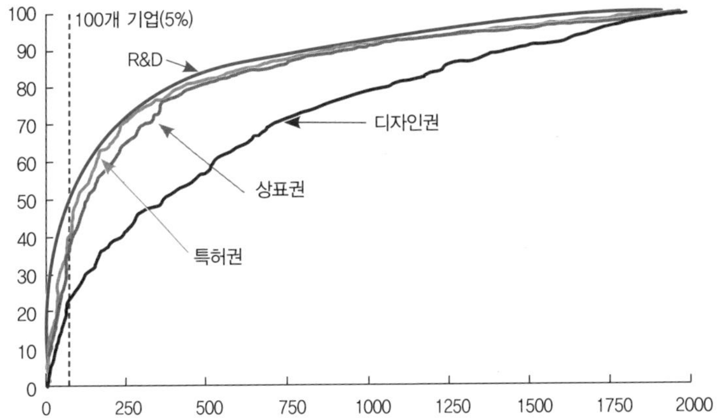

자료: OECD(Shaping the future of technologies and of AI), SK증권

이 하는 2000개 회사 중에서 상위 업체에 대한 쏠림이 얼마나 심한지를 잘 보여줍니다. x축은 R&D를 많이 하는 회사 순서(1~2000개)이고 y축은 누적 R&D 비중입니다. 2000개 기업 중 상위 5%에 해당하는 글로벌 100개 기업이 R&D의 54%, 특허권의 48%, 상표권의 27%를 보유하고 있습니다.[8] 이 그림을 보면서 생각나는 단어는 '포기'입니다. 후발업체들이 '어차피 못 따라가니 그냥 포기해버리자'라고 생각할 수밖에 없다는 것이죠. 네이버나 카카오를 따라잡기 위해 과감한 투자를 하는 회사들이 나타나기 어렵다는 얘기입니다. 어차피 0 아니면 1이 될 수밖에 없는 상황에서 성과도

나기 어렵고 돈도 빌리기 어려우니 작은 기업은 그냥 투자를 포기해버리는 무기력증에 빠질 가능성이 큽니다. 이러한 현상 때문에 정책을 통해서 불균형을 견제해야 한다는 목소리가 커지고 있지만 이와 같은 구조적인 문제가 쉽게 해결되긴 어려울 것 같습니다.

자본 없는 자본주의

조너선 해스컬Jonathan Haskel은 그의 책 『자본 없는 자본주의』에서 무형자산의 중요성을 역설합니다.[9] 사실 이 책의 제목과 원서 표지 그림만으로도 그가 전하려 하는 메시지의 상당 부분을 설명할 수 있습니다. 공장으로 추정되는 공간에 장비는 전혀 없고 수레 위에 노트북만 한 대 올려져 있는 책 표지는 부가가치가 나오지 않는 제조업은 다른 기업에 넘기고, 무형자산에만 투자를 집중하는 애플 등 미국 기술기업들의 자본정책을 그대로 보여줍니다. 실제로 애플은 생산기지를 팍스콘으로 옮기고 '스마트폰을 제조하는 회사'에서 '서비스를 제공하는 회사'로

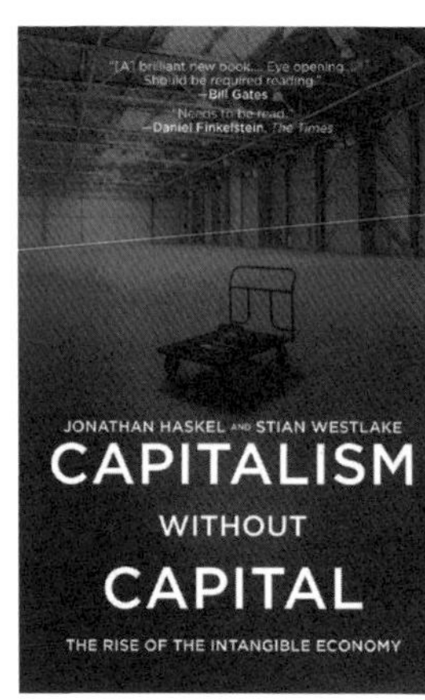

자료: Prinston University Press

극적으로 변화했지요.

그런 의미에서 책의 제목 『자본 없는 자본주의』는 무형자산의 중요성이 커질수록 자본이 필요 없어진다는 점을 역설적으로 표현한다고 할 수 있습니다. 미국 기술 기업들이 적극적으로 자본을 줄임으로써 자본 효율화를 추구하는 것도 같은 맥락에서 이해할 수 있죠. 이 책에서는 무형자산의 성격을 '4S'로 설명하는데, 간단히 소개하겠습니다.

첫째, 우선 무형자산은 쉽게 거래되지 않기 때문에 매몰Sunk cost될 가능성이 큽니다. 장사에 실패해서 문을 닫아야 하는 커피숍이 권리금을 받을 수 없게 되는 상황을 떠올리면 되겠네요. 둘째, 유형자산에 비해서 복제가 쉽기 때문에 타인에게 파급효과Spillover가 큽니다. 이는 사람들이 높은 비용을 지불하면서도 굳이 도시에 살려고 하는 이유를 설명할 수 있습니다. 유형자산인 공장이 서로 붙어 있다고 해서 서로에게 도움이 되진 않지만 개발자 두 명이 옆자리에 있으면 서로에게 긍정적 파급효과를 기대할 수 있으니까요. 《월스트리트저널》의 기사에 의하면 2005년부터 2017년까지 테크 기업들 일자리의 90%가 딱 다섯 개 도시(보스턴, 샌디에이고, 샌프란시스코, 시애틀, 산호세)에서 생겼다고 합니다.[10] 엄청난 집중 현상인데 이들 기업이 대부분 무형자산에 대한 투자로 운영되고 있다는 것을 기억해야 합니다. 셋째, 유형자산에 비해서 한 번에 여러 곳으로 확장Scalable이 가능합니다. 스타벅스 매장(유형자산)이 전 세계로 확장되는 속도보다 스타벅스의 영업 방식(무형자산)이 확장되는 속도가 훨씬 빠르다는 것이죠. 마지막으로 무형자산이 만나면 시너지Synergy 효과를 기대할 수 있습니다. 두 번째 성격인 파급효과와 연결하여 설명할 수 있겠네요.

저는 투자의 관점에서 무형자산이 투자 환경을 어떻게 바꾸었는지를 세 가지 관점에서 '3D'로 정리했습니다. 세 가지가 어렵다Difficult는 말인데요, 무형자산은 ① 거래Transaction가 어렵고 그래서 ② 가치를 평가Valuation하기도 어렵고 ③ 담보Collateral 가치를 인정받기 어려워 대출도 어렵습니다. 이러한 무형자산의 특징이 각각 어떻게 투자 환경을 크게 바꾸고 있는지 살펴보도록 합시다.

▶ **무형자산이 투자 환경에 미치는 영향(3D)**

무형자산의 특징	투자 환경에 미치는 영향
거래가 어렵다	가격 변동성이 커진다
평가가 어렵다	현재 재무제표에 대한 신뢰도 하락
담보로 인정되기 어렵다	펀드 리스크의 증가

거래가 어렵다

무형자산은 유형자산보다 거래가 쉽지 않습니다. 예를 들어 애플이 가진 무형자산이 거래되려면 애플이 파산하거나 다른 회사로

M&A 되는 경우에만 가능합니다. 회사가 가진 무형자산은 그 회사에 중대한 이벤트가 없다면 거래 자체가 쉽지 않습니다. 그렇기 때문에 무형자산은 '버블Bubble' 또는 '버스트Burst'의 성격을 갖습니다. 버블이 될 수도, 터질 수도 있다는 얘기는 그만큼 변동성이 크다는 의미죠. M&A를 통해서 회사의 무형자산이 영업권이라는 개념으로 매각되는 경우를 버블이라고 한다면 부도가 나면서 무형자산을 처리해야 하는 상황을 버스트라고 할 수 있습니다.

평가가 어렵다

무형자산은 유형자산보다 거래가 어렵고 비교 대상도 없기 때문에 평가가 어려울 수밖에 없습니다. 무형자산의 평가가 어렵다는 한계는 기업의 재무제표에 나타난 '무형자산'에 대한 신뢰의 문제로 연결됩니다. 예를 들어 두산밥캣의 재무제표에 표시된 무형자산은 36억 달러(약 4조 3000억 원)로 총자산 57억 달러(약 6조 8000억 원)의 63% 수준입니다. 반면, 네이버의 재무제표에 표시된 무형자산은 3500억 원으로 총자산 11조 8000억 원 대비 3% 수준밖에 되지 않죠. 회사별로 특징이 있어서 어느 회사의 무형자산이 적절하게 평가됐는지에 대한 이야기는 하지 않겠습니다. 하지만 재무제표상의 무형자산을 얼마나 신뢰할 수 있는지에 대한 고민은 꼭 필요합니다.

대출이 어렵다

무형자산은 유형자산보다 은행에서 담보로 인정받기 어렵습니다. 시장에서도 정형화된 평가 방법이 없는데 은행에서 평가하기란 더 어려울 수밖에 없겠죠. 역설적으로 미국 경제가 무형자산을 중심으로 성장했다는 점을 고려하면 은행의 건전성에는 큰 문제가 없다는 의미이기도 합니다.

무형자산에 대한 투자자들의 인식 변화

아무리 무형자산의 중요성이 커졌다고 해도 투자자들이 무형자산에 관심이 없다면 아무런 의미도 갖지 못하겠죠. 2019년 말 컬럼비아 스레드니들 인베스트먼트Columbia Threadneedle Investment가 전 세계 170개 기관 투자자를 대상으로 한 설문조사 결과가 상당히 주목할 만합니다.[11] "회사의 무형자산이 앞으로 비즈니스 모델의 성공 가능성을 높이고 있다고 생각하는가?"라는 질문에 '그렇지 않다'라고 대답한 비율이 5%에 불과했기 때문입니다. 무형자산의 중요성을 인지하고 있는 투자자의 비중이 95%나 된다는 얘기죠. 두 번째 질문은 "무형자산을 고려하지 않고 전통적인 방식의 밸류에이션 모델을 사용하는 것이 부적절하다고 생각하는가?"였는데 '매우 그

▶ 무형자산의 중요성에 대한 설문

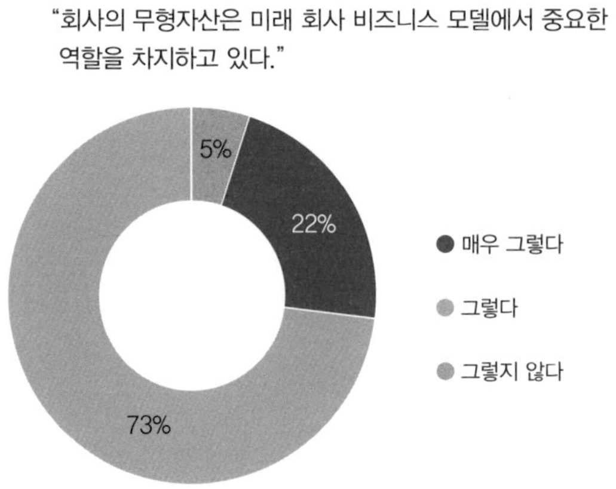

▶ 무형자산 평가 방법에 대한 설문

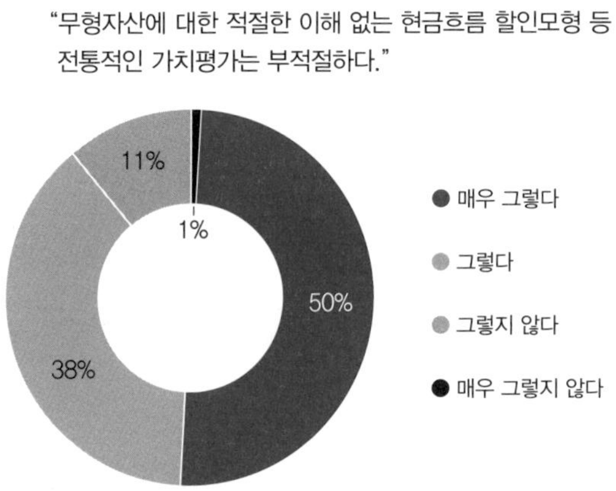

자료: Columbia threadneedle, SK증권

렇다'의 비율이 무려 50%나 됐습니다. 마지막 세 번째 질문은 "투자 기회를 평가하는 데 무형자산을 더 많이 고려하나?"였고, 여기에 59%가 '그렇다'라고 대답했습니다. 이는 무형자산에 대한 평가의 어려움과는 별개로 투자자들이 이미 기존의 밸류에이션 모델이 잘못됐음을 직감적으로는 알고 있다는 것을 의미합니다. 그래서 컬럼비아 스레드니들은 "무형자산으로부터 초과 수익이 나온다는 것을 이해하는 능력이 액티브 매니저의 경쟁력이 될 것이다"라고 결론 내렸죠. 어떻게 보면 조금 무책임해 보이지만 반대로 이 말만큼 현재 투자 환경을 정확하게 설명해주는 말도 없다는 생각이 듭니다.

무형자산 평가 방법

무형자산은 거래가 어렵기 때문에 평가하기도 쉽지 않습니다. 그럼에도 불구하고 다양한 평가 방법론들이 개발되고 있는데요. 여기서는 CFA(재정위원회)에서 제시하는 다섯 가지 방법론[12] 중 투자의 관점에서 의미가 있는 한 가지 방법론만 소개해보려고 합니다. RCMLO Replacement Cost Method Less Obsolescence(무형자산의 대체 원가를 통한 평가 방법)라는 방식인데요. 다소 복잡하고 어렵지만 쉽게 설명해보겠습니다.

네이버가 보유한 검색엔진의 가치는 얼마나 될까요? 이 질문의 답을 찾아야 하는 입장이라면 정말 막막할 것 같습니다. 이럴 때 CFA 협회에서 제시하는 RCMLO라는 방법론이 출발점을 제시해줄 수 있습니다. 우선 검색엔진을 새롭게 만드는 데 필요한 비용을 계산하고, 거기에서 노후한 만큼 값을 제하면 됩니다. 재료, 생산, 품질, 기술 등의 가격을 평가 시기 기준으로 계산하되 네이버 검색엔진만큼의 효용성을 가진 무형자산의 원가를 이용해 그 가치를 대체 평가하는 겁니다.

구체적으로 들어가보면 네이버 운영에 가장 중요한 요소Key factor는 소프트웨어 엔지니어의 몸값이라는 것을 알 수 있습니다. RCMLO 방법론을 구체적으로 살펴보면 코딩의 줄 수Line of code와 생산성을

▶ 취득한 소프트웨어에 대한 RCMLO를 통한 평가

모듈의 숫자	코드의 줄 수	생산성 지표	LOC Basis	LOCper/hour	재생산 소요시간
1	20,000	3	6,667	3	2,222
2	36,000	4	9,000	3	3,000
총합					5,222
		혼합 시간당 비율			130
		재생산 비용			678,889

계산해서 소프트웨어 엔지니어의 인건비를 곱하는 방식으로 재생산비용을 계산하기 때문이죠.

중요한 요소인 개발자들의 연봉을 실제로 조사해보면 무형자산의 가치가 향후에도 계속 상승할 가능성이 높다는 사실을 알 수 있습니다. 아래 표는 미국 소프트웨어 기업들의 대졸 신입 연봉을 나타내는데요. 가장 높은 회사인 리프트가 23만 4000달러(약 2억 8000만 원) 수준입니다. 소프트웨어 개발자의 연봉이 높은 수준을 유지하면 기업이 보유하고 있는 소프트웨어의 대체비용도 계속 증가할 수밖에 없겠지요. 이는 무형자산의 가치가 시간이 지날수록 더 커질 수 있다는 것을 의미합니다.

▶ 미국 대표 빅테크 기업의 소프트웨어 엔지니어 연봉

(단위: 달러)

순위	대졸 신입		시니어 엔지니어		프린서플 엔지니어	
	회사	연봉	회사	연봉	회사	연봉
1	리프트	234,000	핀터레스트	505,000	페이스북	950,000
2	스트라이프	223,000	스트라이프	443,000	구글	710,000
3	에어비앤비	207,000	에어비앤비	434,000	핀터레스트	575,000
4	링크드인	192,000	넷플릭스	430,000	드롭박스	568,000
5	오라클	175,000	링크드인	423,000	세일즈포스	533,000

자료: level.fyi, SK증권

연차별 연봉의 범위나 평균 연봉을 살펴봐도 개발자들의 몸값이 얼마나 빠르게 상승 중인지를 확인할 수 있습니다. 마치 우리나

▶ **페이스북과 구글의 개발 연차에 따른 연봉 범위**

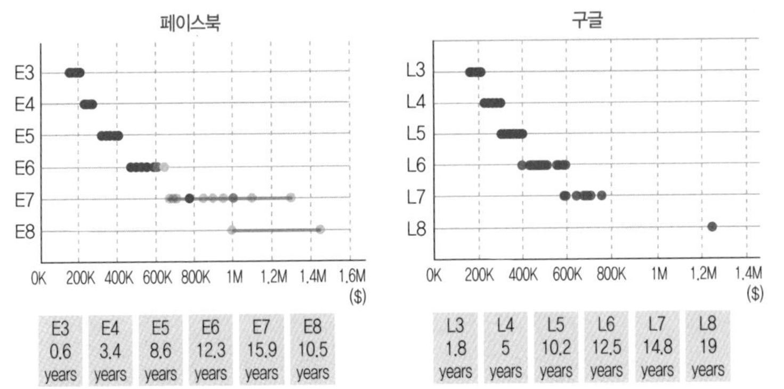

자료: level.fyi

▶ **페이스북과 구글의 개발 연차에 따른 평균 연봉**

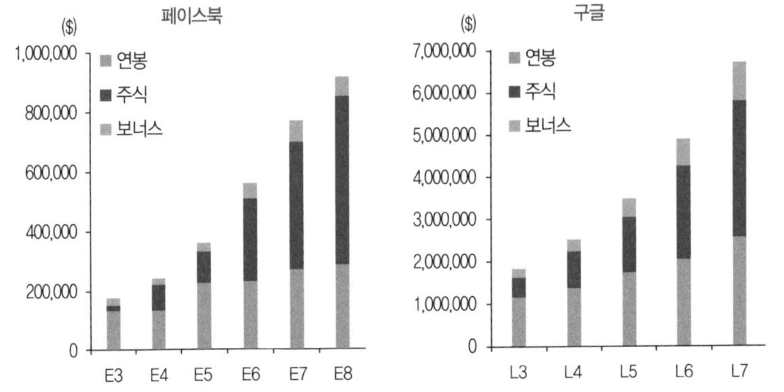

자료: level.fyi

라에서 1970년대 강남 개발 붐이 일 때 건설업자가 필요했던 것과 마찬가지로 지금은 소프트웨어 개발자가 더 필요한 상황일 수도 있습니다.

13

기술 발전이 가져온 투자 환경의 구조적 변화

개인 투자자들은 왜 주식을 하지 않았을까?

개인 투자자들의 위험자산 투자 비중이 기관 투자자들에 비해서 낮은 이유에 대한 연구는 오래전부터 이루어져왔습니다. 대표적인 연구 사례는 하버드 대학의 존 캠벨John Campbell 교수의 논문입니다.[13] 이 논문에서 캠벨 교수는 미국 가구의 투자 성향에 대한 연구를 진행했는데 그는 상당히 많은 가구가 심각한 투자 실수를 저지르고 있다고 주장했습니다. 이유는 "위험에 대한 보상으로 충분히 높은 수익률을 얻을 수 있음에도 위험자산 투자를 전혀 하지

▶ **소득 규모에 따른 투자자산 비중**

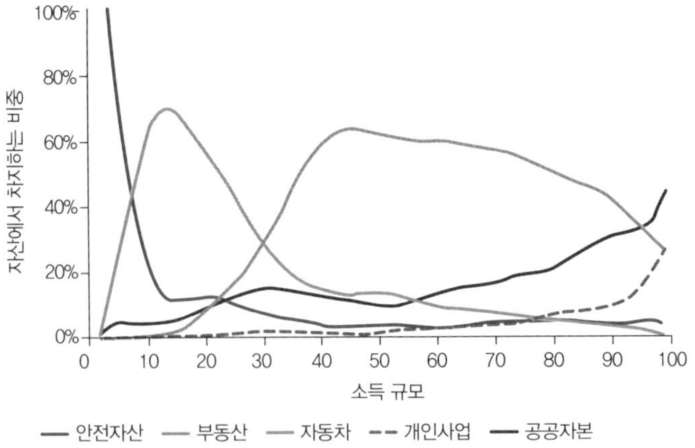

자료: Campbell(2006), SK증권

않는 가구가 많기 때문"이라고 설명했습니다. 실제로 소득 규모별로 투자 행태를 분석한 결과를 보면 소득 하위 5% 수준의 가구는 보유 자산의 100%를 안전자산으로만 구성해놓았다는 것을 알 수 있습니다.

캠벨 교수는 개인들이 위험자산에 투자를 하지 않는 이유로 교육, 소득, 비용지불 의사가 낮기 때문을 꼽았습니다. 가난하고 교육 수준이 낮은 가구가 그렇지 않은 가구에 비해서 투자 실수를 많이 하는 것으로 확인됐고, 과거 저조한 투자 경험을 가진 투자자들이 위험한 자산 시장에 전혀 참여하지 않으려 한다는 것을 밝

혀냈습니다. 쉽게 말하면 개인들의 위험자산 비중이 적정 수준보다 항상 낮았던 이유는 ① 정보를 얻기가 귀찮고 ② 중요한 정보를 얻는 데 비용이 많이 들며 ③ 과거의 좋지 않은 경험 때문이라는 것이죠. 캠벨 교수의 결론은 우리가 직관적으로 생각해도 쉽게 이해할 수 있는 내용이지만 이러한 결론을 얻기 위한 데이터를 수집하는 것이 어려웠다고 합니다.

핀테크와 유튜브가 바꾼 투자 환경

그러던 2020년 11월, 중국에서 발표된 논문에서 약 5억 명의 데이터를 활용한 연구 결과가 새롭게 공개됐습니다. 개인적으로는 이 논문에 소개된 내용이 현재 주식시장에 참여하는 개인 투자자들의 행태를 가장 잘 설명해주고 있다고 생각합니다.[14] 이 논문에서는 캠벨 교수가 어려워했던 데이터 수집을 알리페이Alipay와 타오바오Taobao에서 얻은 핀테크 데이터로 해결합니다. 다음 페이지의 그림이 논문의 핵심을 요약해서 설명해줍니다.

다음 그림에서 x축은 소비의 변동성인데 이는 '위험 선호도'를 의미합니다. 소비의 변동성이 클수록 위험자산을 좋아한다고 볼 수 있죠. 예를 들어 1월에 100만 원을 쓰고, 2월에 500만 원을 쓰

▶ **핀테크 적용률에 따른 위험 성향 대비 위험자산 비중**

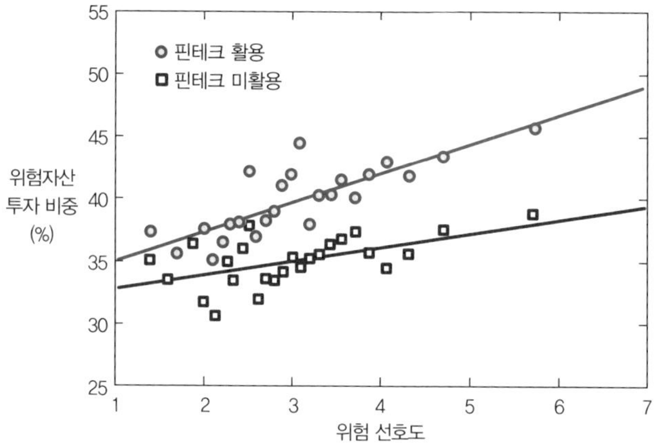

자료: Claire Yurong Hong(2020), SK증권

고, 3월에는 다시 100만 원을 쓰는 사람이 매달 120만 원씩 일정하게 소비하는 사람에 비해서 위험자산을 좋아한다고 볼 수 있습니다. y축은 위험자산의 투자 비중입니다. 당연히 위험을 좋아하는 사람일수록 위험자산에 대한 투자 비중을 높게 유지하겠죠. 위험자산을 좋아하는 사람이 위험자산에 대한 투자 비중을 높게 가져가는 것을 '자기 몸에 맞는 옷을 입는 것'에 비유해봅시다. 위 그림에서 기울기가 1에 가까울수록 자기 몸에 맞는 옷을 입은 사람들이라고 할 수 있겠네요. 그런 의미에서 기울기가 1에 가까운 샛깔선 그룹은 위험자산을 좋아할수록 위험자산의 비중이 높으니 몸

에 맞는 옷을 입은 사람들이라고 할 수 있습니다. 반면, 기울기가 0에 가까운 검은색 선 그룹은 위험자산을 선호함에도 위험자산 투자를 하지 않는다는 것을 확인할 수 있습니다.

두 그룹은 어떤 차이가 있었던 것일까요? 후자는 핀테크 활용을 하지 않는 사람들인 반면, 전자는 핀테크를 잘 활용하는 사람들이었습니다. 핀테크를 활용함으로써 캠벨 교수가 지적했던 문제를 조금씩 해결한 것이죠. 즉, ① 정보를 얻기가 덜 귀찮아지고 ② 정보를 얻기 위한 비용도 줄어들었기 때문입니다. 이 논문은 핀테크와 유튜브 등 기술의 발전이 개인 투자자들의 투자 행태를 바꾸고 있음을 잘 보여준다고 하겠습니다.

만약 기술이 정말 투자자들의 투자 행태를 바꾸었다면 이는 매우 큰 의미가 있다고 생각합니다. 국내의 개인 투자자들이 주식에 투자하는 이유가 단순히 '주식시장이 좋아서'가 아닐 수도 있기 때문입니다. 기술의 변화로 사람들이 자기 몸에 맞는 옷을 입는 과정이라고 이해한다면 이는 구조적인 변화이며, 시황의 변화에도 지속적으로 영향을 끼칠 가능성이 높습니다. 실제로 SK증권에서 진행한 설문조사에서도 비슷한 결과를 보여줬습니다.

다음 페이지의 그래프는 제가 직접 운영 중인 텔레그램 채널의 구독자 약 8000명을 대상으로 조사한 내용입니다(실제 총 응답자는 940명). 응답자의 연령대는 30대가 42.7%로 가장 많았고, 40대

▶ **2020년 초 (코로나19 이전) 주식 비중**

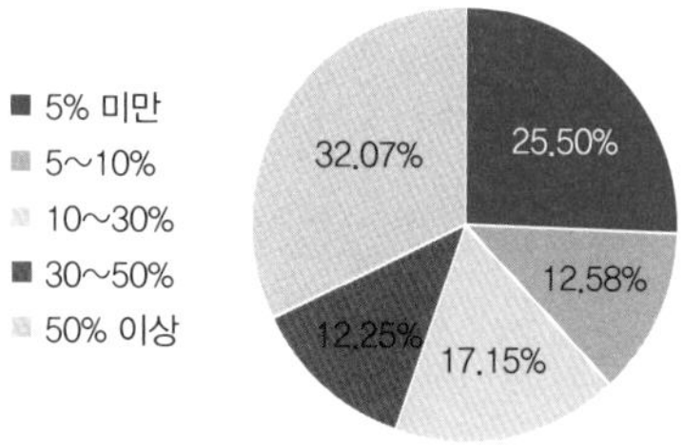

▶ **2020년 11월 총 자산 대비 주식의 비중**

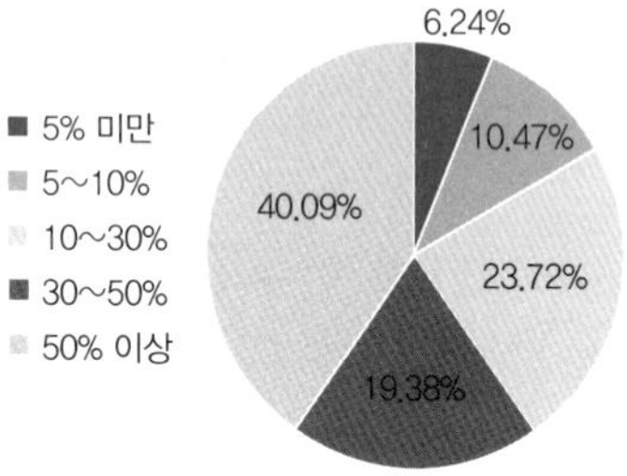

▶ **2021년 주식 비중 변화 계획**

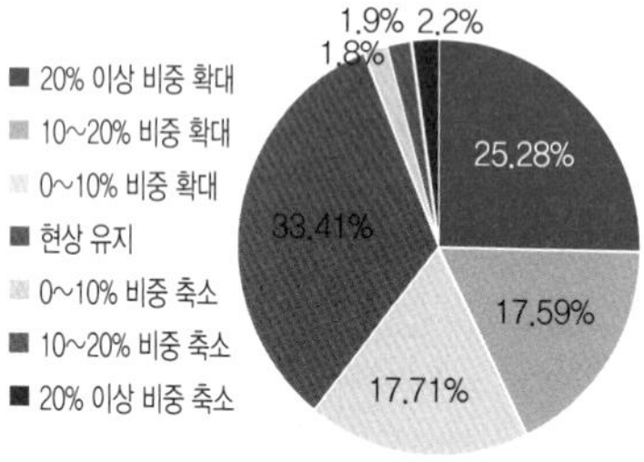

자료: SK증권

31.5%, 20대와 50대가 13% 수준이었습니다. 그리고 응답자의 투자 기간은 10년 이상(27.4%)이 가장 많았지만 1~3년이 22.4%, 5~10년이 18.2%, 3~5년이 16.3%로 모두 비슷한 수준이었습니다. 응답자의 총자산 중 주식투자 비중은 2020년 연초 29%에서 조사 당시(2020년 11월)에는 37.5%까지 증가했다고 응답했는데 놀

라운 점은 2021년에는 추가적으로 주식투자 비중을 10% 더 확대할 계획이라고 응답했다는 사실입니다.

처음에는 이 결과를 어떻게 이해해야 할지 고민이 됐습니다. 텔레그램 채널에 들어와 있는 분이라면 주식투자를 선호하는 사람이기 때문에 주식 비중을 늘린다고 대답했을 가능성이 크기 때문이지요. 그런데 설문조사 결과를 앞서 소개한 논문에 적용해보면 다른 해석도 가능합니다. "설문에 답변을 한 분들은 위험자산 투자를 좋아하는 사람들이었지만 그동안 정보의 제약과 비용 때문에 위험자산 투자 비중이 낮았다가 이제는 적정한 수준의 위험자산 비중을 찾아가는 과정에 있다"라고 말입니다. 주식투자를 해도 되는 사람이 이제 막 투자를 시작하는 과정에 있다면, 즉 자기 몸에 맞는 옷을 입고 있는 중이라면 이러한 현상은 기술의 발전이 계속 이루어지는 한 당분간 지속되리라고 판단하는 것이 합리적인 추론이지 않을까 싶습니다.

지금까지 무형자산의 성격과 금융시장에 미치는 영향을 알아봤습니다. 그리고 어떻게 평가할 수 있는지도 생각해보았는데 결론은 허망하게도 '무형자산은 평가하기가 매우 어렵다'였습니다. 조금 허탈한 느낌이 들긴 하지만 교훈이 아예 없지는 않습니다. 무형자산의 평가가 어렵다는 사실에서 투자 아이디어를 하나 얻을 수 있는데요, 투자자가 아닌 기업의 입장에서 고민하면 쉽게 답이 나옵니다. 기업 입장에서도 똑같이 무형자산에 투자하는 일은 쉽지 않을 것입니다. 그렇기 때문에 역설적으로 '무형자산에 투자하는 것' 자체가 능력이 되며 '무형자산에 투자할 수 있는 회사'가 가치 있는 회사라는 결론을 얻을 수 있습니다.

무형자산에 투자할 수 있는 회사는 어떤 조건을 만족시켜야 할까요? 우선 돈이 있어야 합니다. 하지만 현금이 많다는 게 충분조건은 아닙니다. 아무리 회사에 돈이 많다고 해도 회사의 임원이 한 번도 무형자산에 투자해본 적이 없다면 과연 그 기업이 무형자산에 투자할 수 있을까요? M&A를 하는 것도 무형자산에 투자하는 대표적인 사례입니다. 개인적으로 수차례 M&A를 성공시킨 모 그룹의 임원 분을 만난 적이 있는데요. 제가 지금까지 만나본 어떤 투자자보다 세상의 변화를 읽기 위해서 노력한다는 느낌을 받았으며 무형자산을 평가할 수 있는 노하우를 갖고 있다는 생각이 들었습니다.

미국의 빅테크 기업들과 카카오와 같은 회사들이 지속적으로 성장하는 이유를 생각해봐도 큰 힌트를 얻을 수 있습니다. 이 기업들의 장점은 '사람의 욕구'를 잘 활용하는 것이라고 생각합니다. 최근 제 주변의 지인들이 회사를 그만두면서 하는 말이 뭔지 아십니까? 바로 "회사만 위하는 것이 아니라 나를 위해서 일하고 싶다" 입니다. 반면 미국의 수많은 테크 기업들과 카카오와 같은 회사들은 열심히 일하면 회사의 성공이 곧 개인의 성공이 될 수 있는 시스템을 만들어놨습니다. 예를 들어 카카오에서 일하던 직원이 어느 날 카카오 모빌리티라는 회사의 대표가 됐다고 가정해봅시다. 그러면 일을 하지 말라고 해도 더 열심히 하면서 성장을 만들어내겠죠. 앞서 살펴본 것처럼 무형자산이 중요해진 시대에는 무형자산을 만들어낼 수 있는 소프트웨어 엔지니어들의 가치가 더욱 커지게 됩니다. 그렇다면 그 가치를 지속적으로 평가하고 투자하고 더 나아가 그들이 열심히 하지 않을 수 없는 환경까지 만들 수 있는 회사야말로 미래의 가장 가치 있는 회사가 될 것입니다.

제5장

숫자에 가치를 더하는 밸류에이션에 집중하라

'밸류에이션의 대가'로 알려진 뉴욕대학교 스턴 경영대학원의 애스워드 다모다란Aswath Damodaran 교수는 지난 30년 동안 밸류에이션에 대해 강의를 하면서 본인이 가장 크게 착각한 것이 "많은 사람들이 본인처럼 밸류에이션에 관심이 많을 거라고 생각했다는 것"이었다고 말했습니다.[1] 생각보다 많은 사람들이 의사결정을 하는 데 밸류에이션을 고려하지 않는다는 얘기인데, 그래서 그는 밸류에이션을 알아야 하는 이유를 강조하며 다음과 같은 말을 남겼습니다.

"밸류에이션을 왜 해야 하냐고요? 바로 '레밍'처럼 되지 않기 위해서죠."

레밍은 일명 '나그네쥐'라고 불리는 설치류의 일종인데 이들은 개체 수가 늘면 다른 땅을 찾아 이동하는 특징이 있습니다. 이때 레밍 무리는 맨 앞의 우두머리만 보고 직선으로 이동하는데 그러다가 절벽을 만나도 그대로 뛰어들어 바다에 빠져 익사하기도 합니다. 이런 레밍의 특징에서 따와 맹목적으로 다른 사람을 따라 하는 집단적 편승효과를 가리켜 '레밍 효과Lemming effect'라고 부릅니다. 다모다란 교수는 그런 의미에서 생각 없는 레밍처럼 되지 않으려면 밸류에이션을 알아야 한다고 이야기한 것입니다.

이어 다모다란 교수는 투자자들을 세 가지 성향의 레밍으로 분류합니다. 첫 번째 레밍은 '용감한 레밍'입니다. 모멘텀 투자자 중 큰 고민 없이 다른 투자자들을 맹목적으로 따라다니는 사람을 그는 이렇게 표현했습니다. 둘째, '요기베어 레밍'은 일반적인 레밍보다 똑똑하고 독립적으로 사고하는 투자자를 의미합니다(요기 베어는 미국의 인기 애니메이션 「요기 베어」에 나오는 주인공 곰의 이름으로, 자신이 다른 곰들보다 똑똑하다고 생각한다). 하지만 정말 요기베어 레밍이 되는 것은 쉽지 않은 일입니다. 맹목적으로 앞에 있는 레밍을 따라가는 것도 문제지만 따라가지 않으면 먹이를 찾지 못해 굶어 죽을 수도 있으니까 말입니다. 셋째는 '구명조끼를 입은 레밍'입니다. 아무 생각 없이 따라다니면 바다에 빠져 죽을 수 있지만 그렇다고 안 따라가면 굶어 죽을 수 있다니, 좋은 방법이 없을까요? 그래서 다모다란 교수는 "구명조끼를 입으면 된다"고 이야기합니다. 여기서 구명조끼가 바로 밸류에이션을 의미하지요. 다른 사람을 따라가더라도 본인만의 밸류에이션 방법론을 지키면서 투자한다면 바다에 빠져 죽지 않을 수 있다는 의미입니다.

다모다란 교수의 이러한 비유는 현재 시점에서 우리에게 정말 필요한 조언이라 할 수 있습니다. 왜냐하면 최근처럼 쏠림 현상이 심해질수록 나만의 중심을 잡고 투자를 하는 자세가 필요하기 때문이죠. 지금까지 투자 환경의 변화와 성공 투자를 위한 다양한 개념을 알아봤다면, 이제부터 밸류에이션에 대해서 본격적으로 이야기해보려고 합니다.

14

금리와 주가의 상관관계

금리 상승과 경기 회복은 동의어일까?

많은 투자자 분들이 금리가 주가에 미치는 영향이 크다고 이야기하는데, 쉬운 설명을 위해서 영희와 철수를 불러보겠습니다. 영희는 "금리가 오르면 주가가 상승한다"라고 주장하네요. 반면 철수는 "금리가 하락해야 주가가 오른다"고 합니다. 자, 둘 중 누가 맞는 말을 하고 있을까요?

답을 찾기 위해 중장기 관점에서 미국의 금리와 주가의 상관관계를 한번 살펴봅시다. 다음 페이지의 그래프를 보면 의외의 결과

▶ **미국 10년물 금리 vs. S&P500지수 (1980년 이후)**

자료: Bloomberg

가 나타납니다. 1980년 이후, 월간 기준으로 금리가 상승할 때 주가도 상승한 구간의 비중은 50.3%인 반면 금리가 하락할 때 주가가 상승한 구간은 49.7%였습니다. 이것만 봐서는 금리가 올라야 주가가 상승하는지 금리가 내려야 주가가 상승하는지 알 수가 없네요. 아니면 정답은 '관계가 없다' 일까요?

저는 여기서 문제가 잘못됐다고 생각합니다. 왜냐하면 영희가 이야기하는 금리와 철수가 이야기하는 금리가 완전히 다른 의미로 사용됐기 때문입니다. 금리가 상승할 때 주가가 좋다고 이야기한 영희는 '금리가 경기를 반영한다'는 측면에서 이야기를 했다면,

금리가 하락할 때 주가가 좋다고 이야기한 철수는 금리를 '할인율'의 개념으로 사용한 것이라고 할 수 있습니다. 그럼 우선 영희에 대한 이야기를 먼저 해볼까요?

영희의 주장은 두 가지 명제로 정리할 수 있습니다. 첫째, 금리 상승은 경기 회복을 의미한다. 둘째, 경기가 좋을 때 주가가 좋다. 우선 첫 번째 명제인 금리 상승이 경기 회복을 의미하는지 생각해 봅시다. 결론부터 말씀드리면 경기가 회복될 때는 금리가 상승하는 경향이 있지만 무조건 '금리 상승=경기 회복'은 아닙니다. 좀 어려운 이야기인데 쉽게 설명해보겠습니다.

경기가 회복되면 여기저기에서 투자를 하거나 소비를 하겠다며 돈을 필요로 하는 사람들이 늘어납니다. 돈의 수요가 늘어난다는 것이지요. 모든 재화는 수요가 많아지면 값이 올라갑니다. 돈도 예외가 아니기 때문에 돈의 값인 금리는 상승하게 되죠. 이런데 왜 금리 상승이 경기 회복을 의미하는 것이 아닐까요?

그 이유는 금리에는 경기뿐만 아니라 인플레이션이라는 변수가 하나 더 들어가기 때문입니다. 친구에게 1만 원을 1년 동안 빌려주는 상황을 생각해보면 됩니다. 지금 1만 원으로 짜장면을 사 먹을 수 있는데 내년에는 짜장면 가격이 10% 올라서 1만 1000원이 된다고 해봅시다. 그럼 여러분은 친구에게 1만 원을 빌려주면서 10%의 이자를 받고 싶을 겁니다. 내년에도 짜장면 한 그릇을 똑같이 먹기 위해서는 말이죠. 이처럼 금리는 경기가 회복되면서 생기는 수요 증가도 반영하지만 짜장면 가격 상승이라는 인플레이션도 반영합니다. 금리 상승이 반드시 경기 회복을 의미하지 않는 이유는 금리가 인플레이션에 대한 '기대감'만으로도 상승할 때가 있기 때문입니다.

경기가 안 좋은데 주가가 올랐던 이유

이제 영희의 두 번째 명제인 경기가 좋으면 주가도 상승한다는 문장을 살펴볼까요? 이 질문에 대한 설명을 하려면 2020년 주식시장에 나타났던 현상을 꼭 짚고 넘어가야 합니다. 지금도 많은 분들이 궁금해 하는 질문인데요. 바로 "도대체 경기는 안 좋은데 주가는 왜 좋은 것인가?"입니다.

사실 경제성장률은 원래부터 주가 상승을 설명하지 못합니다. 유의미한 상관관계가 없기 때문입니다. 그럼에도 불구하고 2020년에 이런 질문이 많이 나왔던 이유는 그 차이가 너무 심했기 때문인 것 같습니다. 경기는 너무 안 좋은데 주가가 너무 많이 올랐거든요. 그 이유를 크게 세 가지로 설명해보겠습니다.

주식시장 ≠ 경제성장률

우선 경제와 주식시장이 설명하는 '범위'가 다르다는 것을 알아야 합니다. 우리가 흔히 '경제성장률이 몇 퍼센트다'라고 이야기할 때 경제에는 정부, 가계, 기업 등 모든 경제 주체들의 부富가 들어가 있습니다. 하지만 주식시장에는 상장된 기업만 들어가 있죠. 그렇다면 코로나19가 타격을 준 계층이 누구인지를 확인해보면 되겠네요. 최근 연준에서 발표한 미국의 임금 수준에 따른 고용 감소를 참고해봅시다.

코로나19로 고임금 노동자 계층에서는 5%의 일자리가 감소했습니다. 하지만 취약계층(저임금)의 일자리는 무려 40%나 감소했습니다. 저임금 노동자 10명 중 4명이 일자리를 잃었다는 말이지요. 또한 고용자 수가 500명 이상인 기업에 비해서 10명 이하를 고용하는 영세 업체를 보면 영업을 중단한 비중이 10배 이상 큽니다.

이처럼 코로나19가 타격을 준 대상은 취약계층과 영세한 기업인 반면, 주식시장의 상장 기업은 대부분 대기업이며 이들 기업 중 일부는 오히려 코로나19로 매출이 늘어나는 등 실적이 개선되기도 했습니다. 즉, '경제가 좋지 않다'는 문장에는 모든 경제 주체에 대한 이야기가 들어가지만 주식시장에는 대표성을 띄는 대형주의 성과만 반영된다는 것이 가장 큰 차이지요. 흔히 코로나19 이후 이루어지는 경제 회복을 'K자 회복'이라고 이야기하는데요, 알파벳

K의 모양처럼 코로나의 수혜를 받은 일부 기업들은 빠르게 좋아졌지만 그렇지 못한 대부분의 기업과 신흥국은 회복이 느리거나 오히려 안 좋아지는 현상도 나타났기 때문입니다.

주가의 불확실성

경기는 안 좋은데 주가가 많이 오르는 두 번째 이유는 경제에서 주가로 가는 과정에 불확실성이 많기 때문입니다. 경기가 주가에 영향을 주는 경로를 3단계로 나누어 생각해보면 ① 경제가 성장하면 매출이 증가하고 ② 매출이 증가하면 기업의 이익이 증가합니다. 그리고 ③ 이익의 증가는 주가 상승으로 이어지게 되지요. 문제는 각각의 경로에서 불확실성과 변수가 많다는 점입니다.

경제가 성장할수록 기업의 매출이 증가한다(①)는 얘기는 너무도 당연해 보입니다. 하지만 기업에 따라 차별적으로 진행될 수밖에 없다는 점이 변수입니다. 최근에는 오히려 경제가 성장하지 못하는데도 차별적으로 매출 성장을 이뤄내는 업체들도 나타나고 있죠. 예를 들어 아마존이나 테슬라와 같은 혁신 기업들은 경제가 회복되지 않더라도 자생적으로 구조적 성장을 하고 있으며, 이들 기업에게는 코로나19가 오히려 더 큰 기회요인으로 작용하기도 했습니다. 경제와 주가의 첫 번째 연결 고리에서부터 불확실성이 크다는 것을 알 수 있네요.

매출이 증가하면 기업의 이익이 증가할 가능성이 크지만(②) 여기에도 불확실성은 있습니다. 바로 마진과 비용에 대한 문제인데, 이는 해당 산업의 경쟁 강도에 따라 달라집니다. 마진과 비용 모두 경기와 직접적으로 연결되지 않을 수도 있습니다. 또한 일부 기업들은 최근 어려운 경제 환경 속에서 오히려 비용을 확대하고 있는데, 이는 향후 경기가 좋아지면 수익성 개선에 대한 기대감이 추가적인 상승으로 이어질 수도 있을 것 같습니다.

마지막으로 이익의 증가는 현금흐름의 개선으로 이어질 수 있지만(③) 개별 기업의 재무 상황에 따라서 다른 영향을 주기도 합니다. 또한 순이익이 개선되더라도 주가 상승으로 이어지기 위해서는 밸류에이션이라는 산을 한 번 더 넘어야 하죠. 밸류에이션에 대해서는 뒤에서 다시 이야기하겠지만 금리의 레벨과 방향에 대한 기대감, 주식시장 선호도에 따른 리스크 프리미엄 등으로 크게 바뀔 수 있다는 점이 핵심입니다. 즉, 세 가지 요인 모두 경기와는 관계없이 움직일 수 있다는 점을 기억해야 합니다.

주식시장의 지도가 바뀌었다

2018년 이후, 주식을 가장 잘 예측하는 경제지표로 알려진 ISM 제조업지수와 S&P500이 오히려 반대 방향으로 움직이고 있다고 앞서 설명했습니다. ISM제조업지수가 지속적으로 하락하면서 경기가 안 좋다는 신호를 보냈지만 S&P500지수는 지속적으로 상승하며 모두를 놀라게 했다고 말이죠. 이유는 경기의 영향을 많이 받는 '경기 민감주'가 전체 시가총액에서 차지하는 비중이 줄어들고 경기와 관계없는 기업의 시가총액이 커졌기 때문입니다.

핀비즈Finviz.com에서는 S&P500 기업을 포함한 주요 기업의 시가총액 비중을 한눈에 볼 수 있는 직관적인 그림을 제공합니다. 다음 페이지의 그림을 보면 1년 전에 비해서 아마존(티커 AMZN)과 애플(티커 AAPL)의 시가총액 비중이 얼마나 커졌는지도 확인할 수 있고, 오른쪽 밑에 있는 수많은 경기 민감 기업들의 비중이 얼마나 작아졌는지도 한눈에 알아볼 수 있습니다. 실제로 최근 5년 동안 엑손모빌이 포함된 기초 원료 섹터의 비중은 3.5%에서 2.5%까지 줄었고, 보잉이 포함된 산업용 생산재 섹터의 비중은 11%에서 8%까지 감소했습니다. 경제가 안 좋은 상황이라고 해도 미국의 빅테크 기업이나 네이버, 카카오와 같은 플랫폼 기업의 실적이 부진할 이유는 없습니다. 이들 기업의 이익이 증가할 수 있는 이유는 경제가 좋아지기 때문이 아니라 기존 오프라인에서만 가능했던 수많은 경제활동을 온라인 플랫폼에서도 할 수 있도록 이동시켰기 때문입니다. 따라서 "경제가 안 좋은데 주가가 오를 수 있나?"라는 질문은 "경제가 안 좋은데 경기 민감주의 주가가 오를 수 있나?"로 바뀌어야 합니다. 다만 이미 경기 민감주의 비중이 많이 줄었기 때문에 경기가 부진하더라도 나스닥을 포함한 주가지수가 상승할 수 있다는 것은 기억해야겠지만 말입니다.

▶ **S&P500 시가총액 비중(2019년 6월)**

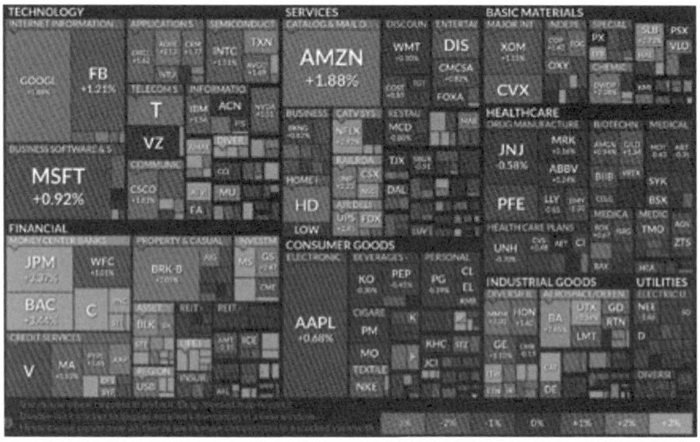

▶ **S&P500 시가총액 비중(2021년 2월)**

자료: finviz.com

15

주식에 적용되는 금리는 무엇인가?

할인은 모든 리스크의 대가

여의도 주식시장에서 주가를 예측하기 위해서 가장 많이 하는 작업 중 하나는 우리나라 기업이 벌어들일 이익에 대한 전망입니다. '2021년에는 반도체 업종과 자동차 업종의 이익이 정상화되면서 130조 원 이상의 순이익이 예상됩니다' 같은 기사나 보고서를 본 적 있을 겁니다.

그런데 혹시 '코로나19로 주식에 적용되는 할인율이 6.8%로 낮아지면서 적정 주가가 높아졌다'라는 기사를 본 적 있나요? 아마

전혀 못 봤을 겁니다. 왜냐하면 실적에 대한 추정은 정말 많이 하지만 금리에 대한 추정은 정교하게 하지 않기 때문입니다. 그러나 이제는 투자 환경이 바뀌었으니 주식에 적용되는 금리에 대해서도 진지하게 고민해야 할 때입니다.

앞서 살펴본 철수와 영희의 예시에서 영희는 금리가 올라야 주가가 오르고, 철수는 금리가 하락해야 주가가 오른다고 했습니다. 그리고 지금까지 살펴본 이야기는 영희의 입장에서 보는 금리였습니다. 그럼 지금부터는 철수의 입장에서 금리 이야기를 해보겠습니다. 금리가 하락해야 주가가 오른다는 주장에서 사용되는 금리는 '할인율'을 의미합니다.

제가 여러분에게 "오늘 1만 원을 주는 게 좋아요? 아니면 내년에 1만 원을 주는 게 좋아요?"라고 물어봤다면 백이면 백 오늘 달라고 했을 겁니다. 내년에 달라고 하는 분은 아무도 없을 거예요. 지금 당장 손에 잡히는 1만 원이 더 가치 있는 이유를 화폐의 시간가치Time value of the money라고 이야기합니다. 그렇다면 화폐가 시간가치를 갖는 이유는 무엇일까요? 크게 세 가지로 나누어서 설명할 수 있습니다.

첫째, 지금 1만 원을 받으면 당장 쓸 수도 있고 투자도 할 수 있습니다. 하지만 내년에 받겠다고 하면 선택권Option이 없어지지요. 다른 표현으로는 기회비용이라고 할 수도 있습니다. 둘째, 불확실성Uncertainty 때문입니다. 여기서 불확실성은 다양한 개념을 포함합니다. 1년 동안 내가 사고 싶었던 1만 원짜리 물건의 가격이 오르면 그 물건을 1만 원에 살 수 없습니다. 인플레이션 때문에 구매력이 하락한다고 표현하지요. 셋째, 제가 마음이 바뀌어서 1만 원을 안 주겠다고 할 수도 있습니다. 일종의 부도 리스크Default risk인 것이죠. 이런 이유 때문에 현재의 1만 원은 내년의 1만 원보다 가치가 있는 것입니다.

그렇다면 '얼마나' 가치가 있을까요? 현재의 1만 원을 포기하고 1년 후에 일정 금액을 달라고 할 때 적절한 설득 논리는 무엇이고, 또 얼마를 더 달라고 해야 할까요? 이 질문에 대한 대답이 바로 '할인율'입니다. A라는 사람은 기회비용이라는 개념을 활용해서 "나에게 지금 1만 원을 준다면 투자를 통해서 적어도 20%의 수익률을 얻을 수 있으니 1만 2000원은 줘야 해"라고 할 수 있습니다. B라는 사람은 인플레이션을 신경 쓰는 사람이라서 "나는 아무래도 내년에 짜장면 가격이 5%는 오를 것 같으니 1만 500원(=1만 원×(1+0.05))을 줘"라고 할 수도 있습니다. C라는 사람은 저를 못 믿기 때문에 이렇게 이야기할 수 있습니다. "나는 당신이 1년 후에 1만 원을 돌려준다는 것을 믿을 수가 없으니 10%는 더 준다고 해야 포기할 수 있겠소." 쉬운 예시지만 여러분은 할인율에 대한 기본 개념을 이해한 겁니다. 이제부터는 조금 어려운 내용으로 갑니다.

주식에 적용되는 금리는 따로 있다

'주식에 적용되는 금리는 따로 있다'는 이 평범한 사실을 생각보다 많은 투자자들이 정확하게 이해하지 못하는 것 같습니다. 이 내용을 정확하게 알고 있는지 체크하기 위해 아래 OX 퀴즈를 한번 풀어 보고 넘어가도록 하겠습니다.

1. 미국 10년물 금리가 상승하면 주가가 하락한다. (O / X)
2. 주식에 적용되는 금리는 따로 있지만 코스피 내 개별 종목에 적용되는 금리는 똑같다. (O / X)
3. 주식에 적용되는 금리는 해당 기업에 대한 심리적인 요인과는 관계가 없다. (O / X)

자, 정답은 모두 X입니다. '어라?' 하는 분들이 있을 것 같네요. 왜 X인지를 지금부터 설명해보도록 하겠습니다.

기업의 재무제표를 보면 왼쪽 차변에는 기업이 보유하고 있는 자산이 들어가고 오른쪽 대변에는 자산을 보유하기 위해서 필요한 돈을 어떻게 조달했는지에 대한 설명이 들어갑니다. 내 돈이 들어갔다면 자본Equity이고 남의 돈이 들어갔다면 부채Liability라고 할 수 있죠. 돈을 조달했다는 것은 그만큼 비용이 든다는 의미인데, 남의 돈(부채)에 대한 비용은 쉽게 계산할 수 있습니다. 은행이나 채권시장에서 돈을 빌릴 때 얼마를 주고 빌리기로 했다는 이자Interest rate가 곧 비용이기 때문입니다. 남의 돈에 대한 비용이 금리(r)라면 내 돈에 대한 비용은 무엇일까요? 이 질문에 대한 대답이 바로 '주식에 적용되는 금리'입니다. 영어로는 'Cost of Equity'라고 하고 전문 용어로는 '자기자본비용'이라고 합니다. 이 책에서는 CoE라고 부르겠습니다.

내 돈에 대한 비용 계산은 남의 돈에 대한 비용 계산만큼 간단하지 않습니다. 왜냐하면 딱히 눈에 보이는 비용이 나가지 않기 때문이죠. 앞의 1만 원 예시를 생각해보면 쉽게 이해할 수 있습니다. CoE는 '내가 이 회사에 돈을 묶어두지 않고 다른 곳에 투자하거나 소비를 했다면 얻을 수 있는 효용이 있을 텐데 그것을 포기했기 때문에 생기는 기회비용'입니다.

지금부터는 CoE를 계량화하는 작업을 시작해보겠습니다. CoE가 내 돈에 대한 기회비용이라는 것은 이해가 됐는데, 계량화는 조금 새로운 영역이죠? 기준점을 잡고 시작해야 이해하기가 쉬우니 무위험 수익률Risk-free rate(투자 위험이 전혀 없는 순수한 기대수익률)이라는 기준점을 잡아보겠습니다. CoE는 '무위험 수익률'에 '투자 위험 프리미엄Equity risk premium, ERP'만큼을 더해준 값입니다.

CoE(*Cost of Equity*) = Rf + ERP(*Equity Risk Premiums*)*

무위험 수익률 (금리) — 투자 위험 프리미엄 (심리)

Rf 값을 우리가 흔하게 접하는 금리(무위험 수익률)라고 한다면 ERP는 심리라고 할 수 있습니다.[2] ERP는 주식에 대한 선호도가 어떻게 되느냐에 따라 달라지는 값이기 때문입니다. ERP는 '무위험 수익률보다 얼마나 더 높은 수익률을 보장해줘야 주식을 선택할 것인가?'에 대한 대답으로 정의할 수 있습니다. 제가 실제로 ERP를 산출하기 위해서 투자자들에게 했던 질문은 다음과 같습니다.

> 현재 은행의 1년 만기 정기예금 금리는 0.8%입니다. 0.8%보다 최소한 얼마나 더 높은 수익률이 보장되어야 주식에 투자하시겠습니까? (추가 설명: '내가 주식에 투자하면 이 정도는 벌 수 있지!' 할 때의 기대수익률이 아닙니다. 안전한 채권이 아닌 주식을 선택하기 위해 주식에게 요구하는 수익률입니다.)

ERP에 영향을 주는 요인은 수도 없이 많습니다. 개개인의 위험

* 저자의 유튜브 채널에 방문하면 보다 자세한 설명을 들을 수 있습니다.
https://youtu.be/zhPdKzlstIA

회피 정도, 소비 성향, 경제 리스크, 인플레이션과 이자율 리스크, 유동성과 펀드 플로우, 재난 리스크, 정부 정책 및 정책 리스크, 통화정책과 행동경제학적 요인까지 정말 많은 요인들이 ERP에 영향을 줍니다. 어려운 말로 설명할 필요도 없이 당장 "엄마가 주식은 하는 거 아니랬어요"라는 것부터 극복해야 하죠.

이처럼 무위험 수익률을 보장해주는 안전자산에서 주식을 선택하기까지 수많은 난관을 극복해야 합니다. 그래서 저는 ERP를 '담벼락'이라고 표현합니다. 모든 투자자들이 이 담벼락을 넘어야 비로소 주식으로 넘어올 수 있다는 의미에서 말이죠. 이제 주식에 적용되는 금리(CoE)가 무위험 수익률(Rf)과 담벼락(ERP)의 합이라는 것은 이해하셨죠? 다시 한번 정리하겠습니다.

- 주식에 적용되는 금리는 따로 있다(CoE).
- CoE는 무위험수익률(Rf)과 담벼락(ERP)의 합으로 표현된다
- 담벼락은 심리에 좌우되기 때문에 CoE는 금리와 심리의 합이라고 할 수 있다.

지금부터는 실제로 미국에서 주식에 적용되는 금리가 어떻게 움직여왔는지를 살펴보도록 하겠습니다.

'담벼락'의 중요성이 커지고 있다

뉴욕 대학교 다모다란 교수가 공개한 자료에 의하면 무위험 수익률이라고 할 수 있는 미국의 10년물 채권금리는 1980년 약 15%를 고점으로 지속적으로 하락하고 있습니다. 반면, 무위험 채권에서 주식으로 넘어올 때 요구하는 수익률인 ERP는 3~5%에서 유지되고 있다는 것도 알 수 있지요.[3] 그렇다면 이 두 개의 금리의 합으로 이루어진 주식에 적용되는 금리 즉, CoE의 구성 비율은 어떻게 변했을까요?

▶ CoE의 구성요소인 미국 10년물 금리 및 ERP 추이

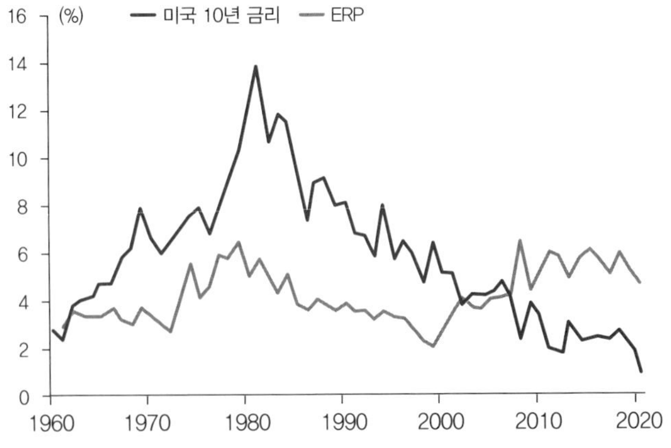

자료: Damodaran, SK증권

아래 그래프는 ERP의 상대적 중요도를 나타냅니다. CoE에서 담벼락인 ERP가 차지하는 비중은 닷컴버블이 한참이던 2000년 초반에는 20% 초반이었다가 지금은 80%까지 증가했다는 것을 알 수 있습니다. 이는 ERP가 변했기 때문이 아니라 무위험 수익률이 그만큼 낮아졌기 때문일 겁니다. 이 그래프를 보면 투자자들이 채권에서 주식으로 넘어올 때 요구하는 수익률이 얼마나 높아질지가 더 중요해졌음을 알 수 있습니다. 채권금리가 현재 수준에서 의미있게 상승하기 전까지는 담벼락, 즉 심리적 요인의 중요성이 그만큼 크다는 뜻입니다.

▶ CoE에서 ERP가 차지하는 비중

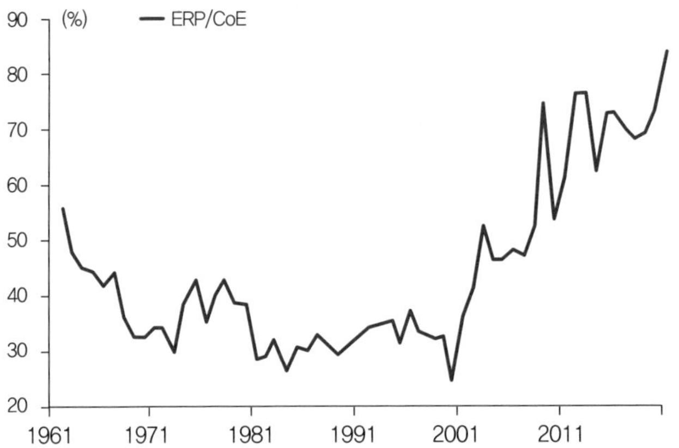

자료: Damodaran, SK증권

CoE가 높은 회사들의 세 가지 특징

주식에 적용되는 금리는 기업의 가치를 평가할 때 할인율로 사용됩니다. 앞서 할인이 필요한 이유에서 언급했듯이 기업이 벌어들일 먼 미래의 현금흐름을 현재가치화 하는 과정에서 사용하는 금리를 CoE라고 합니다. 따라서 CoE가 낮을수록 미래의 현금흐름이 갖는 현재가치가 커지기 때문에 기업의 가치는 커진다고 볼 수 있습니다. 반대로 CoE가 높은 기업일수록 미래의 현금흐름의 현재가치가 작아지기 때문에 기업가치가 하락한다고 볼 수 있겠네요.

그렇다면 우리는 CoE가 낮은 회사를 찾는 안목을 길러야 합니다. 사실 이 개념을 설명하기 위해서는 '베타'라는 다소 어려운 개념을 사용해야 합니다. 그리고 베타를 설명하기 위해서는 해리 마코위츠Harry Markowitz의 자본자산 가격결정 모델도 이해해야 하고요. 하지만 이 책에서는 수학적인 설명보다는 직관적인 설명을 해보도록 하겠습니다.

이효석 아카데미

CoE를 할인율로 사용하는 이유

백화점에 가면 종종 할인 이벤트를 하는 것을 볼 수 있습니다. 그리고 그 이벤트 대상은 정성껏 물건을 만들었지만 소비자들의 선택을 받지 못한 제품이 되곤 하지요. 10만 원짜리 재킷을 20% 할인하면 8만 원이 되고, 30% 할인하면 7만 원이 됩니다. 우리가 여기에서 논의하고 있는 CoE의 개념도 백화점 할인을 생각하면 이해하기 쉽습니다. 이런 질문을 한번 해보죠.

"어떤 제품일수록 할인을 더 많이 해야 팔리나요?"

일반적으로 사람들에게 인기가 없는 옷이나 제품에 불량이 있을 때, 옷이 제 기능을 하지 못할 때 할인을 더 많이 해줘야 그나마 옷이 팔릴 겁니다. 옷이 팔린다는 개념을 주식에 적용하면 '거래가 된다'는 의미지요. 거래가 많이 된 가격을 적정 가격이라고 치면 그 가격은 할인을 얼마나 많이 했느냐에 따라 결정된다고 할 수 있습니다.

할인을 많이 할수록 옷 가격이 싸지는 것처럼 CoE가 높은 주식일수록 적정 가격이 낮아지게 됩니다. 지금부터 소개할 CoE가 높은 기업은 할인을 많이 해줘야 팔리는 옷에 비유할 수 있습니다.

우선 CoE는 '내 돈의 비용'이고 기회비용의 개념이 들어 있다는 점을 기억해봅시다. 그렇다면 어떤 기업의 주인(주주)이 되려고 할 때, 꺼려지는 내용이 얼마나 많은가에 따라서 CoE가 결정된다고 볼 수 있겠죠? CoE가 낮은 기업을 찾기보다 CoE가 높은 기업의 특징을 살펴보는 게 내용 이해에 더 쉬울 것 같네요. 크게 세 가지 사례를 들어 설명해보도록 하겠습니다.

악덕 기업(소액주주)

여기 괜찮은 골프장을 소유한 A라는 기업이 있습니다. 그런데 이상하게도 매년 골프장에서 적자가 납니다. 왜 그런지 알고 봤더니 성수기 시즌에 오너 일가들이 편하게 골프를 치겠다고 일반인에게는 골프장을 개방하지 않는다고 합니다. 이런 악덕 기업이 실제로 존재한다면 여러분은 이 기업의 주주가 되기 위해서 얼마나 높은 금리를 요구하겠습니까? '차라리 예금에 넣어두더라도 이런 기업의 주주가 되고 싶지 않다. 예금보다 10%의 수익률을 보상해줘도 나는 A회사의 주주가 되고 싶지 않다'라고 대답을 하는 분들이 많을 것입니다. 즉, 악덕 기업일수록 CoE는 높을 수밖에 없습니다.

저는 2020년 7월부터 다양한 리포트를 통해 ERP의 중요성을 강조해왔는데, 2020년 8월 말 크레디트 스위스Credit Suisse라는 글로벌 투자은행에서도 ERP가 중요하다는 내용의 보고서가 발간됐습니다. 제목이 매우 직관적인데, 「투자자들이 PER이 아닌 ERP에 집중해야 하는 이유Why investors need to focus on the Equity Risk Premium, not P/E」입니다. 보고서에서 가장 눈에 띄었던 부분은 우리나라의 ERP에 대한 내용이었습니다. 긍정적인 내용이 아니라 아쉽긴 하지만 해외 투자자들의 한국 주식시장에 대한 인식을 확인할 수 있다는 점에서 참고할 필요는 있겠습니다.

Better minority shareholders rights

In the long run, the biggest risk facing an investor is the lack of alignment between shareholder interest and management. (중략) We can see, for example, some Korean companies trade much more cheaply than their global peers because of their poor corporate governance.

쉽게 말하면 한국의 ERP가 상대적으로 높은 이유는 기업이 소액주주의 권익을 제대로 챙겨주지 못하고 있기 때문이라는 내용입니다. 이를 반대로 해석하면, 기업 오너가 소액주주를 포함한 주주들에게 명확한 비전을 제시하고 투명하게 경영활동을 공개한다면 그 기업의 주주가 되기 위해서 높은 수익률을 요구하지 않을 거라는 얘기죠.

잘 아시다시피 '국내 대기업은 배당을 너무 짜게 준다', '주주가 아니라 오너만을 위한 의사결정을 한다' 등 여러 비판적인 견해에서 자유롭지 못합니다. 그리고 이러한 낙후된 지배구조를 바꾸기 위해서 여의도에서는 이미 다양한 시도를 해왔죠. 분명히 의미 있는 시도이긴 했지만 좋은 성과를 냈다고 이야기하기에는 부족했던 것도 사실입니다.

하지만 지금부터라도 개선된다면 우리나라 기업의 CoE도 낮아질 여지가 있지 않을까요? 저는 이 부분에 대해서 상당히 긍정적인 관점을 가지고 있습니다. 실제로 2020년 한 해 동안 '동학개미'라고 불리는 개인 투자자들의 주식투자 열풍은 주주 행동주의로 이어졌죠. 대주주 양도소득세 요건 강화 유예, 공매도 제한, 일부 기업의 기업분할 과정에서 보여준 이러한 동학개미들의 활동은 가끔 투박해 보이기는 해도 중장기적으로 우리나라 기업들의 CoE를 낮추는 데 큰 기여를 할 수 있으리라 생각합니다.

게으른 기업

CoE가 높은 기업의 특징으로 게으른 기업을 설명하기 위해 성경에 나와 있는 달란트 일화를 소개해보겠습니다. 주인이 먼 길을 떠나기 전에 자신이 보유하고 있는 재산의 일부를 종들에게 나누어주며 관리를 하라고 했습니다. 얼마 후 주인이 돌아오자 첫 번째 종은 그 돈으로 장사를 해 이윤을 남겨서 주인에게 돌려줍니다. 그리고 '착하고 충성된 종'이라며 칭찬을 받지요. 하지만 두 번째 종은 그 돈을 땅에 묻어두었다가 주인이 돌아왔을 때 이렇게 이야기합니다. "주인님, 이렇게 어려운 상황에서 제가 이 돈을 잘 보관해두었다가 그대로 돌려드립니다"라고 말입니다. 주인은 이렇게 말합니다. "이 악하고, 게으른 종아!"

기업도 이와 마찬가지입니다. 제가 개인적으로 투자를 했던 A기업의 사례를 소개하겠습니다. 이 기업의 시가총액은 2000억 원 수준이었는데 그중 현금으로 1000억 원을 들고 있었습니다. 회사의 규모에 비해 상당히 큰 1000억 원이라는 돈을 어떻게 운용하고 있는지 궁금해서 CFO에게 직접 물어봤습니다. 그랬더니 CFO가 매우 당당히 이렇게 이야기하는 게 아니겠습니까? "우리는 MMDA라는 상품에 가입했으며 은행예금보다 높은 수익률을 기록하고 있습니다." 저는 당시 그런 생각이 들었습니다. '아, 이 기업 주식을 사지 말고 그냥 예금에 넣어놓기나 할 걸.' 여러분도 이처럼 꼭 그 회사의 주주가 아니어도 할 수 있는 너무 쉬운 방법으로 보유한 현금을 투자하는 회사의 주주가 되고 싶지 않을 겁니다. 예금상품에 가입하는 건 누구나 할 수 있는 거니까요. 따라서 이런 회사의 CoE는 그렇지 않은 회사에 비해서 높을 것입니다.

쉬운 설명을 위해서 당사자의 동의를 얻어 '수미숨' 님의 사례를 소개해보려고 합니다.[4] 모 은행에 다니는 수미숨 님은 매달 본인의 포트폴리오를 공개합니다. 2021년 1월 말에 공개한 자료에 따르면, 2016년 10월을 기준으로 현재까지 평가 잔액 규모가 무려 50배나 증가했습니다. 국내 주식과 해외 주식 그리고 부동산까지 다양한 자산에 장기 투자하고 있는 수미숨 님을 보면서 저는 개인 투자자들이 가져야 할 덕목을 모두 가진 분이라고 생각했습니다. 저는 수미숨 님의 성공 비결이 단기적으로 좋은 종목을 잘 골랐다거나 때를 잘 만나서가 아니라 투자에 대한 '좋은 태도' 때문이라고 생각합니다. 수미숨 님의 사례는 좋은 회사를 다니면서 돈을 버는 것도 중요하지만 재테크에 대한 관심과 실천이 얼마나 중요한지를 잘 보여줍니다. 기업을 판단할 때도 마찬가지입니다. 이익 지표(영업이익, 현금흐름 등)를 통해 이 회사가 사업으로 얼마나 돈을 잘 버는지 확인하는 일은 당연히 중요합니다. 하지만 이 회사의 자본정책Capital budgeting 즉, 얼마나 재테크를 잘하는지를 확인하는 것도 매우 중요합니다.

이렇게 이야기하면 기업이 본업에 충실해야지 투자에만 신경 쓰는 게 올바르냐는 질문을 할 것 같네요. 그 말도 정말 맞는 말이지요. 그런데 이것도 한번 CoE의 개념으로 생각해봅시다. 여러분이라면 어떤 자본정책을 쓰는 회사에 투자하고 싶을지 말입니다.

2014년 현대차는 당시 공시지가 1조 5000억 원, 감정가 3조 3000억 원이었던 한전 부지를 10조 5500억 원을 주고 매입하는 결정을 합니다. 당시 주가는 매우 빠르게 급락했습니다. 당시 주주들은 이런 생각을 했을 것입니다. "땅 사는 건 내가 현대차 주주가 아니어도 할 수 있는 것 아닌가? 왜 내가 현대차 주주가 되면서 간접적으로 땅 사는 것을 지켜봐야 하지?"라고 말이죠. 그런데 최근엔 현대차의 행보가 바뀌었습니다. 앱티브Aptiv와 함께 공동 투자하여 설립한 모셔널Motional은 조만간 자율주행 서비스를 출시할 예정입니다. 그리고 2020년 말 보스턴 다이나믹스Boston Dynamics를 인수하면서 인공지능 기술 영역을 넓히겠다는 계획을 밝히기도 했죠.

현대차가 땅을 사는 데 돈을 쓰는 것과 미래 기술과 관련된 기업을 인수함으로써 시너지를 내려는 것에는 어떤 차이가 있을까요? "현대차가 산 한전 부지의 가치가 많이 올랐으니 좋은 투자를 한 것 아니냐"는 질문을 하는 분도 있던데, 잘 생각해보면 한전 부지의 가치 상승이 현대차 주주에게 이익으로 돌아올 수 있는 방법은 거의 없습니다. 그리고 앞서 언급한 것처럼 땅 구입은 현대차의 주주가 되지 않더라도 할 수 있는 일이죠. 그렇기 때문에 이러한 자본정책은 CoE를 높이는 효과를 가져오고 적정 주가 수준을 낮추게 됩니다. 하지만 최근 현대차가 추진 중인 기업 인수 등의 자본정책은 현대차 주주가 아니면 할 수 없다는 특징이 있습니다. 물론 직간접적인 방법으로 현대차가 인수한 기업에 투자할 수는 있지만 투자한 회사와 내가 시너지를 낼 수 있는 방법은 없습니다. 그런 의미에서 현대차의 최근 자본정책은 CoE를 낮추는 데 결정적인 역할을 했다고 볼 수 있습니다.

이익의 변동성이 큰 기업

제가 여러분에게 1만 원을 주겠다고 했던 예시로 돌아가봅시다. 1만 원을 올해 받는 것과 내년에 받는 것 중에서 더 좋은 선택은 올해 받는 것이라고 했죠? 그 이유는 ① 내가 올해 1만 원을 갖고 할 수 있는 일들을 포기해야 된다는 의미에서의 기회비용 ② 내년에 주기로 한 1만 원의 가치가 바뀔 수도 있다는 불확실성 ③ 제가 도망을 가버릴 수도 있다는 의미에서 부도 리스크가 있었습니다. 이익의 변동성이 큰 기업의 CoE가 낮은 이유 세 번째는 바로 불확실성입니다.

다음 페이지의 그림은 기업의 실적 추정치의 분포를 나타냅니다. 실적에 대한 컨센서스가 점으로 표현되어 있다면 실제 실적은 그림과 같이 분포를 나타낼 겁니다. A는 넓은 분포를 가지고 있고요. B는 좁은 분포를 보여줍니다. 같은 실적이라도 A와 B 중에서 어떤 회사의 CoE가 높아야 할까요? 당연히 A에 적용되는 CoE가 높아야 합니다. 왜냐하면 시간이 길어질수록 불확실해지기 때문입

▶ 실적 추정치 편차, 어떤 회사의 할인율이 더 낮아야 할까?

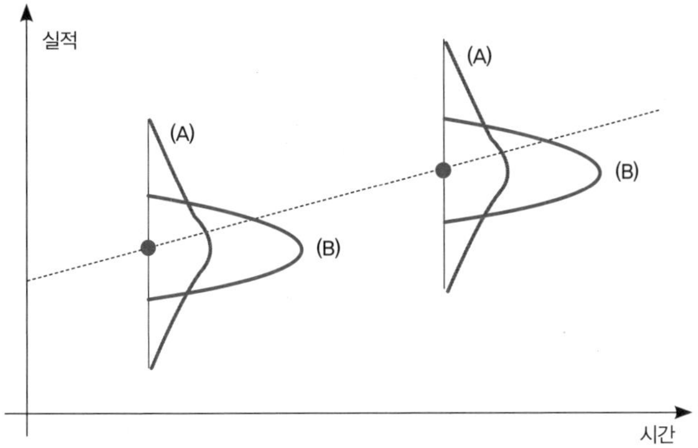

자료: SK증권

니다.

좀 더 개념을 확장해보면 A처럼 실적의 변동성이 큰 기업은 일반적으로 외부 변수에 따라서 이익이 변할 때가 많습니다. 보통 경기 민감 업종이라고 표현하는데요. 이들 기업은 경기가 좋을 때는 기대보다 더 좋은 실적을 내지만 경기가 부진할 때는 기대에 미치지 못하는 경우가 많죠. 뿐만 아니라 재무구조가 좋지 않은 기업일수록 실적의 변동성이 커질 수 있는데 이는 금리, 환율과 같은 외부 변수의 영향을 받기 때문입니다.

16

듀레이션이 긴 주식을 찾아라

얼마나 오래 기다릴 수 있느냐가 관건

채권 투자자들에게 듀레이션Duration은 익숙한 개념이지만 주식 투자자들에게는 다소 생소한 개념일 수 있습니다. 간단하게 개념을 설명하면 '투자자금의 평균 회수 기간'을 의미합니다. 여전히 무슨 말인지 모르겠다고요? 쉬운 설명을 위해서 예시를 하나 들어보겠습니다.

여러분이 우리나라 정부에 1억 원을 빌려줬다고 해봅시다. 이렇게 돈을 빌려주는 행위를 '대한민국 정부가 발행한 국채를 산다'고 표현할 수 있습니다. 그럼 여러분은 정부로부터 종이쪽지(채권)를 하나 받을 겁니다. 종이쪽지에는 1년에 얼마큼의 이자를 줄지와 언제 원금을 갚을지에 대한 약속이 적혀 있습니다. 여기서 두 가지 경우를 생각해보도록 하죠. 첫 번째는 만기까지 이자를 주지 않고 3년 후에 원금과 이자를 한꺼번에 주는 경우입니다. 내가 투자한(빌려준) 돈을 모두 돌려받는 시점은 당연히 3년 후입니다. 그렇기 때문에 듀레이션은 3년이 됩니다. 계산할 필요도 없이 정말 쉽네요.

그런데 정부에서 조금씩이라도 이자를 매년 준다고 하면 계산이 약간 복잡해집니다. 매년 이자(이걸 채권에서는 쿠폰이라고 합니다)를 2%씩 준다고 해볼까요? 이런 상황에서 "내가 투자한 돈을 모두 돌려받는 시점은 언제일까요?"라고 물어본다면 정확히 얼마가 될지는 모르겠지만 적어도 3년보다는 짧을 것 같습니다. 중간에 이자를 받으니까요.

다음 페이지의 그림은 듀레이션을 무게 중심으로 표현한 것입니다. 왼쪽 그림처럼 시소 위에 돌이 하나 있으면 그 돌이 있는 곳이 무게 중심이 됩니다. 하지만 작은 돌이 몇 개 같이 있다면 무게 중심은 작은 돌이 있는 쪽으로 약간 더 움직여야 균형이 맞겠죠? 앞의 예시에서 3년 후에 원금과 이자를 한꺼번에 주는 경우가 돌이 하나만 있는 상태고, 이자를 조금이라도 주는 경우가 작은 돌이 같이 있는 상태라고 이해하면 됩니다.

▶ 무게 중심으로 표현한 듀레이션의 개념

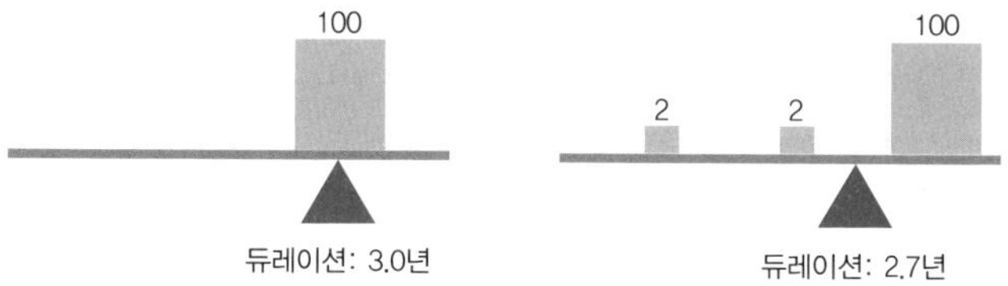

이 개념을 만든 사람의 이름을 따 맥컬레이 듀레이션Macaulay Duration이라고 합니다. 그리고 이 듀레이션 값을 수학적으로 미분을 한 번 하면 수정 듀레이션Modified Duration이 계산됩니다.

자, 이제 듀레이션을 어떻게 계산하는지를 알려드리겠습니다. 물론 복잡한 계산식을 모두 이해할 필요는 없습니다. 아래의 딱 두 가지 개념만 알고 넘어가면 됩니다.

첫째, 듀레이션은 현금흐름의 무게 중심이다.

둘째, 듀레이션은 금리에 대한 민감도를 의미한다.

이효석 아카데미

맥컬레이 듀레이션 계산식

채권의 가격이 시간별 현금흐름을 현재가치화한 값이라면 듀레이션은 각각의 현금흐름에 시간을 가중 평균한 후 투자 원금으로 나눠서 계산한 값입니다. 때문에 개념상으로는 현금흐름의 시간가중평균Time weighted average으로 이해할 수 있지요. 다음과 같은 식으로 계산할 수 있으며 이를 '맥컬레이 듀레이션'이라고 부릅니다.

$$D = \frac{\sum_{t}^{T} t \times \frac{CF_t}{(1+r)^t}}{P}$$

듀레이션의 산출 방식은 위 식과 같지만 채권 시장에서의 듀레이션은 채권 가격에 대한 금리 민감도로 더 많이 알려져 있습니다. 맥컬레이 듀레이션을 금리로 미분하면 수정 듀레이션이 됩니다.

$$-(1+r)\frac{dP}{dr} = D \times P$$

$$\frac{\Delta P}{P} \approx \frac{D}{1+r}\Delta r = -(\text{수정 듀레이션}) \times \Delta r$$

부연 설명을 하면 듀레이션은 채권이 가진 현금흐름의 무게 중심과 같은 개념입니다. 즉, 현금흐름이 뒤쪽에 있을수록 듀레이션이 길어지고, 앞쪽에 있을수록 듀레이션이 짧아진다는 것이죠. 또한 수정 듀레이션은 금리에 대한 가격의 민감도를 나타내는데 쉽게 표현하면 금리가 똑같이 하락하더라도 듀레이션이 길면 긴만큼 가격이 비례해서 움직인다는 것을 의미합니다.

그럼 이제 채권에서 사용되는 듀레이션의 개념을 주식으로 가져와보겠습니다. 계산식은 복잡해서 생략했지만 필요한 분들을 위해서 따로 유튜브 영상을 준비해놨습니다.* 일단 듀레이션이 갖는 의미와 개념만 이해하면 되니까 부담 없이 따라와 주세요. 개인적으로는 성장주와 가치주의 구분을 좋아하진 않지만 시장에서 많이 사용하고 있으니 이해를 돕기 위해 나누어 설명해보겠습니다.

금리가 낮을수록 성장주의 성과가 가치주보다 좋을 가능성이 높다는 것은 이미 잘 알려진 사실입니다. 이러한 현상을 설명하기 위해서 전설적인 투자자인 리처드 번스타인Richard Bernstein은 다이아몬드 이론을 가져왔습니다.[5] 다이아몬드가 비싼 이유는 희소하기 때문이라는 논리입니다. 즉, 금리가 낮다는 것은 경기가 안 좋다는

---

* 저자의 유튜브 채널에 방문하면 보다 자세한 설명을 들을 수 있습니다.
https://youtu.be/XenKVXiBD9c

뜻이고 그러면 성장하는 기업도 별로 없고 귀할 수밖에 없으니 성장주의 가치가 높아진다는 설명이죠. 명쾌한 설명입니다.

또 할인율 개념으로도 설명 가능합니다. 금리가 낮아지면 할인율도 낮아지니* 성장주처럼 먼 미래에 이익이 많이 날 것으로 예상되는 기업의 가치가 높아지는 효과가 있다는 얘기죠. 둘 다 좋은 설명입니다. 그런데 이러한 설명에는 한계가 있습니다. "금리가 낮을 때 성장주의 성과가 좋다는 것은 알겠습니다. 그런데 '얼마나' 좋은 거예요?"라는 질문에 대해서는 대답을 할 방법이 없기 때문입니다. 이때 사용할 수 있는 개념이 바로 에쿼티 듀레이션Equity duration입니다.[6] 금리가 낮을 때 성장주의 성과가 얼마나 좋을지를 생각해보기 위해 알아야 하는 개념 두 가지를 정리하고 시작하겠습니다.

1. 성장주가 가치주보다 듀레이션이 길다: 성장주는 가치주에 비해서 현재보다 미래에 돈을 더 많이 벌 가능성이 높습니다. 현금흐름이 먼 미래에 더 많을 것으로 예상된다는 얘기죠. 앞서 설명한 무게 중심 이론을 적용해보면 성장주

---

* 우리는 금리가 낮아지는 것과 주식에 적용되는 금리가 낮아지는 것의 차이를 알고 있습니다. 다시 한 번 강조하지만 주식에 적용되는 금리는 무위험 수익률과 담벼락(ERP)의 합으로 이루어져 있습니다.

의 듀레이션이 가치주의 듀레이션보다 길 것이라고 쉽게 이해할 수 있습니다.

2. 듀레이션이 길면 금리에 대한 가격 민감도가 크다: 두 가지 듀레이션의 개념 중 수정 듀레이션은 금리가 변할 때 주가가 얼마나 변하는지를 나타낸다고 했습니다. 똑같이 금리가 변하더라도 주가는 듀레이션이 긴 주식일수록 더 많은 변화가 생길 수 있습니다.

제가 어려운 에쿼티 듀레이션의 개념을 소개하면서 강조하고자 하는 메시지는 두 가지 사실을 합쳐보면 알 수 있습니다. '성장주가 가치주에 비해서 듀레이션이 길고, 듀레이션이 길면 금리에 대한 가격 민감도가 크다.' 따라서 '성장주가 가치주에 비해서 금리에 대한 가격 민감도가 크다'는 것이죠.

이해를 돕기 위해서 실제로 네이버와 포스코의 주가에 반영된 에쿼티 듀레이션이 얼마인지 계산해봤습니다. 주요 가정은 각 기업의 CoE를 계산하기 위해서 무위험 수익률(국고채 3년물 금리)과 베타 값(네이버 0.73, 포스코 1.19)을 적용했으며 만기 시점 T는 10년으로 추정하고 ROE는 10년 후 CoE에 수렴한다는 가정을 했습니다. 장기 성장률은 OECD가 발표한 한국의 잠재성장률 최근 추정치(2.5%)를 적용했으며 기업에 대한 기본적인 가정은 SK증권의 추정치를 활용했습니다.

결론적으로 네이버의 에쿼티 듀레이션은 31.8년인 반면, 포스코의 에쿼티 듀레이션은 12.4년으로 계산됐습니다. 듀레이션이 금리 변화에 따른 가격 민감도를 의미하기 때문에 같은 금리 변화에 따른 가격 변화는 네이버가 포스코에 비해서 2.5배 크다는 의미지요. 에쿼티 듀레이션의 개념을 활용하면 단순히 금리가 낮으면 네이버에게 유리하다는 것뿐만 아니라 '어느 정도'로 유리한지에 대한 수치적인 접근이 가능하다는 것이 장점입니다.

여러분이 투자해야 할 주식은 '듀레이션이 긴 회사의 주식'입니다. 그렇다면 듀레이션이 긴 회사는 어떤 특징이 있는지 알아야겠죠. 첫째, CoE가 낮아야 합니다. 둘째, 성장률이 높아야 합니다. 성장률이 높을수록 현금흐름의 무게중심이 뒤쪽에 있기 때문에 듀레이션이 길다는 것을 알 수 있습니다.

여기까지 오느라 고생 많았습니다. 이제 딱 한 발자국만 더 갑시다. 우리가 앞의 논의를 통해서 낸 결론은 '성장주가 가치주에 비해서 금리에 대한 가격 민감도가 크다'는 것이었습니다. 그럼 여기서 말하는 금리는 어떤 금리일까요? 즉, 금리가 낮아질수록 가치가 커진다는 논리에 적용되는 금리는 영희가 말한 금리(성장)가 아니라 철수가 말한 금리(할인율)입니다. 따라서 금리가 낮아질 때 가치가 커진다는 의미에서 금리는 그 회사의 CoE라는 것을 알 수 있습니다. 따라서 이번 장에서 논의한 내용을 적용하려면 여기서 말하는 금리가 10년물 금리가 아니라 해당 종목에 적용되는 CoE라

▶ 에쿼티 듀레이션 계산 예시(네이버, 포스코)

네이버의 에쿼티 듀레이션은 31.85년

Input data	
현재시총(P_0)	45,336
BV_{t-1}	6,504
BV_t	7,133
$g=(BV_t-BV_{t-1})/BV_{t-1}$	12.0%
회계이익(E_0)	400

Forecasting Parameter	
Cost of equity(k)	5.3%
Long Term growth rate	2.5%

Forecasting Parameter		
Risk free r	0.82%	*국고채3년물금리*
잠재성장률	2.50%	*OECD 추정*
KOSPI ERP	6.10%	*추정*
beta	0.73	

Time period(t)	0	1	2	3	4	5	6	7	8	9	10
Growth rate	12.0%	10.3%	8.8%	7.5%	6.4%	5.5%	4.7%	4.0%	3.4%	2.9%	2.5%
ROE	6.2%	6.1%	6.0%	5.9%	5.8%	5.7%	5.6%	5.5%	5.4%	5.4%	5.3%
BV_t	7,133	6,833	6,642	6,534	6,493	6,507	6,567	6,667	6,802	6,967	7,160
$E_t=BV_{t-1}$ * ROE	400	432	408	390	378	370	365	363	363	364	367
$CF_t=B_{t-1}+E_t-BV_t$		732	599	498	419	356	305	263	228	199	174
$PV(CF_t)$		695	541	427	341	275	224	183	151	125	104
$t*PV(CF_t)$		695	1,081	1,280	1,363	1,375	1,343	1,284	1,210	1,127	1,042

$PV(CF_t)$의 합계	**3,066**
$t*PV(CF_t)$의 합계	**11,801**

10yr Duration	**3.8**	**Terminal Duration**	**30.0**
10yr Weight	**6.8%**	**Terminal Weight**	**93.2%**

Implied Equity Duration	**31.85**

포스코의 에쿼티 듀레이션은 12.40년

Input data	
현재시총(P_0)	162,603
BV_{t-1}	479,940
BV_t	497,454
$g=(BV_t-BV_{t-1})/BV_{t-1}$	4.0%
회계이익(E_0)	19,827

Forecasting Parameter	
Cost of equity(k)	8.1%
Long Term growth rate	2.5%

Forecasting Parameter		
Risk free r	0.82%	*국고채3년물금리*
잠재성장률	2.50%	*OECD 추정*
ERP	6.10%	*추정*
beta	1.2	

Time period(t)	0	1	2	3	4	5	6	7	8	9	10
Growth rate	4.0%	3.8%	3.6%	3.5%	3.3%	3.2%	3.0%	2.9%	2.7%	2.6%	2.5%
ROE	4.1%	4.4%	4.7%	5.1%	5.4%	5.8%	6.2%	6.6%	7.1%	7.6%	8.1%
BV_t	497,454	500,462	505,918	513,959	524,774	538,610	555,785	576,698	601,848	631,856	667,493
$E_t=BV_{t-1}$ * ROE	19,827	21,993	23,678	25,616	27,850	30,431	33,425	36,912	40,989	45,778	51,433
$CF_t=B_{t-1}+E_t-BV_t$		18,985	18,222	17,575	17,035	16,595	16,250	15,999	15,838	15,770	15,796
$PV(CF_t)$		17,556	15,582	13,898	12,456	11,221	10,161	9,251	8,469	7,798	7,223
$t*PV(CF_t)$		17,556	31,165	41,693	49,826	56,106	60,967	64,755	67,750	70,179	72,226

$PV(CF_t)$의 합계	**113,614**
$t*PV(CF_t)$의 합계	**532,223**

10yr Duration	**4.7**	**Terminal Duration**	**23.3**
10yr Weight	**69.9%**	**Terminal Weight**	**30.1%**

Implied Equity Duration	**12.40**

는 사실을 꼭 알아야 합니다.

금리와 주식의 관계는 볼록하다

주식시장이 예상보다 빠르게 상승하는 현상을 설명할 때 가장 많이 사용되는 표현은 '유동성의 힘'입니다. 제2장 '지금 당장 투자를 시작해야 하는 이유'로 통화량의 증가를 강조했으니 유동성의 힘으로 주가 상승을 설명하는 것도 타당하다고 생각합니다. 다만 이러한 설명 방법 역시 중요한 한계가 있는데, 그건 '유동성의 힘'이라는 표현이 갖는 모호함 때문입니다. 그렇다면 어떻게 해야 할까요?

일반적으로 사용하는 밸류에이션 방법론인 PER은 주가를 기업의 순이익Earning으로 나눈 값입니다. 그런데 많은 투자자 분들이 공감하듯 기업의 실적 하나만으로 너무 빨리 올라버린 주가를 설명하기에는 한계가 있습니다. 그래서 시장에서 회자되는 방법론으로 주가를 '꿈Dream'으로 나눠보자는 의미의 PDR과 '통화량Money'으로 나눠보자는 의미의 PMR이 소개되기도 했습니다. 저 역시 이 두 가지 방법론에 대해 고민을 해봤습니다. 하지만 주가와 아무런 관계도 없는 값으로 이렇게 저렇게 나누는 것이 무슨 의미가 있는지는 잘 모르겠습니다. 게다가 '꿈이라는 모호한 개념으로 주가를 나누면 오히려 불확실성이 더 커질 수도 있지 않을까?' 하는 우려도 생깁니다. 그래서 저는 처음으로 돌아가기로 했습니다. 제5장의 첫 시작이 금리였던 이유도 여기에 있습니다. 주식에 적용되는 금리CoE라는 개념만 충분히 이해하고 열린 마음을 가진다면, 주가의 상승을 얼마든지 설명할 수 있기 때문입니다. 그럼 이제 금리가 주가에 미치는 영향에 대한 고민을 시작해봅시다.

"금리가 낮아지면 주가가 올라간다"라고 했던 철수의 말을 떠올려봅시다. 여기서 말한 금리는 할인율이라고 했죠? 할인율이 낮아지면 주식의 밸류에이션이 상승할 것이라는 사실은 대부분의 투자자들이 잘 알고 있습니다. 그렇다면 지금부터 "할인율이 낮아질 때 주가는 '어떻게' 상승하나요?"에 대한 답을 찾아보겠습니다. 금리와 주식의 관계는 반듯하지 않고 '볼록한' 이유에 대한 설명입니다. 전문 용어로는 볼록성Convexity입니다.*

미국 10년물 금리의 장기 추이를 살펴보면, 물론 중간중간 금리가 상승하는 모습을 보이긴 했지만 1980년 16%를 고점으로 지금까지 40년 동안 대세 하락했다는 것을 알 수 있습니다. 이 과정에

* 저자의 유튜브 채널에 방문하면 보다 자세한 설명을 들을 수 있습니다.
https://youtu.be/NVuVz3BY1MI

▶ **미국 10년물 금리 추이(1980년 이후)**

자료: Bloomberg, SK증권

서 채권에 투자한 투자자들은 꾸준하게 수익을 낼 수 있었지요. 그런데 몇 년 전부터 금리가 너무 낮아지면서 채권 매니저들 사이에서는 "이제 수익을 낼 수 있는 버퍼Buffer가 거의 남아 있지 않다"는 푸념이 나오기 시작했습니다. 그런데 놀랍게도 그러한 푸념에도 불구하고 5~6%를 기록하는 채권형 펀드는 여전히 존재합니다. 금리가 이렇게 낮은 상황에서 어떻게 수익이 날 수 있었을까요? 바로 볼록성에서 답을 찾을 수 있습니다. 좀 더 자세히 알아볼까요?

만약 채권 가격이 금리에 비례해서 상승했다면 5~6%의 수익률을 기록하는 채권펀드는 나오기 어려웠을 것입니다. 하지만 금리가 채권 가격에 미치는 영향은 반듯하지 않고 볼록합니다. 아래 그림을 한번 보시죠. "금리(할인율)가 하락할 때 주가는 상승합니다. 그런데 어떤 모양으로 상승할까요?"라는 질문을 해보면 대부분의 투자자는 금리가 내려가는 만큼 주가가 상승한다고 생각합니다. 하지만 실제 할인율의 하락이 주가에 미치는 영향은 아래 그림처럼 일직선이 아닌 곡선 형태로 나타납니다. 이 그림이 갖는 의미에 대해서 좀 더 자세히 알아봅시다.

많은 투자자들이 금리가 이제 더 이상 낮아질 리 없으니 주가를 올릴 힘이 없다고 생각했지만, 이는 볼록성의 개념을 제대로 이해하지 못해서 나오는 오해입니다. 아래 그래프는 금리가 가격에 미

▶ **금리가 밸류에이션에 미치는 영향에 대한 투자자들의 생각 vs. 실제 영향**

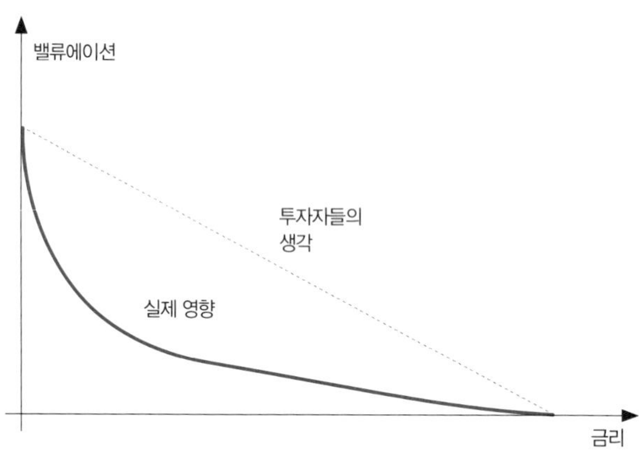

자료: SK증권

치는 영향을 보여주는 개념도입니다. 왼쪽 페이지의 그래프가 금리와 주가의 관계에 대한 투자자들의 생각 차이를 보여줬다면, 아래 그림은 실제 채권과 주식의 가치가 할인율에 따라서 어떻게 바뀌는지를 보여줍니다. 중요한 포인트는 금리가 똑같이 변하더라도 고금리 상황일 때보다 저금리 상황일 때 그 영향이 훨씬 크다는 것입니다.

▶ **금리가 가격에 미치는 영향**

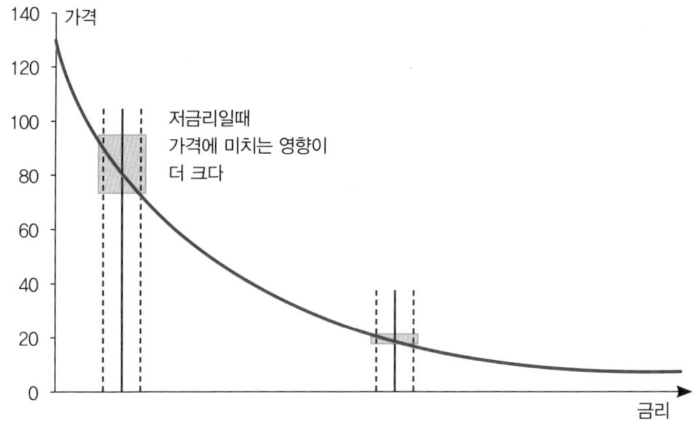

자료: SK증권

볼록성이 알려주는 사실 1: 만기가 없는 주식을 찾아라

앞의 그림을 설명할 때 가장 많이 들었던 질문은 "금리가 하락할수록 주가가 가파르게 오른다면 만약 금리가 0일 때는 어떻게 되는 것이냐?"였습니다. 시장금리가 0%일 때 채권 가격이 얼마나 되는지는 앞서 제2장에서 설명했는데요. 논의를 이어가기 위해 시장금리가 0%일 때 채권 가격 계산법을 복습 차원에서 다시 설명해보겠습니다.

A는 B에게 100만 원을 빌려주면서 매년 5만 원(5%)의 이자를 받고 원금 100만 원을 2년 후에 돌려받기로 했습니다. 그러던 어느 날 A는 갑자기 돈이 필요하게 됐습니다. 그래서 시장에 나가서 B에게 받은 종이쪽지(채권)를 팔기로 합니다. 다행히 C가 그 종이쪽지를 사주기로 했죠. 이때 "얼마에 사야 할까요?"에 대한 대답이 채권의 가격을 결정하는 과정입니다.

은행에 예금했을 때 받을 수 있는 금리가 5%라면 은행에 넣어두는 것과 B에게 이자를 받는 것은 똑같은 상황이라고 했죠? 때문에 A는 C에게 100만 원을 받고 종이쪽지를 넘길 수 있습니다.

그런데 갑자기 무슨 일이 생겨서 예금금리가 10%가 됐습니다. 이 경우에 C는 A에게 '좀 더 싸게 종이쪽지를 넘기라'는 이야기를 할 수 있게 됩니다. 은행에 넣어두면 1년에 10만 원씩 이자를 받는데 그 종이쪽지를 들고 있으면 5만 원밖에 못 받으니까요. 예금금리가 올라가니까 종이쪽지의 가격이 하락함을 알 수 있었습니다.

세 번째는 반대의 상황입니다. 바로 예금금리가 0%가 된 상황이죠. 이번에는 A가 목에 힘을 주고 C에게 이렇게 말합니다. "은행에 넣어봤자 이자를 전혀 못 받겠지만 이 종이쪽지를 사면 매년 5만 원씩 받을 수 있어. 만기가 돌아오는 2년 후까지 이자를 총 10만 원 받을 수 있으니 110만 원은 줘야 될 것 같은데?"라고 말이죠. 금리가 0%인 상황에서 채권 가격은 앞으로 받을 수 있는 이자와 원금을 더한 값이 됐습니다.

예금금리가 0%라면 채권 가격은 복잡한 계산을 생략하고 채권이라는 종이쪽지를 보유함으로써 받을 수 있는 돈(원금+이자)을 모두 더해서 계산할 수 있습니다. 원금이 100만 원, 이자는 5만 원씩 두 번 받을 수 있으니 10만 원, 그래서 원금과 이자를 모두 더해 110만 원이 되는 것이지요. 예금금리가 0%기 때문에 곱하기와 나누기 없이 더하기만 하면 됩니다. 정말 쉽게 계산할 수 있네요.

그런데 위 예시에서 만기가 2년이 아니라 10년이라면 어떻게 될까요? 그럼 원금 100만 원에 이자는 5만 원씩 10번 받을 수 있으니 더하기를 하면 150만 원이 나오네요. 그럼 100년이라면? 원금 100만 원에 이자는 5만 원씩 100번 받을 수 있으니 600만 원이 됩니다. 한 발 더 나아가서 만기가 1000년이라면 어떨까요? 채권의 가격은 계산할 수 없습니다. 즉, 무한대가 되는 것이지요. 이해되나요? 만기가 길어질수록 채권의 가격은 계속 커집니다. 즉, 금리가 0%일 때 채권 가격을 계산할 수 있는 이유는 만기가 존재하기 때문입니다. 그럼 주식으로 넘어오기 전에 이런 질문을 또 할 수 있습니다. "주식은 만기가 있었나요?"

"주식은 만기가 있습니까?"라는 질문을 던지면 많은 투자자들이 "만기가 없지요"라고 대답합니다. 금리가 0%에 가까워지고 있는 현재 상황에서 정말 주식에 만기가 없다면 주가는 무한대로 갈 수 있습니다. 물론 여기서 말하는 금리 역시 주식에 적용되는 금리CoE이기 때문에 0%가 될 가능성은 (단언컨대) 없습니다.

그런데 다시 한 번 잘 생각해봅시다. 정말 그럴까요? 주식에는 만기가 없나요? 아니요. 그렇지 않습니다. 우리가 주식에 만기가 없다고 생각하는 이유는 교과서에서 '영속기업Going concern'이라는 가정을 하기 때문입니다. 하지만 모든 기업이 영속기업은 아닙니다. 기업은 언제든 디폴트가 날 수 있기 때문이죠. 최근에 ESG(기업의 비재무적 요소인 환경Environment, 사회Social, 지배구조Governance를 뜻하는 말)에 대한 관심이 증가하면서 '지속가능 기업Sustainable company'에 대한 관심도 같이 증가하고 있습니다. 여기서 말하는 지속가능한 기업이 만기가 없는 주식일 것입니다.

이런 측면에서 보면 지속가능 기업은 볼록성을 충분히 누릴 수 있다는 점에서 주가의 상승 여력이 더 열려 있다는 해석도 가능합니다. 그리고 역설적으로 지속가능 기업에 대한 관심이 커진다는 말은 반대로 지속가능하지 않은 기업이 나올 가능성도 크다는 의미라는 것을 기억할 필요가 있겠습니다.

볼록성이 알려주는 사실 2: CoE가 낮은 기업을 찾아라

볼록성의 개념을 이해한다면 주가가 생각보다 훨씬 크게 상승하더라도 충분히 설명이 가능합니다. '금리와 주가의 관계에서 볼록한 구간에 내가 그 주식에 투자할 수만 있다면?' 하는 생각이 들 겁니다. 그렇다면 어떤 주식이 볼록성의 수혜를 볼 수 있는 기업일까요? 여기에서 이야기하는 금리는 영희가 이야기하는 금리가 아니라 철수가 이야기하는 금리 즉, 할인율이라는 것을 다시 한 번 기억해봅시다. 주식에 적용되는 금리는 CoE입니다. 앞에 나온 그래프(303 페이지)를 다시 한 번 살펴봅시다. 이 그림에서 금리가 낮은 구간으로 진입해서 볼록성을 누리기 위해서는 CoE가 낮은 기업만 가능하다는 것을 알 수 있습니다.

앞서 CoE가 높은 회사의 특징을 설명했는데 다시 한 번 정리해 보겠습니다. 우선 CoE가 높은 회사는 다음과 같은 성격을 갖고 있습니다.

1. 악덕 기업: 주주가 아닌 오너에게 유리한 의사결정을 함. 전문 용어로는 지배구조가 좋지 않은 회사.
2. 게으른 기업: 기업이 이익으로 벌어들이고 남은 돈을 활용할 생각 없이 예금에 넣어두거나 부동산을 사는 등 사업과 관계없는 곳에 사용함. 자본정책에 실패한 회사.
3. 실적 변동성이 큰 기업: 외부 환경에 따라서 실적이 크게 변하는 기업일수록 할인율은 높아짐.

반면, 볼록성의 수혜를 볼 수 있는 CoE가 낮은 기업은 앞서 언급한 기업과 정반대의 상황을 떠올려보면 됩니다. 첫째는 오너가 주주에게 정말 잘해주는 기업입니다. 오너가 기업의 비전이나 방향성에 대해서 주주와 끊임없이 소통합니다. 그리고 오너가 아니라 주주에게 유리한 의사결정을 하죠. 좋은 지배구조를 가진 회사는 CoE가 낮습니다. 둘째, 주주가 아니라면 공유하기 어려운 자본정책을 펴는 회사의 CoE는 낮습니다. 예를 들어 사업과 관계있는 회사를 인수하여 기존 사업과 시너지를 낼 수 있다면 이러한 자본정책의 수혜는 그 회사의 주주가 되지 않으면 누릴 수 없습니다. 당연히 이런 회사의 CoE는 낮을 수밖에 없지요. 셋째, 사업의 성격상 외부 요인과 관계없이 안정적으로 이익을 낼 수 있는 회사는 CoE가 낮습니다.

이렇게 좋은 지배구조와 자본정책 그리고 낮은 실적 변동성을 가진 회사는 CoE가 낮습니다. 따라서 볼록성을 누리기 위해서는 이렇게 CoE가 낮은 기업에 투자해야 합니다. 2020년에 테슬라는 무려 세 번이나 유상증자를 단행했습니다. 유상증자를 하면 지분이 희석되기 때문에 주가가 빠져야 정상이지만 테슬라의 주가는 오히려 상승하곤 했습니다. 이렇게 주가의 충격 없이 유상증자를 할 수 있다는 것은 그만큼 테슬라의 CoE가 매우 낮다는 의미입니다. 유상증자를 발표한 날 주가 하락을 막았던 투자자들은 "테슬라가 좋은 데 투자하겠다고 하는데 예금보다 더 보장해주지 않더라도 기꺼이 유상증자에 참여해야지"라고 생각했던 것입니다.

비슷한 사례가 아마존에서도 확인됐는데요. 2020년 아마존은 회사채를 통해서 자금을 조달했습니다. 그런데 그 조건을 보면 3년 만기 회사채의 금리는 0.4%였으며 40년 만기 회사채의 금리는 2.7%였습니다. 회사채 금리가 CoE 산출에 사용되는 값임을 감안하면 아마존의 CoE 역시 매우 낮을 것으로 추정할 수 있습니다.

CoE가 낮은 주식은 높은 밸류에이션을 받을 수 있지만 여기서 한 가지는 꼭 기억해두고 갑시다. 투자의 관점에서 높은 밸류에이션을 받을 수 있는 기업이라는 사실 자체가 반드시 의미 있는 것은 아니라는 것을요. 좋은 기업도 너무 많이 오른 상황이면 안 좋은 주식일 수 있습니다. 반대로 안 좋은 기업이라도 너무 많이 하락했다면 좋은 주식일 수 있죠. 여기서 좋은 주식이란 투자를 했을 때 수익을 가져다줄 가능성이 높은 주식이라고 할 수 있겠지요? 그런 의미에서 앞으로 주식투자를 할 때 CoE가 낮으면서 주가가 적정하게 올라갈 수 있는 기업을 찾는 것이 중요하다고 하겠습니다.

17

새로운 접근 방식, 리얼 옵션

내러티브 앤 넘버스

최근 들어 전통적인 밸류에이션 방법으로 설명이 안 되는 주식들이 많아지고 있습니다. 이러한 현상의 대표적인 사례가 쿠팡의 뉴욕 증시 상장입니다. 쿠팡은 한 번도 흑자를 기록한 적이 없는 기업입니다. 뿐만 아니라 손정의 회장이 투자한 3조 3000억 원보다도 큰 누적 적자(3조 6000억 원)를 기록하고 있습니다. 그럼에도 쿠팡의 시가총액은 시장의 기대 수준이었던 50~60조 원을 훨씬 뛰어넘는 100조 원으로 상장에 성공했습니다. 물론 향후 주가 흐름은 알 수 없지만 현재 주가의 절반 정도인 40~50조 원에 거래된다고 해도 대단하기는 마찬가지입니다. 쿠팡의 시가총액이 얼마나 대단한 수준인지를 확인하기 위해서 코스피 상장 기업 중 시가총액 상위 종목을 살펴봅시다. 순위별 시가총액을 대략적으로 살펴보면 삼성전자 500조 원, SK하이닉스 96조 원, LG화학 69조 원, 네이버 65조 원, 삼성SDI 55조 원, 삼성바이오로직스 53조 원, 현대차 52조 원, 카카오 45조 원 순입니다.

쿠팡처럼 비상장 주식이 상장 주식이 되는 과정을 IPO라고 하는데 우리말로 하면 '기업공개'입니다. 한마디로 상장을 하면서 더 많은 투자자들에게 기업을 공개하는 과정이라는 의미죠. 일반적으로 비상장 기업을 거래하는 투자자들은 그 기업의 미래에 대해서 긍정적인 평가를 하는 소수의 투자자들일 가능성이 높습니다. 부정적으로 보는 투자자들은 애초에 이 기업을 거래할 필요가 없기 때문이죠. 하지만 기업공개를 통해 상장 시장에서 거래되기 시작하면 해당 기업은 훨씬 더 많은 투자자들이 거래하는 회사가 됩니다. 그런데 사실 이 과정은 해당 기업뿐만 아니라 기존 상장 시장의 투자자에게도 낯설고 어색한 시간입니다. 대표적으로 혹독한 신고식을 치른 우버Uber가 좋은 예입니다. 상장 이후 주가가 급락하면서 주가가 반토막이 나기도 했고 코로나19의 영향으로 더욱 힘든 구간을 지났습니다. 우버의 시가총액은 이미 상장 시점의 수준

▶ **우버 주가와 거래량 추이**

자료: https://finviz.com/quote.ashx?t=UBER&ty=c&ta=0&p=w

을 넘긴 상황이지만 기업공개 과정이 순탄하지만은 않음을 보여줍니다.

한편, 기업공개는 기존 상장주식에 투자하는 투자자들에게도 상당히 큰 도전이 됩니다. 왜냐하면 '과거 실적'에 기반한 밸류에이션으로는 도저히 설명이 안 되기 때문입니다. 그렇기 때문에 밸류에이션의 대가로 인정받는 다모다란 교수도 『내러티브 앤 넘버스』라는 책을 통해서 숫자뿐만 아니라 내러티브의 중요성을 강조했던 것이 아닐까 싶습니다.[7)][*] 기존의 전통적인 밸류에이션인 PER이나 PBR이 아닌 새로운 밸류에이션을 적용하고 사용하는 일은 매우 어렵습니다. 하지만 30년 동안 '넘버스'의 중요성을 강조했던 다모다란 교수도 용기를 내서 새로운 밸류에이션이 필요하다는 것을 인정했다면 우리도 다른 접근을 고민해봐야 할 때가 아닐까요? 이번 장을 시작하면서 말했던 "Every time is different"에 대해 생각해봐야 합니다. 이 책을 통해서 제가 지속적으로 언급하고 있듯이 투자 환경은 이번에만 다른 것이 아니라 항상 다르다는 것을 기억해야 합니다. 여기에서는 금리가 밸류에이션에 미치는 영향을 수치화하고, 왜 새로운 접근 방식이 필요한지에 대한 이야기를 해보도록 하겠습니다.

내러티브의 중요성이 커지고 있다

밸류에이션 방법론은 크게 내재가치 평가법과 상대가치 평가법으로 나눌 수 있습니다(다모다란 교수의 분류 방법에는 '리얼 옵션'이라는

* 저자의 유튜브 채널에 방문하면 보다 자세한 설명을 들을 수 있습니다.
https://youtu.be/vz7n1lDXRFk

세 번째 방법론이 있는데 그 내용은 뒤에서 설명하도록 하겠습니다). 상대가치 평가법은 우리가 자주 사용하는 전통적인 밸류에이션 방법론인 PER, PBR, EV/EBITDA(기업의 시장가치를 세전영업이익으로 나눈 값) 등이 있습니다. 이들은 쉽게 적용 가능하다는 장점이 있지만 순환 참조의 오류에 빠지게 한다는 단점도 있죠. 쿠팡의 사례에서는 쿠팡의 적정가를 구하기 위해서 비슷한 사업을 하는 다른 기업들의 밸류에이션을 참고합니다. "너랑 나랑 비슷한 사업을 하는데 네가 그렇게 비싸면 나도 비싸야 될 것 같아"라는 식의 접근 방법인 셈이죠. 문제는 서로 주가가 계속 상승하면 이런 순환 참조의 오류가 계속 반복된다는 점입니다. 반대의 경우에도 마찬가지겠죠? 한 개의 주식이 하락하기 시작하면, "너 주가가 왜 이렇게 싸졌어? 그럼 나도 주가가 빠져야 되나?"라는 식이 될 수도 있으니 말입니다.

반대로 내재가치 평가법은 다른 기업과 비교를 하지 않고 그 기업의 현금흐름과 해당 기업에 적용되는 금리 즉, CoE를 이용해서 적정 가치를 산출합니다. 그렇기 때문에 상대가치 평가법에 비해서 복잡하고 어려운 과정을 거치게 됩니다. 비상장 기업 투자자들은 상대가치 평가법이 아닌 내재가치 평가법을 적용하고 있습니다.

최근 상장 기업에 투자하는 펀드 매니저들도 내재가치 평가법을 활용해야 하는 상황이 계속 발생할 가능성이 높다고 이야기합니다. 그럼 내재가치 평가법은 어떻게 적정한 주가를 계산할까요?

이 밸류에이션의 핵심은 기업의 실적(현금흐름)을 주식에 적용되는 금리CoE로 할인을 한 후 현재가치를 계산하는 것입니다. 실적에 곱해지는 값을 DFDiscount factor라고 하는데 일종의 '가중치'라고 할 수 있습니다. 쉬운 설명을 위해 백화점에서 겨울철 패딩을 산다고 가정해보겠습니다. 올해 나온 신상이 아니라 이월 상품이라면 할인을 많이 해줘야 판매가 될 것입니다. 그리고 1년 전 패딩을 30% 할인해주었다면 2년전 패딩은 그보다 더 많이 할인을 해줘야 팔리겠죠? 반대로 기업의 실적은 먼 미래일수록 할인을 많이 해줘야 합니다. A라는 회사가 1년 후에 벌 것으로 예상되는 이익과 2년 후에 벌 것으로 예상되는 이익이 같다고 볼 수 없는 이유는 미래를 알 수 없기 때문입니다. 이때 얼마나 할인할지를 결정하기 위해 앞서 설명한 CoE를 활용합니다. 예를 들어 1년 후 이익에 적용되는 할인율이 10%라면 이익에 1/(1+10%) 값인 0.909를 곱해주면 됩니다. 이 값을 가중치라고 생각해봅시다.

지금 설명하고 있는 내재가치 평가법은 미래의 이익이 현재에는 어느 정도의 가치가 있는지 가중치를 곱해서 계산하고, 그 값을 모두 더해서 구할 수 있습니다. 다음 페이지의 그림은 개념을 쉽게 그림으로 설명한 것입니다. 미래의 이익은 분명히 계속해서 늘어나겠지만, 미래의 이익은 더 많이 할인해줘야 하기 때문에 더해야 하는 값(동그라미)은 점점 작아지게 됩니다. 결국 이 가치(동그라미)

▶ **내재가치 평가법**

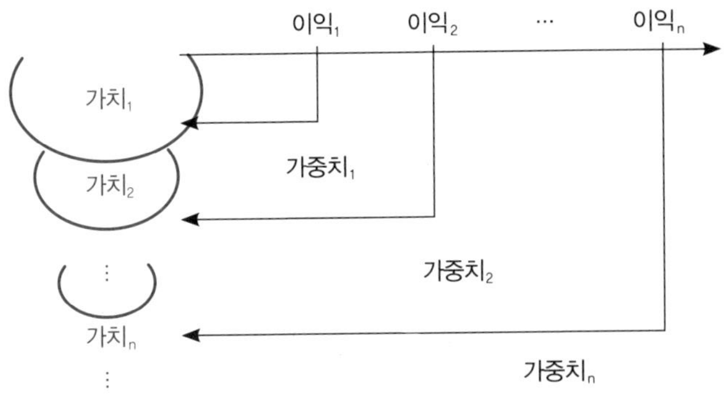

가 얼마나 천천히 줄어드느냐가 적정한 기업 가치를 결정하는 핵심이라고 할 수 있습니다. 그렇게 되려면 이익이 빨리 늘어나거나 가중치가 천천히 줄어들어야겠지요? 그래서 우리가 관심을 가져야 할 것은 이 가중치가 어떤 모습을 그리며 작아지는지가 될 것입니다.

다소 복잡하지만 실제로 계산을 한번 해보면 CoE가 3%, 5%, 10%일 때의 가중치 값이 시간이 갈수록 어떤 형태로 감소하는지를 시각적으로 확인해볼 수 있습니다.

가능성은 없지만 만약 CoE 값이 0인 상황이라면 가중치는 어떻게 바뀔까요? CoE 값에 0을 대입하면 가중치는 시간(n의 값)과 관계없이 계속 1이 됩니다. 다음 페이지의 그래프에서 점선에 해당

▶ **금리에 따른 가중치의 변화**

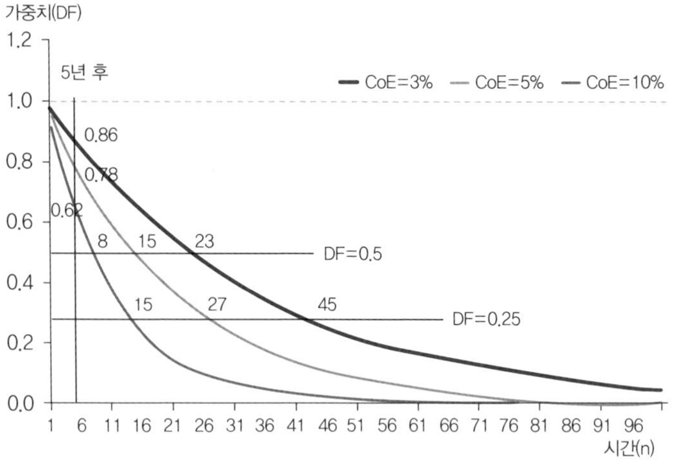

자료: SK증권

되는 부분입니다. 이 점선이 의미하는 바를 생각해보면 중요한 인사이트를 얻을 수 있는데요. CoE가 0이라면 내년의 실적이나 5년 후, 아니 10년, 20년 후의 실적이 모두 똑같이 중요하다는 의미이기 때문입니다. 그런데 CoE가 0%인 상황이 되면 먼 미래에 대한 가중치도 똑같이 1이기 때문에 동그라미는 영원히 소멸하지 않습니다. 물론 그런 상황이 될 가능성은 없습니다만 그럼에도 CoE가 0%인 경우를 생각해본 이유는 이 점선이 기준이 될 수 있기 때문입니다. 그러면 다시 현실 세계로 돌아와서 CoE가 3%, 5%, 10%

일 때 가중치가 어떻게 달라지는지를 확인해봅시다.

그래프에서 확인할 수 있듯이 5년 후의 가중치를 계산해보면 CoE가 10%일 때는 0.62입니다. 1년 후 실적의 중요성이 1이라면 5년 후 실적의 중요성은 0.62까지 빠르게 낮아진다는 의미입니다. 그렇기 때문에 내년 실적으로도 주가를 어느 정도 설명할 수 있었던 것이지요. 하지만 CoE가 3%인 경우를 생각해보면 5년 후의 가중치가 여전히 0.86이나 된다는 것을 알 수 있습니다. 이는 5년 후의 실적의 중요성도 상당히 크다는 의미입니다. 따라서 CoE가 낮은 기업의 밸류에이션을 평가할 때는 먼 미래의 현금흐름에 대해서도 고민을 할 필요가 있습니다. 왜냐하면 1년 후의 실적을 통해서 주가를 계산하는 방식인 PER로는 설명력이 너무 떨어지기 때문입니다.

여기서 문제는 이런 것이죠. "1년 후의 실적도 모르는데 5년 후 실적을 어떻게 예상할 수 있나요?" 네. 맞습니다. '내러티브'의 중요성이 커지는 이유가 여기에 있습니다. 왜냐하면 5년 후 기업의 모습이나 실적에 대한 추정은 AI가 할 수 없는 일이기 때문입니다. 먼 미래를 상상하는 능력은 오직 인사이트를 가진 투자자들만 할 수 있는 일입니다. 그리고 그 역할은 금리가 낮아졌기 때문에 더욱 중요해지고 있습니다.

새로운 가치평가의 기준, 리얼 옵션

앞서 설명한 것처럼 다모다란 교수는 밸류에이션 방법론을 크게 세 가지로 분류했습니다. 첫 번째는 내재가치 평가법이었고, 두 번째는 상대가치 평가법이었습니다. 상대가치 평가법이 쉽고 간편하긴 하지만 지금처럼 금리가 낮아진 상황에서는 먼 미래에 회사가 어떤 모습을 가질지를 고려해야 할 필요성이 커지기 때문에 내재가치 평가법이 중요하다는 설명도 했습니다.

앞 장에 비해서 이번 장의 내용을 다소 어렵게 느끼는 분들이 많을 것 같은데 마지막으로 조금만 힘을 내보도록 하죠. 마지막 세 번째 밸류에이션 방법론은 '리얼 옵션Real Option'* 모델에 대한 이야기입니다. 대부분의 투자자 분들이 생소하게 느끼는 개념일 겁니다. 하지만 리얼 옵션 모델은 현재 주식시장의 움직임을 좀 더 정확하게 설명할 수 있는 개념이며 옵션처럼 거래되는 주식과 그렇지 않은 주식을 구별하는 데 도움이 되기 때문에 꼭 알아둬야 합니다.

리얼 옵션이라는 밸류에이션 방법이 버블을 조장하거나 성장주

* 저자의 유튜브 채널에 방문하면 보다 자세한 설명을 들을 수 있습니다. https://youtu.be/7ba0yXWZAh0

에 대한 투자를 정당화하는 수단으로 사용된다는 오해를 하는 분들이 많은데 사실 그렇지 않습니다. 리얼 옵션은 특정한 상황에 있는 주식의 주가 움직임을 잘 설명하는 방법론입니다. 그리고 성장주뿐만 아니라 가치주의 주가 움직임을 설명하는 데도 활용된다는 특징이 있습니다.

우선 리얼 옵션의 가치를 설명하기에 좋은 사례로 복권의 가치를 평가해보도록 합시다. 가장 쉬운 방법은 과거 평균 당첨금에 확률을 곱하는 방식입니다. 이런 방식으로 과거 2년 동안 로또 복권의 가치를 계산하면 약 550원이 나옵니다.

하지만 로또 복권은 1000원에 거래되고 있죠. 실제로 2019년 한 해 동안 1000원에 거래된 규모는 무려 4조 3000억 원이었습니다. 판매 장수 기준으로 계산해보면 매주 8270만 장씩 판매된 셈이죠. 그렇다면 복권의 적정가치는 550원일까요? 아니면 1000원일까요? 만약 550원이 적정한 가치라면 기댓값은 550원에 불과한데 1000원이나 주고 복권을 구매하는 사람들은 비합리적인 의사결정을 하는 사람이 됩니다. 그리고 550원이 적정한 가치라고 믿는 사람이라면, 가능하기만 하다면 복권을 1000원에 공매도해서 적정가에 수렴하는 과정에서 이득을 취하려고 하겠지요. 하지만 시간이 아무리 흘러도 복권의 가격이 550원으로 하락하진 않을 겁니다. 어떤 분은 복권 사업자가 폭리를 취하고 있기 때문이라고 이야

▶ **로또 복권의 밸류에이션**

	당첨 확률(%)	평균 당첨금(원)	기대값
1등	0.00001	2,339,518,868	287.2
2등	0.00007	56,706,840	41.8
3등	0.00280	1,479,377	41.4
4등	0.13643	50,000	68.2
5등	2.22222	5,000	111.1
6등	97.63847	0	0
합 계	1		549.7

자료: 동행복권, SK증권

기하기도 하지만 핵심은 그게 아닙니다. 수많은 사람들은 도대체 왜 1000원이라는 돈을 기꺼이 지불하고 복권을 사는지 생각해봐야 합니다.

그럼 좀 더 구체적으로 들어가서 복권의 적정한 가치가 1000원이라면 1000원과 550원의 차이인 450원은 뭐라고 설명할 수 있을까요? 이 질문에 대한 대답이 바로 '리얼 옵션'입니다. 일반인들이 복권을 살 때 450원이라는 돈을 더 지불하는 이유는 복권이 가진 수익구조가 맘에 들기 때문입니다. 복권을 사면 최악의 경우라도 복권을 사는 데 지불했던 1000원 이상의 손실을 보지 않습니다. 반면, 긍정적인 이벤트가 발생했을 때 수익의 업사이드는 매우 큽니다. 물론 1등에 당첨될 확률이 거의 없다시피 한데 그게 무슨 의미냐고 생각하는 분도 있겠지만요. 여기서 중요한 포인트는 '불확실성이 어느 쪽에 있느냐'겠죠. 복권은 안 좋은 사건이 나올 때의 손익은 확실하게 정해져 있습니다. 반면, 좋은 사건이 나올 때의 손익은 불확실합니다. '안 좋은 사건은 확실한데 좋은 사건은 불확실하다?' 투자자들은 이런 수익구조를 450원이라는 돈을 더 내고 산다는 얘기죠. 그리고 이 450원을 '옵션의 가치'라고 할 수 있습니다.

이제 다시 주식의 밸류에이션으로 돌아가봅시다. 복권의 적정가 산출 과정과 제약 회사가 개발하는 신약의 가치를 밸류에이션 방법론으로 비교하면 리얼 옵션의 개념을 좀 더 쉽게 이해할 수 있습니다. 주식시장에서 사용하는 밸류에이션 방법론은 다음과 같습니다. 개발하려는 신약의 시장 크기를 계산하고, 신약 개발 후 확보할 것으로 기대되는 시장점유율을 가정하여 매출액을 추정하고, 여기에 마진을 곱해서 이익을 추정합니다. 이렇게 추정한 이익은 복권의 당첨금으로 비유할 수 있습니다. 그리고 신약이 개발될 가능성은 당첨 확률에 비유할 수 있죠. 그리고 이렇게 계산한 회사의 신약 가치는 550원입니다. 하지만 우리 모두가 알고 있는 것처럼 상당수의 제약·바이오 회사들은 비유하자면 550원이 아닌 1000원에 거래되고 있습니다. 왜냐하면 신약 개발 프로젝트는 실패했을 때 손실은 R&D 비용으로 정해져 있지만Limited loss, 성공했을 때 얻을 수 있는 수익은 제한이 없다Unlimited gain는 옵션의 성격을 가지고 있기 때문입니다. 그런 이유로 주식시장 참가자들이 이 가치에 기꺼이 돈을 지불하는 것이죠.

리얼 옵션 개념으로 보는 주식의 밸류에이션

복권의 수익구조를 통해서 가치에 대한 고민을 해봤고, 제약·바이오 관련 주식의 밸류에이션을 복권과 비유하며 어떤 상황인지를 길게 설명한 이유는 이것이 옵션의 성격과 유사하기 때문입니다. 그럼 이제부터 옵션에 대한 설명을 시작해보도록 하겠습니다.

옵션은 파생상품Derivatives입니다. 좀 어려운 용어지만 '무언가로부터 파생된 상품'이라고 생각하면 쉽습니다. 옵션에는 크게 콜옵션Call option과 풋옵션Put option이 있는데요. 서로 반대되는 개념이라고 이해하면 됩니다.

옵션은 특정한 기초자산(S)을 미리 정한 가격(K)으로 사거나(콜옵션), 팔(풋옵션) 수 있는 권리를 의미합니다. 이때 옵션은 스스로 가격을 결정하는 것이 아니라 기초자산의 변화에 따라서 결정된다는 점이 핵심입니다. 그리고 옵션은 정해진 기간에만 행사할 수 있기 때문에 만기(T)가 있는 자산이라는 특징도 가지고 있습니다.

이 개념을 처음 접한 분이라면 책을 덮고 싶은 충동을 느낄 것 같기도 한데요, 하나하나 쉽게 설명하도록 하겠습니다. 옵션을 정의할 때 기초자산, 행사 가격, 만기 등 여러 가지 복잡한 단어들이 나오는 이유는 옵션이 '파생된 상품'이기 때문입니다. 즉, 독립적으로 존재하지 못하고 다른 것에서 파생됐기 때문에 여러 가지 조건이 붙는다는 것이지요. 그럼 이제 그 조건을 하나씩 살펴보면 되겠네요.

쉬운 설명을 위해서 예시를 하나 들겠습니다. '삼성전자를 6월 말까지 8만 원에 살 수 있는 권리'를 콜옵션이라고 생각할 수 있습니다. 삼성전자가 기초자산(S)이라면 6월 말이 만기(T), 그리고 8만 원이 행사 가격(K)입니다.

옵션 개념을 처음 접하는 분들은 이런 생각이 들 수 있습니다. '그냥 삼성전자를 사면 되지 삼성전자를 8만 원에 살 수 있는 권리는 왜 사는 거지?' 그 이유는 '권리'만 사는 거라 돈이 많이 안 들기 때문이죠. 예를 들어볼까요? 삼성전자 주식이 7만 8000원이라고 하면 주식을 보유하기 위해서는 7만 8000원이 필요합니다. 그런데 삼성전자 콜옵션을 사면 '권리'만 사는 거라서 1000원만 주면 살 수 있습니다. 복권구입과 비슷하다고 생각하면 됩니다.

자, 그럼 삼성전자 콜옵션의 가치는 6월 말 만기에 어떻게 변하는지 생각해봅시다. 만약 6월 말에 삼성전자 주식이 9만 원이 된다면 돈을 얼마나 벌게 되는 것일까요? 콜옵션은 미리 정해진 가격(8만 원)에 살 수 있는 권리이기 때문에 손익은 1만 원이 됩니다. 그런데 콜옵션은 1000원을 주고 샀으니 10배의 수익을 얻은 셈이죠. 정말 좋은 투자였다는 생각이 들겠네요. 하지만 반대로 주가가 결국 8만 원 이하에서 끝났다면 어떻게 될까요? 안타깝게도 그냥 1000원을 모두 잃게 됩니다. 콜옵션의 수익구조를 살펴보니 좋을 때도 화끈하지만 안 좋을 때는 모두 잃게 되는 투자라는 관점에서 보면 복권과 유사한 점이 많다는 것을 알 수 있습니다.

이제 콜옵션에 붙어 있는 조건을 하나씩 살펴보면서 리얼 옵션

▶ 삼성전자 콜옵션의 수익구조

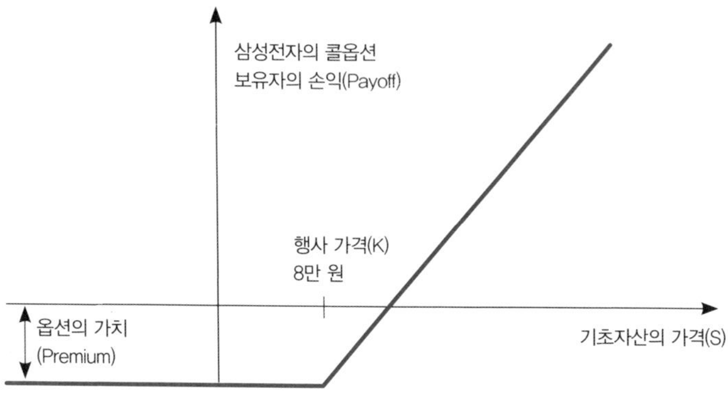

자료: SK증권

의 개념을 주식의 밸류에이션에 적용하여 설명하도록 하죠. 앞서 설명한 삼성전자 콜옵션은 금융시장에서 거래되는 금융상품입니다. 그런데 이러한 개념은 현실 세계에서도 그대로 사용될 수 있습니다. 사업에도 리얼 옵션의 개념이 적용될 수 있죠.

대표적으로 중국 IT기업 텐센트의 투자는 리얼 옵션의 성격을 갖는다고 할 수 있습니다. 텐센트는 경쟁력 있는 게임 프랜차이즈물 확보를 위해 2008년부터 적극적인 M&A 행보를 보였습니다. 실제 발표에 따르면 2020년까지 800개 기업에 투자해 70여 개 상장사와 160억 개의 유니콘 기업(기업가치 10억 달러 이상)들을 배출했다고 합니다.[8] 이러한 텐센트의 행보가 리얼 옵션 전략의 좋은 예시인 이유는 ① 손실은 총 투자금액으로 제한적이지만 ② 피투자회사가 손익분기점을 넘어서면 ③ 이후에 발생하는 이익은 무제한이기 때문입니다.

이처럼 금융시장에서 거래되는 옵션 개념을 실제 사업이나 주식의 밸류에이션에 적용하는 것을 리얼 옵션이라고 부릅니다. 그럼 이제 본격적으로 콜옵션에 붙어 있는 조건들을 하나씩 살펴보면서 리얼 옵션의 개념으로 주식의 밸류에이션을 설명해보겠습니다.

첫 번째 조건은 '기초자산'입니다. 옵션은 무언가로부터 파생된 상품이라고 했죠? 삼성전자 콜옵션을 생각해보면 삼성전자 콜옵션은 삼성전자의 주가에 따라서 결정될 뿐 옵션 스스로 가치를 정할 수 없다는 것을 쉽게 알 수 있습니다. 이때 옵션의 가치를 결정하는 '무언가'를 기초자산이라고 합니다. 즉, 삼성전자 콜옵션의 기초자산은 삼성전자 주식입니다. 주식의 밸류에이션에 리얼 옵션의 개념을 적용하기 위한 첫 번째 조건은 바로 이 기초자산이 명확하게 정의되어야 한다는 것입니다.

예를 들어 A라는 회사의 주가가 호주 달러와 높은 상관관계를 갖는다고 해서 호주 달러가 기초자산이 될 수는 없습니다. 왜냐하면 A회사 주가에 영향을 주는 요인은 호주 달러 이외에도 많기 때문입니다. 반면, 신작 게임 출시를 앞둔 게임사라면 주가는 신작 게임의 성공 여부에 따라 결정적인 영향을 받기 때문에 기초자산은 신작 게임의 성공 여부라고 볼 수 있습니다.

두 번째 조건은 '행사 가격'입니다. 삼성전자를 8만 원에 살 수 있는 콜옵션을 예로 들면 8만 원이 행사 가격입니다. 이 행사 가격은 다른 표현으로는 특정 이벤트Contingent event라고 하는데요. 왜냐하면 8만 원을 기준으로 옵션의 가치가 완전히 바뀌기 때문입니다. 삼성전자 주식이 8만 원을 넘으면 기분 좋은 상황이 되지만 8만 원을 넘지 못하는 순간부터는 모든 것을 잃는 상황이 됩니다.

다음 페이지 그림에서 행사 가격은 세상을 둘로 나눈다는 것을 알 수 있습니다. 행사 가격을 특정 이벤트라고 표현했던 이유를 아시겠죠? 왼쪽 세상은 복권에 비유하면 꽝이고, 투자한 돈 전부를 잃는 '안 좋은 세상'입니다. 반면 오른쪽 세상으로 넘어가면 이익이 나기 시작하는 구간이며 '좋은 세상'이라고 할 수 있죠. 왼쪽은 안 좋은 세상이지만 어쨌든 손실은 제한적이며 컨트롤을 할 수도 있습니다. 즉, 복권을 몇 장 살지 내가 결정할 수 있다는 얘기죠. 반면 오른쪽은 좋은 세상인데 이익이 얼마가 될지 알 수 없고 제한도 없습니다. 물론 낮은 확률이라도 불확실성이 안 좋은 세상보다는 좋은 세상에 있는 게 훨씬 낫죠. 앞서 예로 들었던 신약을 개발 중인 제약 회사를 생각해봅시다. 임상 1상부터 3상까지의 이벤트들은 모든 옵션의 특정 이벤트라고 할 수 있습니다. 그리고 임상

▶ 옵션이 나누는 두 가지 세상

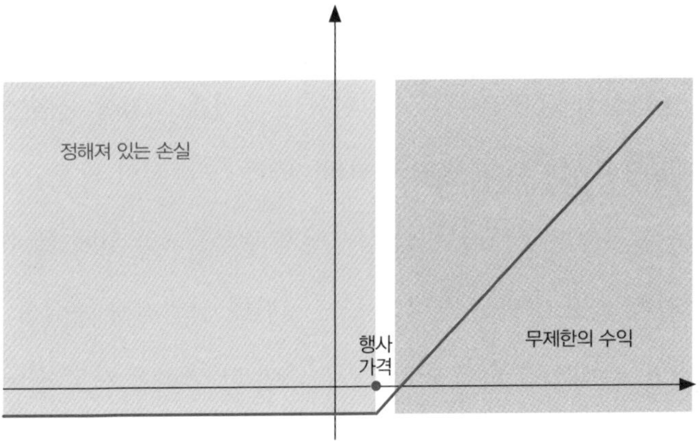

자료: SK증권

통과는 행사 가격(삼성전자로 치면 8만 원)을 넘어서는 것으로 이해할 수 있습니다. 임상에 실패하면 아무것도 없지만 성공하면 그 가치가 무제한으로 커진다는 측면에서 행사 가격의 성격을 갖는다고 할 수 있죠.

세 번째 조건은 '만기'입니다. 주식과 달리 옵션은 만기가 있습니다. 6월 말까지만 살 수 있는 권리라고 했기 때문에 6월이 지나면 아무런 가치가 없는 상황이 됩니다. 복권도 마찬가지로 복권 결과가 나오기 전까지는 복권을 다른 사람에게 팔 수 있지만 결과가 나온 상황에서는 가치가 결정되기 때문에 다른 사람에게 팔 수 없습니다. 만기가 있다는 사실을 주식에 적용해보면, 제약회사의 경우에는 임상 결과가 발표되는 시점이 해당 옵션의 만기라고 할 수 있습니다.

네 번째 조건은 '변동성Volatility'입니다. 주식으로 돈을 벌기 위해서는 방향성이 필요합니다. 우상향하는 주식에 투자를 하면 돈을 벌 수 있으니 말입니다. 반면 옵션의 가치는 변동성이 커질수록 커진다는 특징을 가집니다. 만약 삼성전자 주식을 8만 원에 살 수 있는 권리를 들고 있다고 생각해보죠. 그런데 삼성전자 주식이 1년 내내 8만 원에서 전혀 움직이지 않는다면 그 권리를 사고 싶어 하는 사람이 있을까요? 아마도 없을 겁니다. 그보다는 7만 원에서 9만 원 사이를 계속 움직여야 8만 원에 살 수 있는 권리의 가치가 커지겠죠. 마찬가지로 리얼 옵션 개념을 적용할 수 있는 주식의 가치도 기초자산(임상, 신작 게임 등)에 대한 불확실성이 커질수록 상승한다고 볼 수 있습니다. 좀 더 구체적으로 임상 결과가 성공일 수도 있지만 실패할 수도 있어서 사람들의 관심이 집중될 때 옵션의 가치는 커진다는 뜻입니다.

다섯 번째 조건은 '프리미엄Premium'입니다. 앞서 설명한 예시에서 삼성전자 옵션의 가치를 1000원이라고 했습니다. 이 금액을 프리미엄이라고 부릅니다. 그런데 앞서 언급했듯이 리얼 옵션은 손실이 제한적이며 컨트롤이 가능하다는 장점이 있죠. 이를 실제 주식에 적용해보면, 프리미엄은 한마디로 투자입니다. A회사가 a라는 플랫폼 또는 b라는 공장을 구축하기 위해서 수많은 투자를 했다고 가정해봅시다. 물론 이 투자가 실패해서 a플랫폼이 결국 현금을 만들어내지 못할 수도 있습니다. 하지만 중요한 포인트는 A회사가 a플랫폼을 만들기 위해서 투자를 스스로 결정할 수 있는 협상력Bargaining power을 가졌다는 점입니다. 반도체 산업을 예로 들어볼까요? SK하이닉스에 비해서 삼성전자가 투자 규모를 스스로 결정할 수 있는 협상력이 높다는 걸 생각하면 이해가 쉬울 것입니다. 이는 복권을 몇 장 살지 내가 결정하듯이 투자 규모를 스스로 결정할 수 있는 협상력 높은 회사가 리얼 옵션을 적용할 수 있는 회사라는 것을 의미합니다.

이효석 아카데미

옵션 가격을 결정하는 여섯 가지 요인

기초자산 관련 변수

1. 기초자산의 가격: 기초자산의 가격이 상승할수록 콜옵션의 가치는 상승하고 풋옵션의 가치는 하락합니다.
2. 기초자산의 변동성: 일반적으로 주식은 변동성을 싫어하기 때문에 변동성이 클수록 주가가 하락합니다. 하지만 옵션은 반대로 기초자산의 변동성이 클수록 가치가 커집니다. 예를 들어 삼성전자 주식을 8만 원에 살 수 있는 권리를 가진 콜옵션의 가치는 삼성전자 주식이 8만 원 이상에서 거의 움직임이 없다면 높지 않겠죠. 반면, 삼성전자의 변동성이 커지면서 옵션의 가치가 0보다 커질 수 있다는 생각을 하는 사람이 늘수록 옵션의 가치는 커집니다. 마찬가지로 리얼 옵션을 적용할 수 있는 기업의 적정 밸류에이션도 기초자산의 변동성이 클수록 주가가 상승한다는 특징이 있습니다.
3. 예상 배당: 배당이 클수록 기초자산을 갖지 않아서 생기는 기회비용이 커집니다. 삼성전자 주식이 아니라 삼성전자 콜옵션을 보유하게 되면 삼성전자가 주는 배당만큼 기회비용이 발생하기 때문에 배당을 많이 주는 회사일수록 콜옵션의 가치는 떨어집니다.

▶ **옵션의 가치를 결정하는 여섯 가지 요인**

	콜옵션의 가치	풋옵션의 가치
기초자산 가격(↑)	△	▼
기초자산의 변동성(↑)	△	△
기초자산의 배당(↑)	▼	△
행사 가격(↑)	▼	△
만기까지 남은 시간(↑)	△	△
이자율(↑)	△	▼

옵션 관련 변수

4. 행사 가격: 콜옵션의 가치는 행사 가격이 낮을수록 높아지지만 반대로 풋옵션의 가치는 행사 가격이 높을수록 높아집니다.
5. 만기: 만기가 길수록 옵션의 가치가 플러스될 확률이 높아집니다. 따라서 만기가 길어질수록 콜옵션과 풋옵션 모두 가치가 커진다는 특징이 있습니다.

경제지표 관련 변수

6. 금리: 매크로 변수 중에 옵션의 가치에 영향을 주는 요인은 금리뿐입니다. 콜옵션은 향후에 기초자산을 살 수 있는 권리이며 당장 돈을 낼 필요는 없습니다. 따라서 삼성전자를 살 돈을 은행에 예금했을 때 받을 수 있는 이자 수준의 이익은 얻을 수 있죠. 따라서

> 콜옵션의 가치는 무위험 이자가 높을수록 높아집니다. 보통 금리가 높아지면 막연하게 옵션의 가치는 하락할 것이라 생각하지만 콜옵션의 가치는 오히려 커집니다.

좀 더 쉽게 리얼 옵션의 개념을 적용해볼 수 있도록 실제 사례를 한번 살펴보겠습니다.

제약·바이오 회사, 게임 회사, 엔터테인먼트 회사

우선 옵션으로 설명할 수 있는 업종으로는 제약·바이오 회사가 있습니다. 이들의 기초자산은 임상입니다. 임상 실험이 통과되면 오른쪽 세상, 실패하면 왼쪽 세상인 것이죠. 또한 게임 회사도 리얼 옵션을 적용할 수 있습니다. 신작 게임이 대박이면 오른쪽 세상, 실패하면 왼쪽 세상이죠. 엔터테인먼트 회사도 마찬가지입니다. 이런 회사들의 성격은 사업이 잘 안되면 그동안의 투자 금액은 손실이 되지만 성공하면 큰 성과를 낼 수 있다는 점에서 옵션과 비슷하다고 할 수 있습니다.

중요한 것은 아무리 제약 회사라 해도 기초자산(임상)이 주가에 미치는 영향이 절대적으로 클 때만 리얼 옵션이 적용된다는 사실입니다. 그런 의미에서 실적은 기초자산이 될 수 없습니다. 왜냐하면 실적이 좋아지는 것은 주가에 연속적으로 반영됩니다. 구체적으로 삼성전자 분기 실적이 10조 원을 넘으면 대박인데 10조 원이 안 된다고 망하는 그런 상황은 아니라는 얘기죠. 특정 이벤트를 기준으로 가치에 미치는 영향이 완전히 별개의 사건으로 인식되는지 여부가 중요합니다.

부도 리스크가 있는 회사

많은 투자자들이 '리얼 옵션'하면 떠올리는 단어가 '버블', '성장주'지만 사실 리얼 옵션은 긍정적인 이벤트나 회사에만 적용되는 개념이 아닙니다. 부도 가능성이 커져서 채권단과 협상을 해야 하는 상황에 놓인 회사도 리얼 옵션의 개념을 적용할 수 있는 대표적인 사례이기 때문입니다. 최근 사례를 들어보죠. 2016년 초 두산인프라코어는 사업 악화로 부채를 감당하지 못해 핵심 사업부였던 공작기계 부문을 팔아야 하는 상황에 이르렀습니다. 실제 매각 가격은 예상 수준에 훨씬 미치지 못했지만 주가는 오히려 급등하기 시작하더니 단 일주일 만에 2배 이상 상승했습니다. 시장은 '이 회사가 결국 망할 것'이라는 점을 반영하고 있었는데 망하지 않게 된 사실이 확인되고 주가가 2배 오른 것이죠.

이 회사의 주가가 단기간에 2배나 오를 수 있었던 이유는 리얼 옵션의 개념으로 잘 설명할 수 있습니다. 부도 위험이 있는 회사의 주가는 자산 매각과 같은 특정 이벤트의 성공 여부에 따라 부채 상환 여부가 결정되면서 주가의 '변동성'이 커지기 때문입니다. 투자자들은 해당 기업이 살아날지 그렇지 못할지에 관심을 갖고 '옵션을 산다'는 생각으로 투자한다는 것이지요. 2020년 6월, 렌터카 업체 허츠Hertz의 주식을 미국의 로빈후드 투자자들이 대거 매입했다는 소식이 이를 잘 설명합니다. 어차피 부도가 나도 이상하지 않은 회사의 주식을 사는 이유는 잃을 것은 별로 없지만 수익은 제한이 없다는 심리 때문이죠.

무형자산을 가진 회사

우선 무형자산의 밸류에이션을 위한 핵심 개념을 이해해야 합니다. 기업이 투자를 할 때 회계적으로는 '자본화Capitalize'하거나 '비용 처리Expense'를 하게 됩니다. 쉬운 설명을 위해 이렇게 비유할 수 있습니다. 제가 결혼 전 다른 사람들의 결혼식을 갈 때 항상 생각했던 게 있었는데요, '이 친구가 내 결혼식에 올까?'였습니다. 만약 올 친구라면 축의금을 낸 만큼 저에게 돌아올 테니 비용 처리를 할 필요가 없을 겁니다. 하지만 안 올 친구라는 생각이 들면 비용 처리를 해야 할 겁니다. 결국 자본화를 할지 비용 처리 할지를 두고 판단할 때 가장 중요한 기준은 '향후에 투자자금이 매출이나 이익으로 되돌아올 수 있을지의 여부'가 됩니다.

좀 더 구체적으로 2019년 롯데케미칼이 미국 ECC(에탄크래커) 공장에 투자를 진행한 일을 생각해봅시다. 이 과정에서 들어간 투자 금액은 대부분 '자본화'됩니다. 이유는 향후에 완공될 ECC 공장은 눈에 보이는 유형자산이며 완공 이후 매출이 발생하면 이익이 발생하리라는 가정이 있기 때문입니다. 반면, 네이버나 카카오가 네이버페이 혹은 카카오페이라는 플랫폼을 만들기 위해 진행한 투자(마케팅 비용 등)는 대부분 '비용 처리'됩니다. 그 이유는 눈에 보이지 않는 무형자산을 만들기 위한 투자라서 무형자산이 완성된 이후 실제로 매출이 발생할지 여부에 대한 확신이 없기 때문이죠.

이제 공장(유형자산) 또는 플랫폼(무형자산)이 완성된 이후의 회계 처리를 확인해봅시다. 롯데케미칼의 공장이 완공되면 매출이 발

▶ **유형자산과 무형자산 투자의 회계 처리**

	자산이 완성(완공)되기 전	자산이 완성(완공)된 후
유형자산 투자	현금흐름의 관점에서는 유출이지만 자본화하기 때문에 손익에 주는 영향은 제한적임.	공장이 완공된 이후 매출이 발생하면 이때부터 감가상각을 하면서 실적에 부담이 됨.
무형자산 투자	무형자산 투자는 대부분 비용 처리 방식으로 회계 처리가 됨. 따라서 플랫폼 등 무형자산이 완성되기 전까지는 손익에 부정적인 영향을 줌.	플랫폼이 완성된 후 매출이 발생할 경우 비용 부담 없이 실적이 가파르게 상승하는 경향을 보임.

자료: SK증권

생하면서 동시에 그동안 자본화해놨던 자산은 감가상각을 통해서 비용 처리되기 시작합니다. 반면, 네이버나 카카오가 플랫폼을 만들기 위해서 투자한 마케팅 비용은 이미 비용 처리를 해두었기 때문에 플랫폼이 완성되어서 매출이 발생하더라도 감가상각에 대한 추가 부담 없이 실적이 폭발적으로 증가하는 현상이 나타납니다. 이 때문에 무형자산을 가진 회사들의 실적이 갑자기 좋아지는 현상이 일어나죠. 플랫폼을 만들기 위해 투자했던 마케팅 비용이나 R&D 투자 비용은 모두 비용 처리를 했기 때문에 플랫폼에서 나오는 매출은 원가 부담 없이 바로 이익이 되기 때문입니다.

주가의 관점에서 해석을 해보면 카카오는 비즈보드라는 광고 서비스로 돈을 벌 수 있을지, 벌지 못할지에 대한 논란이 시작될 때 리얼 옵션이 카카오 주가에 반영되기 시작합니다. 그리고 여기서의 기초자산은 비즈보드에서 나오는 경영 성과가 될 것입니다. 그리고 논란이 커질수록 주가가 상승하는 이유는 그만큼 기초자산(비즈보드)에 대한 변동성이 커지기 때문입니다. 의외로 주가가 다시 하향 안정되는 경우는 더 이상 비즈보드로 돈을 벌 수 있을지가 논란이 되지 않고 매출이 예상 범위 안으로 들어오는 순간입니다. 이는 가치주를 평가할 때도 동일하게 적용됩니다.

여기서 우리가 던져야 할 중요한 질문은 "네이버나 카카오가 플랫폼을 만들기 위해서 투자한 비용은 왜 자본화하지 못하는 것일까?"입니다. 그 이유는 무형자산이기 때문인데요, 무형자산을 쉽게 자본화할 수 있도록 하면 그에 따른 부작용이 크기 때문입니다. 예를 들어 마케팅 비용을 무형자산을 쌓기 위한 투자라고 하면서 자본화할 수 있게 해주면 고객과 술을 마신 것도 투자라고 우길 수 있으니까요. 그래서 최근에는 '회계는 보수적으로 하더라도 투자의 관점에서는 다른 접근이 필요하다'는 의견에 힘이 실리고 있는데, 그 결정적인 이유는 플랫폼으로 돈을 버는 회사들이 눈에 보이기 시작했기 때문입니다.

무형자산에 대해서는 제4장에서도 자세하게 설명한 바 있는데요. 무형자산은 밸류에이션도 어렵고 회계 처리도 어렵기 때문에 투자하기 어렵습니다. 그런데 이 사실에서 얻을 수 있는 투자 아이디어는 역설적으로 '무형자산에 투자해본 회사가 좋은 회사'라는 것입니다. 왜냐하면 그 회사는 우리가 쉽게 할 수 없는 무형자산의 가치를 계산할 수 있는 경험과 능력을 가지고 있을 가능성이 크고, 무형자산의 중요성을 아는 회사일 가능성이 크기 때문입니다. 단, 무형자산은 보이지 않기 때문에 속이기 쉽다는 것도 잊으면 안 되겠지요?

이효석 아카데미

기아차 주가를 리얼 옵션으로 설명하기

2021년 초, 기아차와 애플의 협업 소식이 들려오면서 기아차 주가가 한때 크게 상승했습니다. 기아차 주가의 움직임을 통해서 리얼 옵션의 개념을 소개해보려고 합니다.

다음 페이지의 그래프에서 회사의 펀더멘털은 점선을 따라 꾸준하게 상승한다고 가정해봅시다. 이때 주가는 펀더멘털을 따라서 움직입니다. 물론 때론 고평가를 받기도 하고 때론 저평가 상태에 있기도 하지만 말입니다. 그런데 주식에 리얼 옵션이 적용되면서 옵션의 가치가 반영되기 시작합니다. 이를 기존 주가에 리얼 옵션의 가치가 붙었다고 표현합니다. 그렇다면 앞서 소개했던 조건을 하나씩 적용하면서 기아차-애플 이벤트를 설명해보겠습니다.

우선 기초자산은 기아차와 애플의 협업 여부입니다. 그리고 행사 가격은 협업 여부가 결정되는 이벤트죠. 또한 기아차 주가에 리얼 옵션의 가치가 반영되는 시점은 애플과 관련된 보도가 나오기 시작했을 때이며 만기는 애플이 최종적으로 기아차와 협업을 하지 않는다고 발표했을 때입니다. 변동성의 관점에서도 기아차-애플 협업 이슈와 관련해서 논란이 가장 크게 확산됐을 때 반영된 리얼 옵션의 가치가 가장 크다는 것을 확인할 수 있습니다. 기초자산의 변동성이 클수록 리얼 옵션

▶ **리얼 옵션이 주가에 반영되는 과정**

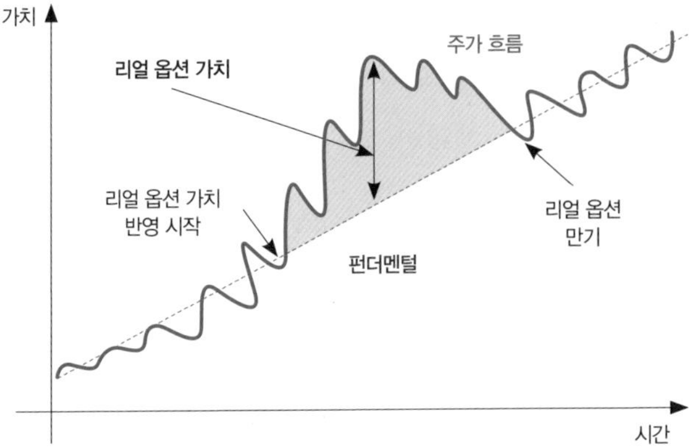

자료: SK증권

의 가치가 크다고 설명했던 것 기억하지요?

마지막으로 프리미엄의 관점에서도 생각해볼 수 있는데요. 이미 기아차가 E-GMP 등 전기차 플랫폼에 투자한 것은 정해진 값입니다. 애플과의 협업이 기아차의 펀더멘털(실적)에 미치는 영향은 제한적이지만 만약 협업을 하면 주가의 업사이드에 제한이 없다고 해석할 수 있습니다. 이렇게 생각하면 리얼 옵션의 개념으로 기아차 주가가 애플과의 협업 가능성을 두고 나오는 여러 가지 이벤트와 뉴스를 어떻게 반영했는지 설명할 수 있습니다.

구명조끼를 입은 레밍이 되는 법

제가 이번 장에서 리얼 옵션의 개념을 소개한 이유는 ① 현재의 주식시장을 좀 더 잘 설명할 수 있는 좋은 방법론이기 때문이고 ② 리얼 옵션의 개념으로 주식을 보면 다른 방식의 투자 전략을 수립할 수 있다고 판단했기 때문입니다.

하지만 리얼 옵션 개념을 소개하면서 걱정됐던 부분도 있었으니 '새로운 논리가 나오는 걸 보니 이제 정말 버블이 왔나 보군' 하고 생각하는 투자자들도 있으리라는 점이었습니다. 실제로 리얼 옵션이 가장 활발하게 논의되고 연구됐던 시점은 닷컴버블 당시였죠. 그리고 이 글을 쓰고 있는 지금도 여전히 버블 논란은 지속되고 있습니다.

이 장의 처음에 소개한 다모다란 교수의 레밍 비유를 다시 떠올려보기 바랍니다. 남들 뒤만 따라다니다가 그대로 바다에 빠져 익사하지 않으려면 밸류에이션을 배워야 합니다. 즉, '구명조끼를 입은 레밍'이 되어야 하는 것이지요. 다모다란 교수는 실제로 주식분할 이후 애플의 주가가 더 상승하자 "나의 내러티브로 설명할 수 있는 목표가보다 주가가 너무 높기 때문에 매도한다"고 발표하기도 했습니다. '구명조끼를 입은 레밍'이 되는 것이 어떤 것인지 몸소 보여준 멋진 사례라고 할 수 있겠습니다.

아래 그림은 레밍이 어떤 생각으로 앞에 있는 레밍을 따라가는지를 잘 보여주는 그림입니다. 제가 설명한 리얼 옵션의 개념이 막연한 환상을 주는 것이 아니라 현실을 이해하고 투자에 활용하는 데 부디 도움이 되길 바라는 마음을 전하며 이 장을 마칩니다.

▶ 리얼 옵션의 현실과 환상

자료: fineartamerica, SK증권

한 번이라도 더 성공하고 단 1%라도 성공 확률을 높이는 투자를 위하여

저는 2020년부터 유튜브 채널 「이효석 아카데미」를 통해서 많은 투자자 분들과 소통하고 있습니다. 제 채널의 구독자 분들 중에는 이른바 '주린이'도 많은데요. 그런 분들과 이야기를 나누다 보면 좋은 점도 있지만 나쁜 점도 하나 있습니다. 많은 분들의 격려와 칭찬에 둘러싸여 저도 모르게, 제가 약간 뭐라도 된 것 같은 기분이 들면서 교만해진다는 것이죠. 제가 이 책을 통해서 일관되게 전하고자 했던 메시지는 '시장 앞에서 겸손하자'는 것이었습니다. 시장이 변했다고 해서 아무 생각 없이 따라가는 것도 문제지만 별다른 고민 없이 틀렸다고 덮어두는 것은 기회비용 측면에서 더 큰 문제일 수 있기 때문입니다. 마지막으로 짧은 경험이지만 투자를 대하는 자세에 대한 몇 가지 조언을 드리며 책을 끝마칠까 합니다.

기하급수적 성장이 필요한 이유

제 주변에는 전문 투자자가 되기로 결정한 분이 많습니다. 그 분들 중 한 분이 제게 들려준 이야기가 기억에 남습니다. 지금은 선형적Linear, 즉 일정한 성장이 아니라 기하급수적Exponential인 성장이 필요한데, 그러한 성장을 이뤄내려면 사업 또는 투자밖에는 길이 없다는 것이었죠. 정말 공감되는 이야기였습니다. 이 시대의 젊은 투자자들이 왜 기하급수적인 성장을 추구할까요? 가장 큰 이유는 그 방법 외에는 길이 없기 때문입니다. 이미 너무 상승해버린 자산 가격들을 보면서 선형적인 성장을 해서는 답이 없다는 거죠. 이는 너무 안타깝게도 어쩔 수 없는 사회 현상이며 전 세계적인 현상이기도 합니다. 기하급수적 성장을 보여주는 기업의 가치가 커지는 이유도 그런 의미에서 찾을 수 있겠습니다.

사업 또는 투자를 하는 사람이 되어야 하는 이유는 로버트 기요사키의 『부자 아빠 가난한 아빠』에 나오는 현금흐름 사분면이라는 개념으로도 설명할 수 있습니다. 모든 사람은 네 가지 방법으로 현금을 만들어낸다는 설명인데요, 일반 회사원을 의미하는 E[Employee], 자영업을 의미하는 S[Self employee]가 왼쪽 세상이라면, 오른쪽 세상에는 사업을 하는 B[Business owner]와 투자를 하는 사람인 I[Investor]가 있습니다. 왼쪽의 E와 S는 안정적일 수는 있지만 시간의 자유가 없습니다. 내가 원하는 대로 자유롭게 시간을 쓸 수 없다는 의미죠. 반면, B와 I는 비교적 자유롭게 시간을 활용할 수 있습니다. 우리가 흔히 이야기하는 경제적 자유를 얻었으니 놀고 먹는다는 개념의 시간적 자유가 아니라 내가 원하는 대로, 주체적으로 시간을 사용할 수 있다는 의미입니다. 여기서 중요한 포인트는 '그럼 B와 I가 되기 위해서 필요한 것이 과연 무엇이냐'겠죠.[1]

▶ 로버트 기요사키의 현금흐름 사분면

E: 봉급생활자
S: 자영업자 또는 전문직 종사자
B: 사업가(직원 500명 이상)
I : 투자가

이는 일정한 성장으로는 어차피 답이 없다는 의미에서 기하급수적인 성장을 추구할 수밖에 없다는 것과 관계가 깊습니다. 왜냐하면 어차피 답이 없다고 포기해버릴 정도로 어려운 상황이라는 얘기는 누군가의 도움을 받아야 한다는 의미이기 때문입니다. B와 I의 삶은 누군가의 도움 없이는 굴러가지 않습니다. B가 함께 일하는 종업원들의 도움을 받는다면 I는 본인이 투자한 기업의 도움을 받는 것이죠. 이는 어렵지만 투자를 꼭 해야만 하는 이유로 연결됩니다.

'기하급수'라는 단어를 통해서 처음 떠올리게 되는 이미지는 '급격하게 성장하는 모습'일 것입니다. 하지만 그 이전에는 일정한 성

▶ **선형적 성장과 기하급수적 성장의 차이**

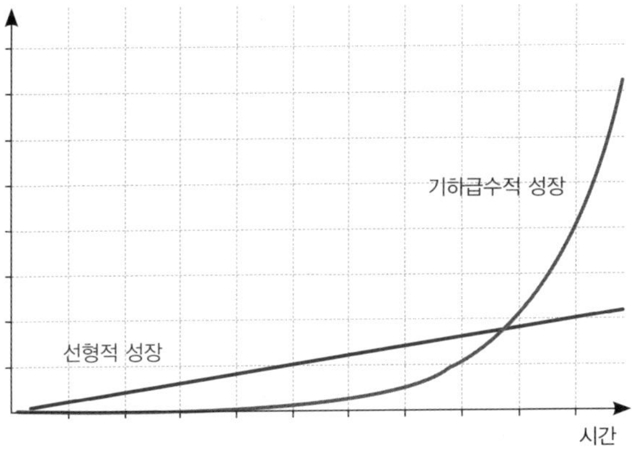

장보다도 못한 구간이 반드시 있다는 것을 기억해야 합니다. 그리고 이러한 사실은 반대로 이야기하면 조금이라도 빨리 투자를 해야 한다는 의미기도 하죠.

돈 버는 확률을 높이는 가장 안전한 방법

2021년 초, 기아차와 애플의 협업 뉴스가 한참 나올 때 개인 투자자들 사이에 재미있는 글이 하나 돌았습니다. 아이폰, 아이패드, 아이팟 등의 이름을 이야기하면서 현대차의 전기차 모델명이 왜 '아이오닉'인지 아직도 모르겠냐고 핀잔을 주는 글이었습니다. 이 글을 보며 저도 한참 웃긴 했지만 갑자기 이런 생각이 들었습니다. 당시에 이런 내용을 잘 모르고 그냥 기아차 주식을 샀던 사람과 정말 내용을 잘 알아서 신중한 투자를 했던 사람 중에 누가 더 큰 돈을 벌었을까요? 아마도 잘 모르고 기아차 주식을 샀던 사람이 당시에는 더 큰 수익을 내지 않았을까요? 그렇다면 또 이런 질문으로 연결됩니다. "주식으로 돈을 벌기 위해서 공부가 필요 없는 것 아닐까?" 이 질문을 조금 더 좋게 바꾸면 "기업에 대한 지식과 그 기업의 주식에 투자했을 때 돈을 벌 확률은 어떤 관계가 있을까?"일 것입니다. 이 질문에 대한 대답을 당장 딱 잘라 말하긴 어렵지만 아마도 아래와 같은 그림을 따라 움직이지 않을까요?

초반에는 공부를 조금만 하더라도 돈을 벌 확률이 빠르게 올라가지만 지식이 많아질수록 확률의 기울기가 낮아지는 것이죠. 그러다가 너무 많은 지식을 가지면 오히려 돈 버는 데 방해가 되는 경우도 생기는데, 이 경우는 과잉자신감이라고 할 수 있겠습니다. 한마디로 경제와 투자에 대한 지식이 전혀 없을 때에 비해 조금이라도 지식을 갖게 됐을 때 돈을 벌 확률이 빠르게 증가한다는 이야기입니다. 투자를 시작한 지 얼마 되지 않은 분들에게 꼭 말씀드리고 싶은 것은 지금 하는 투자 공부가 여러분이 좋은 의사결정을 하는 데 반드시 도움이 되리라는 점입니다.

모든 투자자 분들의 포트폴리오는 10~20년 전부터 계속했던 수많은 투자 의사결정의 합으로 구성되어 있습니다. 매일매일 하는

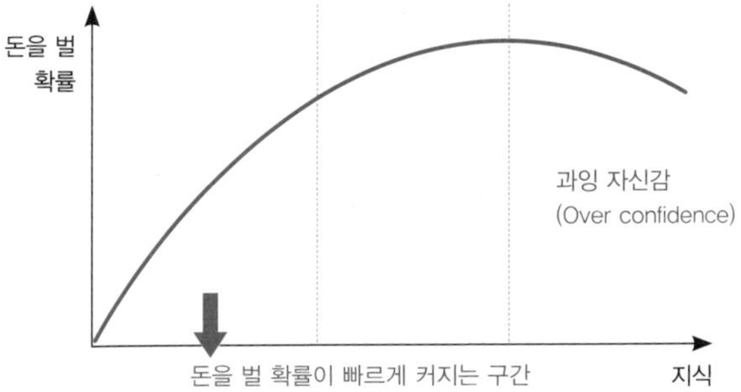

의사결정 하나하나가 10년 후의 포트폴리오와 투자 성과에 영향을 준다는 얘기죠. 투자 공부를 해야 하는 이유도 이와 마찬가지입니다. 인생을 살면서 내리는 수많은 투자 의사결정에서 한 번이라도 더 성공하고, 단 1%라도 성공 확률을 더 높여 먼 미래의 포트폴리오에 긍정적인 영향을 주기 위해서죠.

그러므로 오늘의 투자 의사결정은 내일의 의사결정을 하기에 좀 더 좋은 상황으로 내 포트폴리오를 이동시키기 위한 것이어야 합니다. 오늘의 투자 의사결정이 티샷Tee shot(최초의 샷을 일컫는 골프 용어)이라면 내일의 투자 의사결정은 세컨 샷Secand shot인 셈이죠. 박세리 선수처럼 양말을 벗고 들어가서 치더라도 우승을 하면 됩니다. 하지만 좀 더 좋은 위치에서 세컨 샷을 칠 수 있게 만들면 더 좋겠죠.

미래는 알 수 없습니다. 하지만 우리의 투자 의사결정은 코너에 몰리지 않고, 내일의 의사결정을 하는 데 좀 더 편한 포지션을 만들기 위한 것이 되어야 합니다.

이차선으로 달리는 것의 의미

헤지펀드를 운용하면서 매일 했던 일 중 하나가 현재의 포트폴리오와 나의 생각을 일치시키는 것이었습니다. 왜냐하면 시장의 변화에 따라서 포트폴리오가 나도 모르는 사이에 내 생각과 다른 모습을 하고 있을 때가 종종 있기 때문입니다. 이러한 현상은 특히 시장의 변동성이 커질 때 많이 나타납니다. 종목의 변동성이 커지면서 보유하는 종목의 비중도 크게 바뀌기 때문입니다.

그런데 생각과 실제 포지션을 일치시키는 작업은 헤지펀드 매니저만의 전유물이 아닙니다. 저는 모든 일반 투자자들도 반드시 이러한 작업을 해야 한다고 생각합니다. 예를 들어 A라는 투자자가 공부를 해서 a라는 종목을 사야겠다 생각했다고 합시다. 그런데 생각을 실천으로 옮기지 못해 결국 투자를 하지 못했습니다. 이 경우 여러 가지 관점에서 문제가 생깁니다. 우선 a종목의 주가가 오르면 '내 생각이 맞았네'라며 아쉬워하게 되고, a종목이 하락하면 '내가 틀렸네' 하게 되죠. 하지만 이러한 생각은 머릿속에서만 이루어지기 때문에 학습 효과가 전혀 없습니다. 실제 포지션을 가지고 있어야 학습과 성장의 기회로 삼을 수 있죠. 그래서 여러분의 생각과 포지션이 일치하는지를 계속해서 점검해봐야 합니다.

제가 처음 애널리스트로 출근하면서 했던 다짐은 '내가 이차선을 좋아하는 사람이라는 것을 기억하자'였습니다. 저는 실제로 고속도로에서 운전할 때 일차선(추월차선)보다 이차선을 더 좋아합니다. 일차선에서 110킬로미터로 달리고 있는데 더 빨리 가라고 뒤에서 눈치 줄 때의 기분이 너무 안 좋기 때문이죠. '이렇게 빨리 가고 있는데 어떻게 더 빨리 가라는 거야?' 싶은 마음이 드는 거죠. 그런데 이차선으로 달리려면 일차선에서 빨리 달리는 사람들을 부러워하지 않아야 합니다. '저렇게 빨리 가야 하는 이유가 있겠지' 하고 넘어가면 됩니다. 물론 너무 느리게 가는 차가 앞에 있으면 추월해야 하는 번거로움이 있지만 이차선으로 달리면 나만의 페이스를 유지할 수 있어서 좋습니다.

투자에서도 이차선을 좋아해야 하는 이유는 명확합니다. 나는 돈을 벌지 못했는데 주변에서 돈을 많이 벌었다는 이야기를 들으며 부러워하는 것은 마치 일차선을 달리는 차를 보며 부러워하는 것과 같습니다. 하지만 투자는 평생 동안 해야 하는 일이라는 것을 기억해주세요. 그러면 제가 이차선을 좋아하는 이유를 조금은 이해할 수 있을 거라 생각합니다.

너무 욕심내지 않고 무리하지 않는, 평생 동안 이어질 여러분의 현명한 투자 의사결정에 이 책이 조금이라도 도움이 됐기를 진심으로 바랍니다.

• 미주 •

제1장

1) 어스워스 다모다란, 이건 옮김, 『어스워스 다모다란의 투자철학』, 리딩리더, 2013.

제2장

1) Principles by Ray Dalio, "How the economic machine works by Ray Dalio".
https://youtu.be/PHe0bXAIuk0

2) 벤 버냉키, 안세민 옮김, 『행동하는 용기』, 까치(까치글방), 2015, 490p.

3) Board of Governors of the Fedral Reserve System, "Financial stability report", Nov 2020.
https://www.federalreserve.gov/publications/files/financial-stability-report-20201109.pdf

4) Congressional Budget Office, "Long-term budget outlook", Mar 2021.
https://www.cbo.gov/system/files/2021-03/56977-LTBO-2021.pdf

5) 벤 버냉키, 안세민 옮김, 『행동하는 용기』, 까치(까치글방), 2015, 490p.

6) Bloomberg, "Ways to profit from $17 trillion of negative-yielding debt".
https://www.bloomberg.com/news/articles/2019-08-15/three-ways-to-profit-from-16-trillion-of-negative-yielding-debt

7) Andrew Stotz, "Stop wasting time, start adding value".
https://blog.naver.com/ronalee/220042943984

8) 산업통상부, 2020년 12월 및 연간 수출입동향.
https://bit.ly/3tQc5KO

제3장

1) Jeremy Grantham, "Waiting for the last dance"
https://www.gmo.com/asia/research-library/waiting-for-the-last-dance/

2) Archer, David J, "Inflation targeting in New Zealand, seminar presentation", International Monetary Fund, Washington, D.C., Mar 20-21, 2000.

3) John C. Williams, "Inflation targeting", NY fed, Jan 10, 2020.
https://www.newyorkfed.org/newsevents/speeches/2020/wil200109

4) "디플레 전쟁, 지금 왜 디플레를 이야기할까?"
https://youtu.be/CsnABTNodnw

5) Jerome Powell, New economic challenges and the Fed's monetary policy review, Aug 27, 2020.
https://www.federalreserve.gov/newsevents/speech/files/powell20200827a.pdf

6) Washington Post, "The Biden stimulus is admirably ambitious. But it brings some big risks, too".
https://www.washingtonpost.com/opinions/2021/02/04/larry-summers-biden-covid-stimulus/

7) Peterson Institute for International Economics, "In defense of concerns over the $1.9 trillion relief plan".
https://www.piie.com/blogs/realtime-economic-issues-watch/defense-concerns-over-19-trillion-relief-plan

8) 2020년 12월 FOMC 회의 이후 연설문.
https://www.federalreserve.gov/mediacenter/files/FOMCpresconf20201216.pdf

9) Jeremy J. Siegel, "The Nifty-Fifty revisited: do growth stocks ultimately justify their price?"
https://jpm.pm-research.com/content/21/4/8

10) 최지웅, 『석유는 어떻게 세계를 지배하는가?』, 부키, 2019.

11) Marlene Amstad, Measuring trend inflation with the underlying inflation gauge.
https://libertystreeteconomics.newyorkfed.org/2017/05/measuring-trend-inflation-with-the-underlying-inflation-gauge.html%20

12) NY Fed UIG, "The UIG captures sustained movements in inflation from information contained in a broad set of price, real activity, and financial data".
https://www.newyorkfed.org/research/policy/underlying-inflation-gauge

13) Viral V. Acharya, et al, "Zombie credit and (dis-)inflation: evidence from Europe", 2020.
https://papers.ssrn.com/sol3/papers.cfm?abstract_id=3562737

14) Asger Lau Andersen, et al, Monetary policy and inequality, Mar 2021.
https://econ-papers.upf.edu/papers/1761.pdf

15) "이효석 팀장이 말하는 시장에 대한 명료하지만 슬픈 전망"
https://youtu.be/6L7euDXTvFQ

16) Furceri, et al, "COVID-19 will raise inequality if past pandemics are a guide." VOX, CEPR Policy Portal, 2020

17) Jaime Saavedra, "A silent and unequal education crisis. And the seeds for its solution", World Bank.
http://bit.ly/2LGGrid

18) Loretta J. Mester, "The outlook for the economy and federal reserve policy".
http://bit.ly/3aQgoxw

19) How robots may impact the U.S. labor market.

20) Mckinsey, et al, "The future of work after COVID-19", Mckinsey Global Institute, Feb 2021.
https://www.mckinsey.com/featured-insights/future-of-work/the-future-of-work-after-covid-19

제4장

1) 버나드 보몰, 이소연 옮김, 『세계 경제지표의 비밀』 럭스미디어, 2010.

2) 위의 책, pp 2-4.

3) IHS Markit. https://ihsmarkit.com/index.html

4) Wall Street Journal, "Want to make a big bet on oil prices? Try measuring shadows".
https://youtu.be/wUgqJTTmVZI

5) Interbrand, "Today, Apple leads the world in innovation with iPhone, iPad, Mac, Apple Watch and Apple TV."
https://interbrand.com/best-global-brands/apple/

6) Shih, Stan, 『Growing global: a corporate vision masterclass』, John Wiley&Sons, 2002.

7) Jenna Ross, "Intangible assets: a hidden but crucial driver of company value", Feb 2020.
https://www.visualcapitalist.com/intangible-assets-driver-company-value/

8) Dernis H, et al, "Shaping the future of technologies and AI", A joint JRC and OECD report, 2019.
https://www.oecd.org/sti/world-corporate-top-rd-investors-shaping-future-of-technology-and-of-ai.pdf

9) 조너선 해스컬, 스티언 웨스틀레이크, 조미현 옮김, 『자본 없는 자본주의』,

에코리브르, 2018.

10) Jon Hilsenrath, "Five cities account for vast majority of growth in tech jobs, study finds", Wall Street Journal, Dec 9, 2019.
http://on.wsj.com/2N4IQE3

11) Columbia Threadneedle Investments, "Grasping the intangible how intangible assets reveal latent value".
https://old-web.columbiathreadneedle.sg/media/13301579/grasping_the_intangible_nov_2019_ap.pdf

12) Antonella Puca, et al, "The intangible valuation Renaissance: five methods", CFA Institute, Jan 2019.
https://blogs.cfainstitute.org/investor/2019/01/11/a-renaissance-in-intangible-valuation

13) John Y. Campbell, "Household finance", The journal of Finance, vol. 61, no. 4, 2006.
https://onlinelibrary.wiley.com/doi/full/10.1111/j.1540-6261.2006.00883.x

14) Claire Yurong Hong, et al, "FinTech adoption and household risk-taking", Oct 2020.
https://papers.ssrn.com/sol3/papers.cfm?abstract_id=3706709

제5장

1) Aswath Damodaran, Session 1: Introduction to valuation.
https://youtu.be/znmQ7oMiQrM

2) Aswath Damodaran, "Equity risk premiums: determinants, estimation and implications - The 2020 Edition", NYU Stern School of Business, Mar 2020.
https://papers.ssrn.com/sol3/papers.cfm?abstract_id=3550293

3) Aswath Damodaran, "Implied equity risk premium update".

http://pages.stern.nyu.edu/~adamodar/New_Home_Page/datacurrent.html

4) 수미숨, "2021년 3월, 수미숨펀드 월간 투자보고서". https://blog.naver.com/sum7788/222296666722

5) 리차드 번스타인, 홍춘욱, 최호임 옮김, 『리차드 번스타인의 스타일 투자 전략』, 원앤원북스, 2009.

6) Patricia M. Dechow, et al, "Implied equity duration: a new measure of equity risk", University of Michigan Business School, May 2002.
https://www.bus.umich.edu/FacultyResearch/ResearchCenters/Centers/Tozzi/duration.pdf

7) 어스워스 다모다란, 조성숙 옮김, 『내러티브 앤 넘버스』, 한빛비즈, 2020.

8) 김진만 외, "카카오게임즈, 한국의 텐센트 게임즈가 될 수 있는 유력 후보", SK증권, 2020. 09. 09

에필로그

1) 이고은 지음, 『투자의 재발견』, 스마트북스, 2021.

나는 당신이 주식 공부를 시작했으면 좋겠습니다

초판 1쇄 발행 2021년 5월 20일
초판 3쇄 발행 2021년 9월 24일

지은이 이효석
펴낸이 김동환, 김선준

책임편집 최구영
편집팀장 한보라 **편집팀** 최한솔, 최구영, 오시정
마케팅 권두리, 권희 **디자인** 김혜림
외주편집 최진 **본문디자인** 강수진

펴낸곳 페이지2북스 **출판등록** 2019년 4월 25일 제 2019-000129호
주소 서울시 영등포구 여의대로 108 파크원타워1. 28층
전화 070) 7730-5880 **팩스** 070) 4170-4865
이메일 page2books@naver.com
종이 (주)월드페이퍼 **인쇄·제본** 더블비

ISBN 979-11-90977-23-4 (03320)

- 책값은 뒤표지에 있습니다.
- 파본은 구입하신 서점에서 교환해드립니다.